"十三五"普通高等教育应用型规划教材

Probability and Statistics

概率论与数理统计

郭文英　刘　强　孙　阳　陈江荣　编著

中国人民大学出版社
·北京·

内容摘要

本书是根据教育部高等学校大学数学课程教学指导委员会的总体要求、结合地方财经类专业需求特点进行编写的. 按照“专业适用，内容够用，学生适用”的设计思路，量身定制课程内容，突出经济数学的“经济”特色。内容编排尽量做到结构合理、概念清楚、条理分明、深入浅出、强化应用.

全书共分 9 章，内容涵盖了随机事件及其概率、随机变量及其分布、随机向量、随机变量的数字特征、大数定律与中心极限定理、抽样分布、参数估计、假设检验以及 R 语言及其在概率统计中的应用等内容. 为开拓学生的学习视野、增强实践应用能力，本书在第 9 章中介绍了 R 语言及其在概率统计中的应用. 为了便于读者学习，每节后均附有习题，每章后附有总复习题，书末附有答案.

本书既可以作为普通高等学校经管类本科生学习《概率论与数理统计》课程的教材，也可以作为教师的教学参考用书和全国硕士研究生统一入学考试的复习用书.

前言

数学是一门工具，更是一种思维方式．学习数学有助于我们培养发现问题、分析问题、解决问题的能力．财经类专业与数学联系密切，大学数学在财经类专业人才培养中的作用日益凸显，在应用型、复合型人才的综合素养培养方面发挥着重要作用．当前，在地方财经类院校，大学数学已经成为本科教育的必修课程．财经类院校大学数学主要包括三大类课程，即微积分、线性代数以及概率论与数理统计，当然还有一些其他衍生课程，例如数学史与数学文化、数学软件与应用、数学实验等．

2009 年以来，在北京市和学校相关部门的大力支持下，我校公共基础课的教学改革一直在如火如荼地进行，数学公共基础课教学团队从全国地方财经类专业的数学需求出发，结合教育部高等学校大学数学课程教学指导委员会的总体要求，对课程管理与队伍建设、数学理念、教学大纲与课程内容、考核方式、教学模式与教学手段、教学研究、学科竞赛等方面进行了全方位改革，涉及面广，内容深刻，力度很大，效果很好．在此基础上，我们对原有讲义进行了系统的整理、修订，编写了“十三五”普通高等教育应用型规划教材，该系列教材主要包括微积分、线性代数以及概率论与数理统计三门课程，以及相应的同步练习和深化训练辅导用书，由首都经济贸易大学的刘强教授担任丛书的总主编．

编写组曾经在北京、山东、江苏等省市的部分高校进行实际调研，很多学生在学习过程中对于一些重要的数学思想、数学方法难以把握，许多高校数学公共课期末考试不及格现象普遍存在．这一方面说明了当前大学数学教学改革的紧迫性，同时也说明了教材编写的合理定位的重要性．从规划教材的定位来看，本系列教材主要适用于地方财经类一本、二本院校的教学用书，在教材的编写过程中，在保持数学体系严谨的前提下，尽量简明通俗、形象化，强调数学思想的学习与培养，淡化理论与方法的证明，注重经济学案例的使用，强调经济问题的应用，体现出经济数学的“经济”特色．

本书为《概率论与数理统计》分册．内容体系在根据教育部高等学校大学数学课程教学指导委员会的总体要求的基础上，结合地方财经类专业特点进行系统设计，尽可能做到结构合理、概念清楚、条理分明、深入浅出、强化应用.

全书共分 9 章，内容涵盖了随机事件及其概率、随机变量及其分布、随机向量、随机变量的数字特征、大数定律与中心极限定理、抽样分布、参数估计、假设检验以及 R 语言及其在概率统计中的应用等内容. 其中前 5 章为概率论内容，后面的第 6～8 章为数理统计内容. 为开拓学生的学习视野、增强实践应用能力，本书增设了第 9 章.

为了便于读者学习，每节后均附有习题，每章后附有总复习题，书末附有答案. 为了便于学生学习和教师布置课后作业，配套习题将按节设计，每章附有总复习题，书末附有习题答案。同时为了便于读者学习，选学内容和有一定难度的内容将用“*”号标出.

在系列教材的编写过程中，得到了北京航空航天大学的韩立岩教授、清华大学的邓邦明教授、北京工商大学的曹显兵教授、北京工业大学的薛留根教授、广东财经大学的胡桂武教授、北方工业大学的刘喜波教授、中央财经大学的贾尚晖教授、重庆工商大学的陈义安教授、北京信息科技大学的侯吉成教授、北京联合大学的邢春峰教授、昆明理工大学的吴刘仓教授、江苏师范大学的赵鹏教授、北京化工大学的李志强副教授以及首都经济贸易大学的马立平教授、张宝学教授、任韬副教授等同仁的大力支持，中国人民大学出版社的策划编辑李丽娜女士为丛书的出版付出了很多努力，在此一并表示诚挚的感谢.

编写组教师均长期工作在大学数学教学的第一线，积累了丰富的教学经验，深谙当前本科教学的教育规律，熟悉学生的学习习惯、认知水平和认知能力，在教学改革中取得了一些成绩，出版过包括同步训练、深化训练、考研辅导以及大学生数学竞赛等多个层次的教材和辅导用书. 然而此次规划教材的编写又是一次新的尝试，书中难免存在不妥甚至错误之处，恳请读者和同行不吝指正. 欢迎来函，邮件地址为 cuebliuqiang@163. com.

作　者
2018 年 5 月

目　录

第 1 章　随机事件及其概率 …… 1

§1.1　随机事件 …… 2

§1.2　概率的定义及性质 …… 4

§1.3　古典概型与几何概型 …… 7

§1.4　条件概率、全概率公式、贝叶斯公式 …… 10

§1.5　事件的独立性 …… 15

本章小结 …… 18

总复习题 1 …… 18

第 2 章　随机变量及其分布 …… 21

§2.1　随机变量 …… 21

§2.2　随机变量的分布函数 …… 22

§2.3　离散型随机变量 …… 26

§2.4　连续型随机变量 …… 31

§2.5　随机变量函数的分布 …… 39

本章小结 …… 44

总复习题 2 …… 45

第 3 章　随机向量 …… 47

§3.1　随机向量及其概率分布 …… 47

§3.2　边缘分布 …… 52

§3.3　条件分布 …… 56

§3.4　随机变量的独立性 …… 62

§3.5　随机向量函数的分布 …… 66

本章小结 …… 73

总复习题 3 …… 73

第 4 章 随机变量的数字特征 …… 76

§4.1 数学期望 …… 76

§4.2 方差 …… 88

§4.3 协方差和相关系数 …… 93

§4.4 矩、协方差矩阵 …… 98

本章小结 …… 99

总复习题 4 …… 100

第 5 章 大数定律与中心极限定理 …… 102

§5.1 切比雪夫不等式 …… 102

§5.2 大数定律 …… 103

§5.3 中心极限定理 …… 105

本章小结 …… 108

总复习题 5 …… 109

第 6 章 抽样分布 …… 110

§6.1 总体与样本 …… 110

§6.2 统计图形 …… 113

§6.3 统计量与抽样分布 …… 121

本章小结 …… 135

总复习题 6 …… 136

第 7 章 参数估计 …… 138

§7.1 点估计 …… 138

§7.2 估计量的评选标准 …… 149

§7.3 区间估计 …… 153

§7.4 单个正态总体均值与方差的区间估计 …… 156

*§7.5 两个正态总体参数的区间估计 …… 158

本章小结 …… 161

总复习题 7 …… 162

第 8 章 假设检验 …… 164

§8.1 假设检验的概念与类型 …… 164

§8.2 单个正态总体参数的假设检验 …… 168

*§8.3 两个正态总体参数的假设检验 …… 173

§8.4 p 值检验法 …… 179

*§8.5 分布拟合检验 …… 181

本章小结 …… 184

总复习题 8 …… 184

***第 9 章 R 语言及其在概率统计中的应用** …… 187

§9.1 R 语言简介 …… 187

§9.2 对象与数据类型 …… 193
§9.3 图形绘制 …… 198
§9.4 R 语言在概率统计中的应用 …… 201

附表Ⅰ 标准正态分布表 …… 209
附表Ⅱ 泊松分布表 …… 211
附表Ⅲ t 分布表 …… 214
附表Ⅳ χ^2 分布表 …… 216
附表Ⅴ F 分布表 …… 218
习题参考答案 …… 226
参考文献 …… 240

第 1 章　随机事件及其概率

在自然界与人类的社会活动中会出现各种各样的现象，其中既有确定性现象，又有不确定现象. 不确定现象中的**随机现象**是指在相同条件下，结果呈现出不确定性，但在大量重复试验或观测中结果又具有**统计规律性**（即在大量重复试验或观测中呈现出来的固有规律）的现象. 随机现象在日常生活中随处可见，例如：一天内进入某超市的顾客数，一天内访问百度百科的独立 IP 数，新的产品在未来市场的占有率，顾客在超市排队等候付款的时间，等等.

历史上，研究随机现象统计规律性的最著名的试验是抛掷硬币试验. 大家知道，抛掷一枚质地均匀的硬币时，事先无法得知到底出现正面还是反面，但是，当连续抛掷多次时，就会发现出现正面和反面的次数大致相等，即各自占总试验次数的比例约等于 0.5，且随着试验次数的增加，这一比例会更加稳定地接近 0.5. 历史上有很多数学家做过抛硬币试验，例如，德·摩根、蒲丰、费勒、皮尔逊等，试验数据见表 1－1. 从这些数据可以看出，正面出现的次数占总试验次数的比例稳定在 0.5.

表 1－1

试验者	抛硬币的次数	正面出现的次数	正面出现的次数占总试验次数的比例
德·摩根	2 048	1 061	0.518 1
蒲丰	4 040	2 048	0.506 9
费勒	10 000	4 979	0.497 9
皮尔逊	12 000	6 019	0.501 6
皮尔逊	24 000	12 012	0.500 5

概率论与数理统计是研究和揭示随机现象统计规律性的一门学科. 它为人们认识客观世界提供了重要的思维模式和解决问题的方法.

§1.1 随机事件

1.1.1 随机试验与样本空间

为了研究随机现象的统计规律性，人们往往需要对随机现象进行观察，通常将对随机现象的观察称为随机试验.

定义 1.1.1 具有以下性质的试验称为**随机试验**：

(1) 试验可以在相同条件下重复进行；

(2) 试验可能出现的结果不止一个，但在试验之前知道所有可能的结果；

(3) 试验前不能确定哪一个结果会出现.

随机试验（简称**试验**）通常用字母 E 表示.

例如：

E_1：掷一枚骰子，观察出现的点数；

E_2：在同一批次的电子产品中任取一件，测试其寿命；

E_3：记录某地区一次降雨的降雨量；

E_4：单位时间内通过某一观测点的汽车数.

随机试验 E 的一切可能结果组成的集合称为 E 的**样本空间**，记为 S. 样本空间中的元素，即 E 的每一个可能的结果，称为**样本点**，记为 e.

上述随机试验 E_1，E_2，E_3，E_4 的样本空间分别是：

$S_1=\{1$ 点、2 点、3 点、4 点、5 点、6 点$\}$；

$S_2=\{t|t\geqslant 0\}$；

$S_3=\{x|0\leqslant x\leqslant 350\}$（单位为 mm，其中 350 为该地区同期降雨量的最大值）；

$S_4=\{n|n=0，1，2，\cdots\}$.

一般地，试验 E 的样本空间 S 的子集称为 E 的**随机事件**，简称**事件**. 事件用大写英文字母 A，B，C 等表示. 由单个样本点构成的事件称为**基本事件**，否则称为**复杂事件**.

在 E_1 中，以 A 表示事件"掷得的点数为偶数"，则 $A=\{2$ 点、4 点、6 点$\}$；以 B 表示事件"掷得的点数最大"，则 $B=\{6$ 点$\}$. 显然，A 为 E_1 的复杂事件，B 为基本事件.

在一次试验中，如果试验的结果为事件 A 中的样本点，则称在这次试验中**事件 A 发生**. 由于样本空间 S 包含试验的所有可能结果，因此每次试验时 S 总是发生的，故称 S 为**必然事件**；而空集 $\varnothing$ 不包含任何样本点，因此每次试验时 $\varnothing$ 都不发生，故称 $\varnothing$ 为**不可能事件**.

1.1.2 随机事件的关系及运算

设试验 E 的样本空间为 S，而 A，B，A_i（$i=1，2，\cdots$）是 E 的事件.

(1) 如果事件 A 发生必然导致事件 B 发生，则称事件 B **包含**事件 A，记作 $A\subset B$.

(2) 如果 $A\subset B$ 且 $B\subset A$，则称事件 A 与 B **相等**，记作 $A=B$.

(3) 事件"A 与 B 至少有一个发生"称为 A 与 B 的**和事件**，记作 $A\cup B$. 事件 A_1，A_2，…，A_n 的和事件记作 $A_1\cup A_2\cup\cdots\cup A_n$ 或 $\bigcup\limits_{i=1}^{n}A_i$. 事件 A_1，A_2，…的和事件记作 $\bigcup\limits_{i=1}^{\infty}A_i$.

(4) 事件"A 与 B 同时发生"称为 A 与 B 的**积事件**，记作 $A\cap B$，简记为 AB. n 个事件 A_1，A_2，…，A_n 的积事件记作 $A_1\cap A_2\cap\cdots\cap A_n$ 或 $\bigcap\limits_{i=1}^{n}A_i$. 事件 A_1，A_2，…的积事件记作 $\bigcap\limits_{i=1}^{\infty}A_i$.

若 $AB=\varnothing$，则称事件 A 与 B **互不相容**或**互斥**，此时事件 A 与 B 不能同时发生. 显然，基本事件是互不相容的. 若一组事件中的任意两个事件均互不相容，则称这组事件两两互不相容.

若 $A\cup B=S$ 且 $A\cap B=\varnothing$，则称事件 A 与 B 互为**对立事件**或**互逆事件**，A 的对立事件记为 $\overline{A}$. 显然，对随机试验而言，每次试验中事件 A 与 $\overline{A}$ 中必有且仅有一个发生.

(5) 事件"A 发生且事件 B 不发生"称为 A 与 B 的**差事件**，记作 $A-B$.

显然有 $A-B=A-AB=A\overline{B}$；$A\overline{B}\cup AB=A$.

事件之间的运算满足如下规律：

(1) **交换律** $A\cup B=B\cup A$；$A\cap B=B\cap A$.

(2) **结合律** $A\cup(B\cup C)=(A\cup B)\cup C$；$A\cap(B\cap C)=(A\cap B)\cap C$.

(3) **分配律** $A\cup(B\cap C)=(A\cup B)\cap(A\cup C)$；$A\cap(B\cup C)=(A\cap B)\cup(A\cap C)$.

(4) **德·摩根律** $\overline{A\cup B}=\overline{A}\cap\overline{B}$；$\overline{\bigcup\limits_{i=1}^{\infty}A_i}=\bigcap\limits_{i=1}^{\infty}\overline{A}_i$；$\overline{A\cap B}=\overline{A}\cup\overline{B}$；$\overline{\bigcap\limits_{i=1}^{\infty}A_i}=\bigcup\limits_{i=1}^{\infty}\overline{A}_i$.

习题 1.1

1. 事件 A_i ($i=1，2，3$) 表示车间里第 i 条生产线完成生产任务，B 表示该车间至少有两条生产线完成生产任务，C 表示该车间最多有两条生产线完成生产任务，说明事件 $\overline{B}$ 及 $B-C$ 的意义，并用 $A_i(i=1，2，3)$ 表示.

2. 设 A，B，C 为三个事件，用 A，B，C 的运算关系表示下列各事件：

(1) A 发生，且 B 与 C 不发生；

(2) A 与 B 都发生，而 C 不发生；

(3) A，B，C 中至少有一个发生；

(4) A，B，C 都不发生；

(5) A，B，C 中不多于两个发生；

(6) A，B，C 中至少有两个发生.

3. 证明下列等式：

(1) $\overline{AB\cup CD}=(\overline{A}\cup\overline{B})(\overline{C}\cup\overline{D})$.

(2) $A-BC=(A-B)\cup(A-C)$.

(3) $(A\cup B)(A\cup\overline{B})\cup(\overline{A}\cup B)(\overline{A}\cup\overline{B})=S$.

4. 设 A 与 B 为对立事件，证明 $\overline{A}$ 与 $\overline{B}$ 也为对立事件.

§1.2 概率的定义及性质

对于一个随机试验，不仅要知道它的事件是什么，还要弄清楚这些事件在试验中发生的可能性大小. 例如，一枚质地均匀的硬币抛一次后出现正面或反面的可能性谁大谁小？又如，购买一张某省发行的福利彩票，中奖的可能性有多大. 人们希望将事件发生的可能性大小用一个合适的数来表示，为此，首先引入频率，它描述了事件发生的频繁程度，进而给出事件概率的定义.

1.2.1 频率

定义 1.2.1 设 A 为试验 E 的一个事件，将 E 在相同条件下重复 n 次，事件 A 发生的次数 n_A 称为事件 A 发生的**频数**，$\frac{n_A}{n}$ 称为事件 A 在 n 次试验中发生的**频率**，记为 $f_n(A)$，即

$$f_n(A)=\frac{n_A}{n}.$$

事件的频率具有如下三条基本性质：

(1) 对于任一事件 A，有 $0\leqslant f_n(A)\leqslant 1$；

(2) $f_n(S)=1$；

(3) 设 A_1，A_2，…，A_m 为 m 个两两互不相容的事件，则有

$$f_n(A_1\cup A_2\cup\cdots\cup A_m)=f_n(A_1)+f_n(A_2)+\cdots+f_n(A_m).$$

大量试验表明，随着试验的重复次数 n 逐渐增加，事件 A 发生的频率 $f_n(A)$ 呈现出稳定性，即频率逐渐稳定于某个常数，这种**频率的稳定性**就是本章开始所提及的**统计规律性**. 从频率的稳定性和频率的性质出发，可以导出表征事件发生的可能性大小的概率的定义.

定义 1.2.2（概率的公理化定义） 设随机试验 E 的样本空间为 S，对 E 的每一事件 A 赋予一个实数，记作 $P(A)$，如果赋值方式 $P(\cdot)$ 满足以下三个条件：

(1) **非负性** 对任一事件 A，有 $P(A)\geqslant 0$，

(2) **规范性** $P(S)=1$，

(3) **可列可加性** 对于两两互不相容的事件 A_1，A_2，…，有

$$P(A_1\cup A_2\cup\cdots)=P(A_1)+P(A_2)+\cdots,$$

则称 $P(A)$ 为事件 A 的**概率**.

1.2.2 概率的性质

由概率的定义可以证明概率具有如下性质：

(1) $P(\varnothing)=0$.

证　由于$\varnothing=\varnothing\cup\varnothing\cup\cdots$，所以

$$P(\varnothing)=P(\varnothing\cup\varnothing\cup\cdots)=\sum_{i=1}^{\infty}P(\varnothing),$$

故 $P(\varnothing)=0$.

(2) **(有限可加性)** 设事件 A_1，A_2，…，A_n 两两互不相容，则

$$P(A_1\cup A_2\cup\cdots\cup A_n)=P(A_1)+P(A_2)+\cdots+P(A_n).$$

证　因为

$$A_1\cup A_2\cup\cdots\cup A_n=A_1\cup A_2\cup\cdots\cup A_n\cup\varnothing\cup\varnothing\cup\cdots,$$

由可列可加性及 $P(\varnothing)=0$，有

$$P(A_1\cup A_2\cup\cdots\cup A_n)=P(A_1)+P(A_2)+\cdots+P(A_n).$$

(3) 设 A，B 为两个事件，且 $A\subset B$，则 $P(B-A)=P(B)-P(A)$，$P(A)\leqslant P(B)$.

证　由 $A\subset B$ 有

$$B=A\cup(B-A),$$

而 $A\cap(B-A)=\varnothing$，因此，由有限可加性有

$$P(B)=P(A)+P(B-A),$$

即

$$P(B-A)=P(B)-P(A).$$

再由概率的非负性有

$$P(A)\leqslant P(B).$$

(4) 对任意事件 A，有 $P(A)\leqslant 1$.

证　因为对任意事件 A 均有 $A\subset S$，从而由性质（3）有

$$P(A)\leqslant P(S)=1.$$

(5) 对任意事件 A，有 $P(A)=1-P(\overline{A})$.

证　因为对任意事件 A 均有

$$A\cup\overline{A}=S,\text{且 }A\cap\overline{A}=\varnothing,$$

从而

$$1=P(S)=P(\overline{A})+P(A).$$

故

$$P(A)=1-P(\overline{A}).$$

(6)**(加法公式)** 对任意两个事件 A 与 B，有

$$P(A\cup B)=P(A)+P(B)-P(AB).$$

证 对任意两个事件 A 与 B，有

$$A\cup B=A\cup(B-AB),$$

而 $A\cap(B-AB)=\varnothing$，故

$$P(A\cup B)=P(A)+P(B-AB),$$

由于 $AB\subset B$，从而由性质（3）有

$$P(A\cup B)=P(A)+P(B)-P(AB).$$

将性质（6）推广到一般情形，设 A_1，A_2，…，A_n 为 n 个事件，则有

$$P(A_1\cup A_2\cup\cdots\cup A_n)=\sum_{i=1}^{n}P(A_i)-\sum_{1\leqslant i<j\leqslant n}P(A_iA_j)+\sum_{1\leqslant i<j<k\leqslant n}P(A_iA_jA_k)+\cdots+(-1)^{n-1}P(A_1A_2\cdots A_n).$$

例 1.2.1 设 A，B，C 为三个事件，且 $P(A)=\frac{1}{2}$，$P(B)=\frac{1}{3}$，$P(C)=\frac{1}{5}$，$P(AB)=\frac{1}{10}$，$P(AC)=\frac{1}{15}$，$P(BC)=\frac{1}{20}$，$P(ABC)=\frac{1}{30}$. 求 $P(A\cup B\cup C)$；$P(\overline{A}\overline{B}\overline{C})$；$P(\overline{A}\overline{B}C)$；$P(\overline{A}\overline{B}\cup C)$.

解
$$P(A\cup B\cup C)=P(A)+P(B)+P(C)-P(AB)-P(AC)-P(BC)+P(ABC)$$
$$=\frac{1}{2}+\frac{1}{3}+\frac{1}{5}-\frac{1}{10}-\frac{1}{15}-\frac{1}{20}+\frac{1}{30}=\frac{17}{20}.$$

$$P(\overline{A}\overline{B}\overline{C})=1-P(\overline{\overline{A}\overline{B}\overline{C}})=1-P(A\cup B\cup C)=\frac{3}{20}.$$

由于 $\overline{A}\overline{B}=\overline{A}\overline{B}C\cup\overline{A}\overline{B}\overline{C}$，且 $\overline{A}\overline{B}C$ 与 $\overline{A}\overline{B}\overline{C}$ 互不相容，从而有

$$\begin{aligned}P(\overline{A}\overline{B}C)&=P(\overline{A}\overline{B})-P(\overline{A}\overline{B}\overline{C})\\&=1-P(A\cup B)-P(\overline{A}\overline{B}\overline{C})\\&=1-\left(\frac{1}{2}+\frac{1}{3}-\frac{1}{10}\right)-\frac{3}{20}\\&=\frac{4}{15}-\frac{3}{20}=\frac{7}{60}.\end{aligned}$$

$$P(\overline{A}\overline{B}\cup C)=P(\overline{A}\overline{B})+P(C)-P(\overline{A}\overline{B}C)=\frac{4}{15}+\frac{1}{5}-\frac{7}{60}=\frac{7}{20}.$$

习题 1.2

1. 设 A，B 为两个事件，比较 $P(A)$，$P(AB)$，$P(A\cup B)$，$P(A)+P(B)$ 的大小.

2. 设 A，B，C 为三个事件，且 $P(A)=P(B)=P(C)=\frac{1}{4}$，$P(AB)=P(BC)=0$，

$P(AC)=\frac{1}{8}$，求事件 A，B，C 至少有一个发生的概率.

3. 设事件 A 与 B 互不相容，且 $P(A)=0.3$，$P(B)=0.6$，求 $P(\overline{A}\overline{B})$.

4. 设事件 A，B 满足 $P(A\cup B)=0.6$，且 $P(\overline{A}B)=0.3$，求 $P(\overline{A})$.

5. 某班学生使用的网络通信工具有“微信”“QQ”两种. 统计后发现，使用“微信”的学生数占该班总人数的 90%，使用“QQ”的学生数占该班总人数的 70%，两种通信工具都使用的学生数占该班总人数的 60%. 从该班任选一名学生，求下列事件的概率.

(1) 该生仅使用一种通信工具；

(2) 该生至少使用一种通信工具；

(3) 该生两种通信工具都没有使用.

6. 设 A，B 是两个事件，试证：$P(A\cup B)=P(A\overline{B})+P(\overline{A}B)+P(AB)$.

§1.3 古典概型与几何概型

概率的公理化定义给出了概率的严格的数学定义，但在解决实际问题时，人们要弄清某个事件发生的概率到底是多少，一般而言，这是存在一定困难的. 本节介绍两个常见的概率模型，即古典概型与几何概型，能够较为容易地确定事件发生的概率.

1.3.1 古典概型

若随机试验满足：

(1) 样本空间只包含有限个样本点，

(2) 每个基本事件发生的可能性相同，

则称该随机试验为**古典概型**或**等可能概型**.

在古典概型中，设随机试验的样本空间 $S=\{e_1, e_2, \cdots, e_n\}$，由概率的有限可加性易得，基本事件的概率为

$$P(\{e_i\})=\frac{1}{n}=\frac{1}{S\text{ 中样本点的总数}}, i=1, 2, \cdots, n. \tag{1.3.1}$$

若事件 $A=\{e_{i_1}, e_{i_2}, \cdots, e_{i_j}\}$ $(j\leqslant n)$，则

$$P(A)=\frac{j}{n}=\frac{A\text{ 中样本点的个数}}{S\text{ 中样本点的总数}}. \tag{1.3.2}$$

例 1.3.1 设袋中有 5 只球，其中只有 1 只为红色，分别按“不放回”及“放回”两种方式从袋中取球三次，每次一只. 求：前 3 次取到的球中有红球的概率；第 3 次取到的球是红球的概率.

解 设 $A=\{$前 3 次取到的球中有红球$\}$，$B=\{$第 3 次取到的球是红球$\}$.

当取球方式为“不放回”时，对袋子中的球编号，考虑取出 3 只球的所有可能情况，

可得样本空间 S 中样本点的总数为 A_5^3，A、B 中样本点的个数分别为 $3C_4^1C_3^1$ 和 $C_4^1C_3^1$. 由式（1.3.2），有

$$P(A)=\frac{3C_4^1C_3^1}{A_5^3}=\frac{3}{5},\ P(B)=\frac{C_4^1C_3^1}{A_5^3}=\frac{1}{5}.$$

当取球方式为“放回”时，样本空间 S 中样本点的总数为 5^3，考虑到 $\overline{A}$ 中样本点的个数为 $C_4^1C_4^1C_4^1$，从而有

$$P(A)=1-P(\overline{A})=1-\frac{C_4^1C_4^1C_4^1}{5^3}=\frac{61}{125},$$

B 中样本点的个数为 $C_5^1C_5^1$，故

$$P(B)=\frac{C_5^1C_5^1}{5^3}=\frac{1}{5}.$$

例 1.3.2 设有 n 个人，每人都有同等的机会被分配到 $N(n\leqslant N)$ 间房中的每一间. 求下列事件的概率. (1) $A=\{$某指定的 n 间房中各有一人$\}$；(2) $B=\{$恰有 n 间房中各有一人$\}$；(3) $C=\{$某指定的一间房中恰有 $m(m\leqslant n)$ 人$\}$.

解 由题意知，这是一个古典概型问题，并且样本空间 S 中样本点的总数为 N^n.

(1) A 中样本点的个数为 $n!$，故

$$P(A)=\frac{n!}{N^n};$$

(2) B 中样本点的个数为 $C_N^n n!$，故

$$P(B)=\frac{C_N^n n!}{N^n};$$

(3) C 中样本点的个数为 $C_n^m(N-1)^{n-m}$，故

$$P(C)=\frac{C_n^m(N-1)^{n-m}}{N^n}.$$

1.3.2 几何概型

若随机试验满足：

(1) 样本空间可以几何化为一个测度（如长度、面积等）有限的几何图形（如长度有限的线段、面积有限的区域等），

(2) 事件 A 发生的可能性大小与 A 的测度成正比，

则称该随机试验为**几何概型**.

在几何概型中，设样本空间 S 的测度为 $L(S)$，事件 A 的测度为 $L(A)$，则有

$$P(A)=kL(A),$$

其中 k 为正比例因子. 特别地，令 $A=S$，可由

$$1=P(S)=kL(S),$$

解得

$$k=\frac{1}{L(S)},$$

因此，

$$P(A)=\frac{L(A)}{L(S)}. \tag{1.3.3}$$

例 1.3.3 在区间 $[0,1]$ 上任取两个数，以 A 表示事件"两数之和小于 $\frac{3}{2}$"，B 表示事件"两数之和等于 $\frac{3}{2}$"，求 $P(A)$，$P(B)$.

解 用 x，y 表示取得的两个数，则有样本空间

$$S=\{(x,y)\mid 0\leqslant x\leqslant 1,\ 0\leqslant y\leqslant 1\},$$

$$A=\left\{(x,y)\mid x+y<\frac{3}{2},\ (x,y)\in S\right\},$$

$$B=\left\{(x,y)\mid x+y=\frac{3}{2},\ (x,y)\in S\right\}.$$

如图 1-1 所示，将 S，A，B 几何化，由式（1.3.3）有

$$P(A)=\frac{L(A)}{L(S)}=\frac{7}{8},\ P(B)=\frac{L(B)}{L(S)}=0,$$

其中 $L(A)$，$L(B)$ 与 $L(S)$ 分别表示区域 A，B 及 S 的面积.

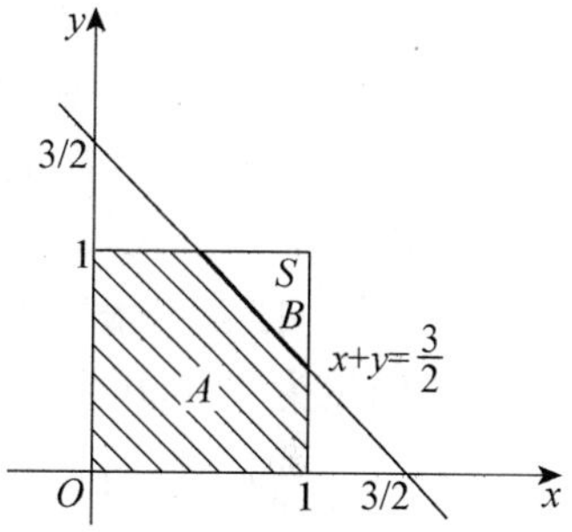

图 1-1

由例 1.3.3 可知，概率为零的事件不一定是不可能事件.

例 1.3.4 小明家的晚报在下午 5:30～6:30 之间的任意时刻被随机地送到. 小明家在下午 6:00～7:00 之间的任意时刻随机地开始晚餐. 求晚报在晚餐开始之前被送到的概率.

解 设晚报被送到的时间为 x，晚餐开始的时间为 y，由题意有

$$S=\{(x,y)\mid 5{:}30\leqslant x\leqslant 6{:}30,\ 6\leqslant y\leqslant 7\}.$$

设 $A=\{$晚报在晚餐开始之前被送到$\}$，因此

$$A=\{(x,y)\mid x\leqslant y,\ (x,y)\in S\}.$$

如图 1-2 所示，将 S，A 几何化，由式（1.3.3）有

$$P(A)=\frac{L(A)}{L(S)}=\frac{\frac{7}{8}}{1^2}=\frac{7}{8}.$$

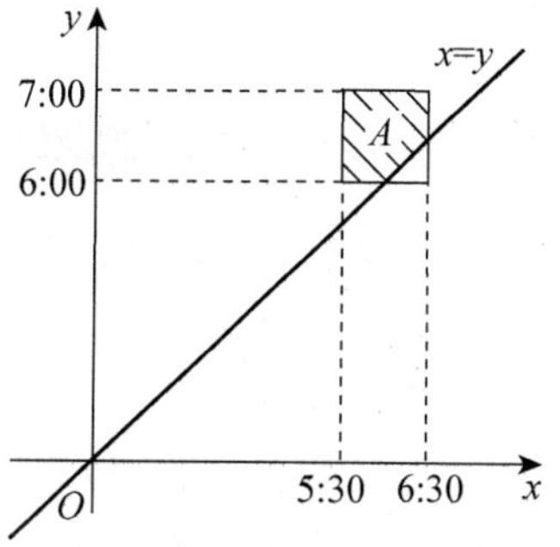

图 1-2

故晚报在晚餐开始之前被送到的概率是 $\frac{7}{8}$.

习题 1.3

1. 从编号为 1～10 的 10 张卡片中不放回地抽取两次，求下列事件的概率：

(1) 两次取到的卡片编号都是偶数；

(2) 第 2 次取到的卡片编号是偶数.

2. 掷两枚骰子，分别记录点数，求下列事件的概率：

(1) 点数之和等于 7；

(2) 点数之和不大于 5；

(3) 一枚骰子的点数是另一枚的两倍.

3. 袋中有 10 只球，其中 4 只白球，3 只红球，3 只黄球. 现从中取 3 只球，求下列事件的概率：

(1) 这 3 只球的颜色相同；

(2) 这 3 只球的颜色均不相同；

(3) 这 3 只球中恰有一只白球；

(4) 这 3 只球中至少有一只白球；

(5) 这 3 只球中恰有两只球颜色相同；

(6) 这 3 只球中至少有两只球颜色相同.

4. 从 6 双不同的鞋子中随机取出 4 只，求恰有一双能配对的概率.

5. 将 4 个人等可能地分配到 5 个房间，求房间中人数最多为 2 的概率（假设每个房间都可以容下 4 个人）.

6. 墙上挂着 5 张字母卡片，其顺序为“abcba”，现掉落了两个，捡起后随机地挂回，求顺序仍然为“abcba”的概率.

7. 在区间 (0，1) 内随机地取两个数，求两数之差的绝对值小于$\frac{1}{2}$的概率.

8. 在区间 [0，1] 上任取两个数，求两个数的乘积不小于$\frac{3}{16}$且和不大于 1 的概率.

§1.4 条件概率、全概率公式、贝叶斯公式

1.4.1 条件概率及乘法公式

日常生活中，考虑某事件的概率时，常以一个与该事件相关联的事件为条件，如：阴天时考虑下雨的概率，病理检验为阳性时考虑被检验者真正患有疾病的概率等，称这种概率为条件概率.

例 1.4.1 将一枚质地均匀的硬币独立地抛两次. (1) 求两次均为正面的概率；(2) 已知有一次抛得的是正面，求两次都是正面的概率.

解 设 $A=\{$两次中有一次是正面$\}$，$B=\{$两次都是正面$\}$，

(1) 因为试验的可能结果为“正正、正反、反正、反反”，故

$$P(B)=\frac{1}{4}.$$

(2) 记 A 发生的条件下 B 发生的概率为 $P(B\mid A)$，由于 $A=\{$正正、正反、反正$\}$，从而有

$$P(B|A)=\frac{1}{3}.$$

例 1.4.1 表明 $P(B)\neq P(B\mid A)$，同时可以发现

$$P(B|A)=\frac{1}{3}=\frac{1/4}{3/4}=\frac{P(AB)}{P(A)}.$$

这说明条件概率 $P(B\mid A)$ 可以借助 $P(AB)$、$P(A)$ 来表达.

受此启发，给出如下定义.

定义 1.4.1 设 A，B 为两个事件，且 $P(A)>0$，则称

$$P(B|A)=\frac{P(AB)}{P(A)} \tag{1.4.1}$$

为在事件 A 发生的条件下事件 B 发生的**条件概率**.

不难验证，条件概率具有如下性质：

(1) **非负性** 对任意事件 B，$P(B\mid A)\geqslant 0$；

(2) **规范性** $P(S\mid A)=1$；

(3) **可列可加性** 对于两两互不相容的事件 B_1，B_2，…，B_n，…，有

$$P(\bigcup_{i=1}^{\infty}B_i|A)=\sum_{i=1}^{\infty}P(B_i|A).$$

1.2 节中给出的概率的性质可以推广到条件概率，例如，

$$P(\overline{B}|A)=1-P(B|A);$$
$$P(B\cup C|A)=P(B|A)+P(C|A)-P(BC|A).$$

例 1.4.2 设三个事件 A，B，C 满足 $P(AC)=0$，$P(AB)=\frac{1}{2}$，$P(C)=\frac{1}{3}$，求 $P(AB\mid\overline{C})$.

解

$$P(AB|\overline{C})=\frac{P(AB\overline{C})}{P(\overline{C})}=\frac{P(AB)-P(ABC)}{P(\overline{C})}$$
$$=\frac{P(AB)-P(ABC)}{1-P(C)}=\frac{\frac{1}{2}-0}{1-\frac{1}{3}}=\frac{3}{4}.$$

例 1.4.3 设 10 件产品中有 4 件不合格品. 现从中任取两件，已知两件产品中有一件不合格品，求另一件也是不合格品的概率.

解 设 A={两件产品中有一件不合格品}，B={另一件也是不合格品}，则 AB={两件产品均为不合格品}．由古典概型，有

$$P(AB)=\frac{C_4^2}{C_{10}^2},\quad P(A)=\frac{C_4^2+C_4^1C_6^1}{C_{10}^2},$$

故

$$P(B|A)=\frac{P(AB)}{P(A)}=\frac{C_4^2}{C_4^2+C_4^1C_6^1}=\frac{1}{5}.$$

由条件概率的定义可知，若 $P(A)>0$，则有

$$P(AB)=P(B|A)P(A),\tag{1.4.2}$$

称式（1.4.2）为概率的**乘法公式**.

乘法公式可以推广到多个事件的情形．若事件 A_1，A_2，…，A_n 满足 $P(A_1A_2\cdots A_{n-1})>0$，则有

$$P(\bigcap_{i=1}^{n}A_i)=P(A_1)P(A_2|A_1)P(A_3|A_1A_2)\cdots P(A_n|A_1A_2\cdots A_{n-1}).\tag{1.4.3}$$

例 1.4.4 袋中装有 n 只红球、m 只白球，每次从袋中任取一只球，观察其颜色后放回，并再放入 a 只与所取的那只球同颜色的球，现连续进行 4 次，求前 3 次取到白球并且第 4 次取到红球的概率.

解 记 A_i={第 i 次取到的球为白球}，$i=1, 2, 3, 4$，则 $\overline{A}_4$={第 4 次取到的球为红球}，按取球的先后顺序，应用式（1.4.3）有

$$\begin{aligned}P(A_1A_2A_3\overline{A}_4)&=P(A_1)P(A_2|A_1)P(A_3|A_1A_2)P(\overline{A}_4|A_1A_2A_3)\\&=\frac{C_m^1}{C_{n+m}^1}\frac{C_{m+a}^1}{C_{n+m+a}^1}\frac{C_{m+2a}^1}{C_{n+m+2a}^1}\frac{C_n^1}{C_{n+m+3a}^1}.\end{aligned}$$

1.4.2 全概率公式与贝叶斯公式

定义 1.4.2 若事件组 B_1，B_2，…，B_n 满足：

(1) $B_iB_j=\varnothing$，$i\neq j$ ($i, j=1, 2, \cdots, n$)，

(2) $\bigcup_{i=1}^{n}B_i=S$，

则称 B_1，B_2，…，B_n 为样本空间 S 的一个**划分**.

定理 1.4.1（全概率公式） 设 S 为试验 E 的样本空间，A 为 E 的一个事件，B_1，B_2，…，B_n 为 S 的一个划分，且有 $P(B_i)>0$ ($i=1, 2, \cdots, n$)，则

$$P(A)=\sum_{i=1}^{n}P(B_i)P(A\mid B_i).$$

证 由已知有

$$P(A)=P(A\cap S)=P(A\cap(\bigcup_{i=1}^{n}B_i))=P(\bigcup_{i=1}^{n}(AB_i))$$

$$= \sum_{i=1}^{n} P(AB_i) = \sum_{i=1}^{n} P(B_i)P(A \mid B_i).$$

例 1.4.5 商店出售的一批产品共100件，其中20件为甲厂生产，30件为乙厂生产，50件为丙厂生产，已知三厂产品的合格率分别是85%、80%、90%. 求这批产品的合格率.

解 记A={取到的一件产品为合格品}，B_1，B_2，B_3依次表示取到的产品的生产厂家为甲、乙、丙. 由题意有

$$P(A|B_1)=0.85,\ P(A|B_2)=0.8,\ P(A|B_3)=0.9.$$
$$P(B_1)=\frac{20}{100}=0.2,\ P(B_2)=\frac{30}{100}=0.3,\ P(B_3)=\frac{50}{100}=0.5.$$

再由全概率公式有

$$\begin{aligned}P(A)&=P(A|B_1)P(B_1)+P(A|B_2)P(B_2)+P(A|B_3)P(B_3)\\&=0.85\times 0.2+0.80\times 0.3+0.9\times 0.5=0.86,\end{aligned}$$

即这批产品的合格率是86%.

例 1.4.6 发射一枚鱼雷击中潜艇致命部位的概率为$\frac{1}{4}$，击中非致命部位的概率为$\frac{1}{2}$，没击中的概率为$\frac{1}{4}$. 潜艇被击中致命部位即被击毁；非致命部位被击中时，潜艇被击毁的概率为$\frac{5}{9}$. 求发射一枚鱼雷时潜艇被击毁的概率.

解 记A={潜艇被击毁}，B_1={鱼雷击中致命部位}，B_2={鱼雷击中非致命部位}，B_3={鱼雷没有击中潜艇}，则由全概率公式有

$$\begin{aligned}P(A)&=P(A|B_1)P(B_1)+P(A|B_2)P(B_2)+P(A|B_3)P(B_3)\\&=1\times\frac{1}{4}+\frac{5}{9}\times\frac{1}{2}+0\times\frac{1}{4}\\&=\frac{1}{4}+\frac{5}{18}=\frac{19}{36},\end{aligned}$$

即发射一枚鱼雷时，潜艇被击毁的概率为$\frac{19}{36}$.

定理 1.4.2（贝叶斯公式） 设S为试验E的样本空间，A为E的一个事件，B_1，B_2，…，B_n为S的一个划分，且有$P(A)>0$，$P(B_i)>0$（$i=1, 2, \cdots, n$），则

$$P(B_i \mid A) = \frac{P(A \mid B_i)P(B_i)}{\sum_{j=1}^{n} P(A \mid B_j)P(B_j)},\ i = 1, 2, \cdots, n.$$

证 由已知有

$$P(B_i \mid A)=\frac{P(AB_i)}{P(A)}=\frac{P(A \mid B_i)P(B_i)}{\sum_{j=1}^{n}P(A \mid B_j)P(B_j)},\quad i=1,2,\cdots,n.$$

例 1.4.7（续例 1.4.5） 从这批产品中任取一件，若其为不合格品，求它由甲厂生产的概率.

解 由贝叶斯公式有

$$P(B_1|\overline{A})=\frac{P(\overline{A}|B_1)P(B_1)}{P(\overline{A})}=\frac{[1-P(A|B_1)]P(B_1)}{1-P(A)}$$
$$=\frac{(1-0.85)\times 0.2}{1-0.86}\approx 0.214,$$

即它由甲厂生产的概率是 0.214.

例 1.4.8 资料表明，在自然人群中某种疾病的发病率为千分之四. 医疗机构研发出一种试剂检验法，对于患者该方法检验为阳性的概率是 95%，对于健康的人该方法检验为阳性的概率是 2%. 现某人被该方法检验为阳性，求其患有这种疾病的概率.

解 记 $A=\{$此人患有该疾病$\}$，$B=\{$此人被检验为阳性$\}$，则由已知有

$$P(A)=0.004,\ P(B|A)=0.95,\ P(B|\overline{A})=0.02,$$

从而

$$P(A|B)=\frac{P(B|A)P(A)}{P(B|A)P(A)+P(B|\overline{A})P(\overline{A})}$$
$$=\frac{0.95\times 0.004}{0.95\times 0.004+0.02\times 0.996}\approx 0.16.$$

故该人被该方法检验为阳性，其患有这种疾病的概率为 0.16.

例 1.4.8 中 $P(A)$ 是由以往的资料得到的，称为**先验概率**，而 $P(A \mid B)$ 是事件 B 发生后，对 A 发生的概率的重新认识，称为**后验概率**.

习题 1.4

1. 期末考试中，数学、外语不及格的人数分别占班级总人数的 15%、5%，这两门课程都不及格的人数占班级总人数的 3%.

(1) 已知一名学生数学不及格，求该生外语也不及格的概率；

(2) 已知一名学生外语不及格，求该生数学也不及格的概率.

2. 在对某大学的男生进行的调查中发现，喜欢踢足球的占 92%，喜欢打篮球的占 93%，在不喜欢踢足球的男生中有 85%的人喜欢打篮球，现任选一名男生，求该生

(1) 不喜欢踢足球但喜欢打篮球的概率；

(2) 喜欢踢足球或喜欢打篮球的概率.

3. 有两个盒子，第一个盒子中装有 3 只红色球、3 只绿色球、2 只白色球，第二个盒子中装有 2 只红色球、3 只绿色球、4 只白色球，分别在两个盒子中各取一只球.

(1) 求至少有一只红色球的概率；

(2) 求有一只红色球和一只白色球的概率；

(3) 已知两只球中有一只为红色，求另一只球为白色的概率.

4. 工厂使用的某种元件由四个厂家提供，四个厂家的供货量分别占总量的15%、20%、30%和35%，又知四个厂家生产的元件次品率分别为0.05、0.04、0.03和0.02.

(1) 求任取一个元件为次品的概率；

(2) 若取到的元件为次品，求其是第四个厂家提供的概率.

5. 设每个包装箱中有产品100件，其中等可能地含有 i ($i=0,1,2$) 件不合格品. 开箱检验时，随机取出10件，若有不合格品，则该箱产品被拒收. 现接收了一箱产品，求其中没有不合格品的概率.

6. 设 $P(\overline{A})=0.3$，$P(B)=0.4$，$P(A\overline{B})=0.5$，求 $P(B\mid A\cup\overline{B})$.

7. 设事件 A，B，C 满足 $P(A\mid C)\geqslant P(B\mid C)$，$P(A\mid\overline{C})\geqslant P(B\mid\overline{C})$，证明 $P(A)\geqslant P(B)$.

8. 已知 $P(A)>0$，证明 $P(AB|A)\geqslant P(AB\mid A\cup B)$.

§1.5 事件的独立性

对于两个事件 A 和 B，若 $P(A)\neq P(A\mid B)$，则表明事件 B 的发生影响了事件 A 发生的概率. 那么当 $P(A\mid B)=P(A)$ 时，可以认为这种影响是不存在的，此时说事件 A 与 B 相互独立.

1.5.1 事件的独立性及性质

事件 A 与 B 独立是指 A 发生的可能性大小不受 B 影响（反之亦然），借助条件概率将其表达为

$$P(A|B)=P(A), \tag{1.5.1}$$

其中 $P(B)>0$. 由条件概率的定义知，式 (1.5.1) 等价于

$$P(AB)=P(A)P(B), \tag{1.5.2}$$

当 $P(B)=0$ 时，式 (1.5.2) 显然成立. 因此，给出如下定义.

定义 1.5.1 设 A，B 是两个事件，如果

$$P(AB)=P(A)P(B),$$

则称 **A 与 B 相互独立**，简称 **A 与 B 独立**.

由定义 1.5.1 易知，零概率事件与任何事件都独立. 当 A，B 均具有正概率时，"A 与 B 相互独立"与"A 与 B 互不相容"不能同时成立.

定理 1.5.1 设 A，B 为两个事件，且 $P(B)>0$，则事件 A 与 B 相互独立的充分必要条件是

$$P(A|B)=P(A).$$

定理 1.5.2 如果事件 A 与 B 独立，则 A 与 $\bar{B}$，$\bar{A}$ 与 B，$\bar{A}$ 与 $\bar{B}$ 均相互独立.

证 由 A 与 B 独立，有

$$\begin{aligned}P(A\bar{B})&=P(A)-P(AB)=P(A)-P(A)P(B)\\&=P(A)[1-P(B)]=P(A)P(\bar{B}),\end{aligned}$$

因此 A 与 $\bar{B}$ 独立. 类似地，$\bar{A}$ 与 B，$\bar{A}$ 与 $\bar{B}$ 均相互独立.

定义 1.5.2 如果事件 A，B，C 满足：

$$P(AB)=P(A)P(B),$$
$$P(BC)=P(B)P(C),$$
$$P(CA)=P(C)P(A),$$
$$P(ABC)=P(A)P(B)P(C),$$

则称 A，B，C **相互独立**.

如果事件 A，B，C 只满足定义 1.5.2 中的前三个等式，则称 A，B，C **两两独立**.

一般地，如果事件 A_1，A_2，…，A_n 中的任意 i（$i=2$，3，…，n）个事件都满足积事件的概率等于各事件的概率相乘，则称事件 A_1，A_2，…，A_n **相互独立**.

可以证明，若 A_1，A_2，…，A_n 相互独立，则将 A_1，A_2，…，A_n 中的任意 i（$i=1$，2，3，…，n）个事件换成它们的对立事件，得到的 n 个事件仍然相互独立.

例 1.5.1 三个人可独立地破译某份密码. 若从三个人中任选两个人进行破译，则三种组合能破译成功的概率分别为$\frac{1}{2}$，$\frac{2}{5}$，$\frac{7}{15}$. 现三个人同时进行破译，求密码被成功破译的概率.

解 以 A，B，C 分别表示三个人能破译成功，由题意可知 A，B，C 相互独立，从而由

$$\frac{1}{2}=P(A\cup B)=1-P(\bar{A}\bar{B})=1-P(\bar{A})P(\bar{B}),$$

$$\frac{2}{5}=P(A\cup C)=1-P(\bar{A}\bar{C})=1-P(\bar{A})P(\bar{C}),$$

$$\frac{7}{15}=P(B\cup C)=1-P(\bar{B}\bar{C})=1-P(\bar{B})P(\bar{C}),$$

可解得

$$P(\bar{A})P(\bar{B})P(\bar{C})=\frac{2}{5},$$

因此

$$P(A\cup B\cup C)=1-P(\bar{A}\bar{B}\bar{C})=1-P(\bar{A})P(\bar{B})P(\bar{C})=1-\frac{2}{5}=\frac{3}{5}.$$

故三个人同时进行破译，密码被成功破译的概率为$\frac{3}{5}$.

例 1.5.2 某厂生产一种自动报警器，用若干个开关并联以增强其可靠性. 当险情发生时，并联电路中的任何一个开关闭合就能发出警报. 已知每个开关在险情发生时自动闭合的概率为 0.9，且各开关是否闭合是相互独立的. 问至少应并联多少个开关，才能使报警器的可靠性不低于 0.999 9?

解 设至少需要并联 n 个开关，$A_i=\{$第 i 个开关在险情发生时自动闭合$\}$ $(i=1, 2, \cdots, n)$. 已知 A_i 之间相互独立，且 $P(A_i)=0.9$ $(i=1, 2, \cdots, n)$. 因此

$$\begin{aligned}P(A_1\cup A_2\cup\cdots\cup A_n)&=1-P(\overline{A}_1\overline{A}_2\cdots\overline{A}_n)\\&=1-P(\overline{A}_1)P(\overline{A}_2)\cdots P(\overline{A}_n)=1-(1-0.9)^n,\end{aligned}$$

再由 $1-(1-0.9)^n\geqslant 0.999\,9$，解得 $n\geqslant 4$，即至少应并联 4 个开关，才能使报警器的可靠性不低于 0.999 9.

在实际应用中，如果事件之间没有关联或者关联很微弱，则可以认为它们是独立的，称为**实际原则**. 例如重复地抛硬币时，每次出现的是正面或反面，又如车间里各台机器工作状态的好与坏都可以认为是独立的.

1.5.2 伯努利概型

设试验 E 只有两个结果 A 与 $\overline{A}$，将试验 E 独立地重复 n 次所构成的一个试验称为 ***n* 重伯努利试验**或 ***n* 重伯努利概型**.

在 n 重伯努利概型中，设 $P(A)=p(0<p<1)$，记 A 发生 k 次的概率为 $P_n(k)$，因为样本空间中含有 k 个 A 的样本点共有 C_n^k 个，再由独立性可知，每个这样的样本点对应的基本事件发生的概率均为 $p^k(1-p)^{n-k}$，故

$$P_n(k)=C_n^k p^k(1-p)^{n-k},\ k=0, 1, 2, \cdots, n.$$

伯努利概型是概率论中研究得最多的概率模型之一，尽管它比较简单，却概括了许多实际问题，因而非常有实用价值.

例 1.5.3 已知一批产品的次品率为 0.005，现从这批产品中随机地抽取 200 件进行质量检验，求其中次品的件数不小于 4 件的概率.

解 由伯努利概型，200 件产品中有 k 件次品的概率为

$$P_{200}(k)=C_{200}^k 0.005^k(1-0.005)^{200-k},\ k=0, 1, 2, \cdots, 200,$$

从而

$$\begin{aligned}P\{k\geqslant 4\}&=1-P\{k<4\}=1-\sum_{k=0}^{3}P_{200}(k)\\&=1-\sum_{k=0}^{3}C_{200}^k\,0.005^k(1-0.005)^{200-k}\approx 0.019.\end{aligned}$$

故次品的件数不小于 4 件的概率为 0.019.

习题 1.5

1. 已知事件 A 与 B 独立，且 $P(A)=0.4$，$P(B)=0.7$. 求 A，B 只有一个发生的

概率.

2. 两个人独立地向同一目标射击，击中目标的概率分别为 0.8、0.7. 现两人各射击一次，求至少有一人击中目标的概率.

3. 已知事件 A 与 B 独立，且仅有 A 发生的概率为$\frac{1}{4}$，仅有 B 发生的概率为$\frac{1}{4}$. 求 $P(A)$及$P(B)$.

4. 盒中装有编号为 1，2，3，4 的四只球，从中任取一只，以 A 表示"取到球的编号为 1 或 2"，B 表示"取到球的编号为 1 或 3"，C 表示"取到球的编号为 1 或 4"，问 A，B，C 是否两两独立？是否相互独立？

5. 证明事件 A，B 独立的充要条件是 $P(A \mid B)=P(A \mid \bar{B})$.

6. 设事件 A，B，C 相互独立. 证明 C 与 AB 独立，C 与 $A\cup B$ 独立.

本章小结

本章介绍了随机试验、样本空间、随机事件及其关系与运算、事件的概率和性质，讨论了概率的计算.

事件是概率论中最基本的概念之一. 事件间的关系与运算包括三种关系（包含与相等关系、互不相容关系、互逆关系）和三种运算（和运算、积运算、差运算），它们是进行概率计算的前提和基础.

考虑实际问题时可以通过古典概型、几何概型、频率近似替代等几种方法确定事件的概率.

概率的公理化定义以及性质不仅反映了概率概念的本质特性，而且可方便地用于概率的计算，其中概率的可加性公理、对立事件的概率公式、概率的加法公式最为常用.

条件概率表明一个事件的发生影响了另一个事件发生的概率，由条件概率推导出了乘法公式，进而推导出了著名的全概率公式和贝叶斯公式.

事件的独立性概念在概率理论及应用中起着重要作用，它使许多概率计算大为简化.

总复习题 1

1. 填空题

(1) 设事件 A，B 及 $A\cup B$ 的概率分别为 0.4，0.3 和 0.6，则 $P(A\bar{B})=$________.

(2) 已知 A，B 两个事件满足条件 $P(AB)=P(\overline{A}\overline{B})$，且 $P(A)=p$，则 $P(B)=$________.

(3) 一批产品中有 10 个正品和 2 个次品，从中不放回地抽取两个，则第二次抽出的是次品的概率为________.

(4) 已知公共汽车每隔 5 分钟有一班，则某乘客等车时间不多于 2 分钟的概率为________.

(5) 设事件 A，B 相互独立，且 $P(A)=0.4$，$P(A\cup B)=0.7$，则 $P(B)=$________.

(6) 设有三个箱子，其中第一个箱子中有 4 个黑球 1 个白球，第二个箱子中有 3 个黑球 3 个白球，第三个箱子中有 3 个黑球 5 个白球. 现随机地取一个箱子，再从这个箱子中取出 1 个球，则这个球为白球的概率为________.

(7) 甲、乙两人独立地对同一目标射击一次，命中的概率分别为 0.6 和 0.5，现已知目标被命中，则它是甲射中的概率为________.

2. 单项选择题

(1) 设 A，B 是两个事件，下列选项中与"$A\cup B=B$"不等价的是（　　）.

(A) $A\subset B$；　(B) $\overline{B}\subset\overline{A}$；　(C) $A\overline{B}=\varnothing$；　(D) $\overline{A}B=\varnothing$.

(2) 设 A，B 是两个事件，且满足 $0<P(A)<1$，$P(B)>0$，$P(B|\overline{A})=P(B|A)$，则必有（　　）.

(A) $P(A|B)=P(\overline{A}|B)$；　(B) $P(A|B)\neq P(\overline{A}|B)$；

(C) $P(AB)=P(A)P(B)$；　(D) $P(AB)\neq P(A)P(B)$.

(3) 设事件 A 与 B 互不相容，且 $P(A)P(B)>0$，则下列结论正确的是（　　）.

(A) $\overline{A}$ 与 $\overline{B}$ 互不相容；　(B) $\overline{A}$ 与 $\overline{B}$ 相容；

(C) $P(A\cup\overline{B})=P(\overline{B})$；　(D) $P(A\overline{B})=P(\overline{B})$.

(4) 将一枚质地均匀的硬币独立地掷 3 次，则恰有两次正面的概率为（　　）.

(A) 0.125；　(B) 0.25；　(C) 0.375；　(D) 0.5.

(5) 设每次试验失败的概率为 p $(0<p<1)$，将试验独立重复地进行下去，直到第 n 次才取得首次成功的概率为（　　）.

(A) $C_n^1 p\,(1-p)^{n-1}$；　(B) $C_n^1(1-p)p^{n-1}$；

(C) $p\,(1-p)^{n-1}$；　(D) $(1-p)p^{n-1}$.

3. 设 A，B，C 为三个事件，且 $P(A)=P(B)=P(C)=\frac{1}{4}$，$P(AB)=0$，$P(AC)=P(BC)=\frac{1}{16}$，求事件 A，B，C 都不发生的概率.

4. 若事件 A 与 B 相互独立，且 $P(B)=0.5$，$P(A-B)=0.3$，求 $P(B-A)$.

5. 设事件 A，B，C 两两相互独立，并且 $ABC=\varnothing$，$P(A)=P(B)=P(C)<\frac{1}{2}$，$P(A\cup B\cup C)=\frac{9}{16}$，求事件 A 的概率.

6. 设有四种颜色的球，每种颜色各 5 只，对每种颜色的球分别编号 1，2，3，4，5，然后将其混合后放入袋中. 现从袋中任取 3 只球，求：

(1) 这 3 只球颜色相同且连号的概率；

(2) 这 3 只球颜色互异且连号的概率；

(3) 连号的 3 只球中恰有两球同色的概率；

(4) 这 3 只球连号的概率.

7. 随机地向半圆 $0<y<\sqrt{2ax-x^2}$（a 为正常数）内掷一点，设点落在半圆内任何区

域的概率与该区域的面积成正比，求该点和原点的连线与 x 轴的夹角小于 $\frac{\pi}{4}$ 的概率.

8. 某厂家生产的每台仪器以 0.7 的概率可以直接出厂；以 0.3 的概率需进一步调试，经调试后以 0.8 的概率可以出厂，以 0.2 的概率定为不合格产品，不能出厂. 现该厂新生产了 n（$n>2$）台仪器（假设各台仪器的生产过程相互独立），求：

（1）全部能出厂的概率；

（2）恰有两台不能出厂的概率；

（3）至少有两台不能出厂的概率.

9. 甲、乙、丙三人独立地向同一架飞机各射击一次. 设他们击中飞机的概率分别为 0.4、0.6、0.7. 又设若有一人击中，飞机坠毁的概率为 0.2；若有两人击中，飞机坠毁的概率为 0.6；若三人都击中，飞机必坠毁. 求飞机坠毁的概率.

10. 设 A，B 为两个事件，证明 $AB\cup\overline{A}B\cup A\overline{B}\cup\overline{A}\overline{B}-\overline{AB}=AB$.

11. 设 A，B 为两个事件，证明 $|P(AB)-P(A)P(B)|\leqslant\frac{1}{4}$.

12. 对于三个事件 A，B，C，证明 $P(ABC)\geqslant P(A)+P(B)+P(C)-2$.

第 2 章　随机变量及其分布

一般而言，试验结果会因随机试验的不同而不同，这给对随机现象的进一步研究带来了不便. 为了更加深入地研究随机现象，本章由随机试验的一般特点引出随机变量的概念，并讨论其统计规律的表达，即随机变量的分布.

§2.1　随机变量

研究随机现象时，可以建立由样本空间到实数的映射，以映射的不同取值表示随机试验的不同结果. 事实上这样的映射总是可以建立的，这是因为很多随机试验的结果本身就与数有关，即便试验的结果与数无关，也可以通过定义的方式建立试验结果与数量之间的对应.

例 2.1.1　将一枚质地均匀的硬币掷三次，观察正、反面出现的情况，令 X 表示试验中正面出现的次数，则 X 确定了试验结果与实数之间如下的对应关系：

“正正正”对应 3；

“正正反”“正反正”“反正正”对应 2；

“正反反”“反正反”“反反正”对应 1；

“反反反”对应 0.

此时，X 的所有可能取值为 0，1，2，3.

如果只关心试验中是否出现了“三次同面”，则可以引入映射 Y，并规定：若试验结果为“三次同面”，则 Y 取 1；若试验结果为“三次非同面”，则 Y 取 0.

这样，Y 的所有可能取值为 0，1.

上述讨论中的 X，Y 除了具有变量（有不同的取值）的特点外，其取值还要依赖于试验结果，从而取值是随机的，称这样的变量为随机变量.

定义 2.1.1 定义在样本空间上的实值函数，称为**随机变量**①.

本书中，随机变量一般用大写英文字母 X，Y，Z 等表示，而以小写英文字母 x，y，z 等表示实数.

引入随机变量后，可以通过随机变量简洁地表示随机事件. 例如，在例 2.1.1 中，可将事件 $A=\{$正正反，正反正，反正正$\}$ 表示为 $\{X=2\}$，进而有 $P\{X=2\}=P(A)=3/8$，即 X 以 $3/8$ 的概率取 2.

一般地，设 L 是一些实数构成的集合，将 X 在 L 上取值记为 $\{X\in L\}$，它表示事件 $\{e|X(e)\in L, e\in S\}$，即由 S 中使得 $X(e)\in L$ 的样本点 e 构成的集合，因此

$$\{X\in L\}=\{e|X(e)\in L, e\in S\},$$

进而有

$$P\{X\in L\}=P\{e|X(e)\in L, e\in S\}.$$

例 2.1.2（续例 2.1.1） 求 $P\left\{X\leqslant\frac{3}{2}\right\}$，$P\{X\leqslant 5\}$，$P\{X<Y\}$.

解 结合 X 的可能取值可知，

$$P\left\{X\leqslant\frac{3}{2}\right\}=P(\{X=0\}\cup\{X=1\})=P\{X=0\}+P\{X=1\}=\frac{1}{8}+\frac{3}{8}=\frac{1}{2}.$$

$$P\{X\leqslant 5\}=P(S)=1.$$

结合 X，Y 的可能取值易见，X 的取值小于 Y 意味着 X 取值 0 并且 Y 取值 1，而仅在样本点“反反反”上两个随机变量才这样取值，故

$$P\{X<Y\}=P(\{X=0\}\cap\{Y=1\})=\frac{1}{8}.$$

习题 2.1

1. 某人用一台机器独立地制造了 3 个同种零件，第 i 个零件是不合格品的概率是 $p_i=\frac{1}{i+1}$ $(i=1, 2, 3)$. 以 X 表示 3 个零件中合格品的个数. 求 $P\{X=2\}$.

2. 从 1，2，3，4，5 中任取三个数，记最大的数为 X，求 $P\{X\leqslant 4\}$，$P\{X>3\}$.

3. 若随机变量 X 满足 $P\{X\leqslant b\}\geqslant 1-\beta$，$P\{X\geqslant a\}\geqslant 1-\alpha$，其中 $a<b$，试证明 $P\{a\leqslant X\leqslant b\}\geqslant 1-(\alpha+\beta)$.

§2.2 随机变量的分布函数

在实际问题中，对于随机变量 X，常常关心“$X=a$”“$a<X\leqslant b$”等形式的事件的

① 不是所有的由样本空间到实数集的函数都是随机变量，能称为随机变量的函数应满足对于任意实数 x，$\{X\leqslant x\}=\{e\mid X(e)\leqslant x\}$ 是随机事件.

概率.

如果对于一切实数 x 都定义了 $P\{X\leqslant x\}$，那么计算这些形式的事件的概率是非常方便的，例如 $\{a<X\leqslant b\}$ 的概率可由

$$P\{a<X\leqslant b\}=P\{X\leqslant b\}-P\{X\leqslant a\}$$

求出. 由此引入随机变量的分布函数的概念.

定义 2.2.1　设 X 是一个随机变量，x 是任意实数，函数

$$F(x)=P\{X\leqslant x\},\quad -\infty<x<+\infty$$

称为随机变量 X 的**分布函数**.

显然，若随机变量 X 的分布函数为 $F(x)$，则对任意实数 a，b $(a<b)$，有

$$P\{a<X\leqslant b\}=P\{X\leqslant b\}-P\{X\leqslant a\}=F(b)-F(a). \tag{2.2.1}$$

随机变量的分布函数有以下性质：

（1）对任意实数 x，$0\leqslant F(x)\leqslant 1$ 且 $F(-\infty)=\lim\limits_{x\to-\infty}F(x)=0$，$F(+\infty)=\lim\limits_{x\to+\infty}F(x)=1$；

（2）$F(x)$ 是单调不减函数；

（3）$F(x)$ 是右连续的，即 $F(x+0)=F(x)$.

证　（1）显然成立.

（2）对任意实数 x_1，x_2 $(x_1<x_2)$，有

$$F(x_2)-F(x_1)=P\{x_1<X\leqslant x_2\}\geqslant 0,$$

故 $F(x)$ 单调不减.

（3）略.

例 2.2.1　设随机变量 X 的分布函数为 $F(x)$，（1）证明 $P\{X<a\}=F(a-0)$；（2）求 $P\{X\geqslant a\}$，$P\{X=a\}$.

（1）**证**　任取单调递增且以 a 为极限的数列 $\{a_n\}$，有

$$\{X<a\}=\{X\leqslant a_1\}\cup\{a_1<X\leqslant a_2\}\cup\cdots\cup\{a_{n-1}<X\leqslant a_n\}\cup\cdots,$$

从而

$$\begin{aligned}P\{X<a\}&=P\{X\leqslant a_1\}+P\{a_1<X\leqslant a_2\}+\cdots+P\{a_{n-1}<X\leqslant a_n\}+\cdots\\&=F(a_1)+F(a_2)-F(a_1)+\cdots+F(a_n)-F(a_{n-1})+\cdots\\&=\lim_{n\to\infty}F(a_n),\end{aligned}$$

再由 $F(x)$ 单调有界，故

$$P\{X<a\}=\lim_{n\to\infty}F(a_n)=\lim_{x\to a^-}F(x)=F(a-0).$$

（2）**解**　由（1）有

$$P\{X\geqslant a\}=1-P\{X<a\}=1-F(a-0),$$
$$P\{X=a\}=P\{X\leqslant a\}-P\{X<a\}=F(a)-F(a-0).$$

由式（2.2.1）以及例 2.2.1 可以看出，通过分布函数能够求出与随机变量相关的事件的概率，因此随机变量的分布函数全面地描述了随机变量的取值特点.

例 2.2.2 将两枚质地均匀的硬币各抛一次，以 X 表示正面出现的次数，求 X 的分布函数.

解 随机变量 X 的可能取值为 0，1，2，从而有

当 $x<0$ 时，由 $\{X\leqslant x\}$ 为不可能事件，有 $P\{X\leqslant x\}=0$.

当 $0\leqslant x<1$ 时，

$$P\{X\leqslant x\}=P\{X=0\}=\frac{1}{4}.$$

当 $1\leqslant x<2$ 时，

$$P\{X\leqslant x\}=P\{X=0\}+P\{X=1\}=\frac{1}{4}+\frac{1}{2}=\frac{3}{4}.$$

当 $x\geqslant 2$ 时，

$$P\{X\leqslant x\}=P\{X=0\}+P\{X=1\}+P\{X=2\}=\frac{3}{4}+\frac{1}{4}=1.$$

所以随机变量 X 的分布函数为

$$F(x)=\begin{cases}0, & x<0\\ \dfrac{1}{4}, & 0\leqslant x<1\\ \dfrac{3}{4}, & 1\leqslant x<2\\ 1, & x\geqslant 2\end{cases}.$$

例 2.2.3 设有边长为 1 的正方体无盖容器，内部装有 $\frac{3}{4}$ 的液体，4 个侧面及底部随机地出现一个漏洞，液体从漏洞漏出，若以 X 表示液面最后的高度，求 X 的分布函数 $F(x)$.

解 依题意，随机变量 X 可能的取值范围是 $\left[0,\ \frac{3}{4}\right]$，并且 $\{X=0\}$ 等价于“漏洞出现在容器的底部”，当 $0\leqslant x<\frac{3}{4}$ 时，$\{X\leqslant x\}$ 等价于“漏洞出现在容器的底部或 4 个侧面的高度小于或者等于 x 的部分”，从而由几何概型有

当 $x<0$ 时，

$$F(x)=P\{X\leqslant x\}=0.$$

当 $0\leqslant x<\frac{3}{4}$ 时，

$$F(x)=P\{X\leqslant x\}=P\{X=0\}+P\{0<X\leqslant x\}=\frac{1}{5}+\frac{4x}{5}=\frac{1+4x}{5},$$

当 $x \geqslant \frac{3}{4}$ 时，

$$F(x)=P\{X \leqslant x\}=P\left\{0 \leqslant X \leqslant \frac{3}{4}\right\}=1.$$

所以随机变量 X 的分布函数为

$$F(x)=\begin{cases} 0, & x<0 \\ \dfrac{1+4x}{5}, & 0 \leqslant x<\dfrac{3}{4} \\ 1, & x \geqslant \dfrac{3}{4} \end{cases}.$$

习题 2.2

1. 已知随机变量 X 的分布函数为

$$F(x)=\begin{cases} 0, & x<1 \\ \ln x, & 1 \leqslant x<\mathrm{e}. \\ 1, & x \geqslant \mathrm{e} \end{cases}$$

试求：$P\{X<2\}$，$P\{0<X \leqslant 3\}$，$P\{2<X \leqslant 2.5\}$.

2. 判断下列函数是否可以作为随机变量的分布函数.

(1) $F(x)=\begin{cases} 0, & x<-2 \\ \dfrac{1}{2}, & -2 \leqslant x<0; \\ 1, & x \geqslant 0 \end{cases}$ (2) $F(x)=\begin{cases} 0, & x<0 \\ \sin x, & 0 \leqslant x<\pi; \\ 1, & x \geqslant \pi \end{cases}$

(3) $F(x)=\begin{cases} 0, & x<0 \\ x+\dfrac{1}{2}, & 0 \leqslant x<\dfrac{1}{2}. \\ 1, & x \geqslant \dfrac{1}{2} \end{cases}$

3. 设某人射击命中目标的概率为 0.6，现进行一次射击，求该人击中次数 X 的分布函数，并作图.

4. 设随机变量 X 的绝对值不大于 1，$P\{X=-1\}=\frac{1}{8}$，$P\{X=1\}=\frac{1}{4}$，且在事件 $\{-1<X<1\}$ 发生的条件下，X 在 $(-1, 1)$ 内的任意一子区间上取值的概率与该子区间的长度成正比. 试求 X 的分布函数 $F(x)$ 及 $P\{X<0\}$.

5. 设 $F_1(x)$，$F_2(x)$ 均为分布函数，证明：

(1) 若 a_1，a_2 为正常数，且满足 $a_1+a_2=1$，则 $a_1F_1(x)+a_2F_2(x)$ 为分布函数；

(2) $F_1(x) \cdot F_2(x)$ 为分布函数.

§2.3 离散型随机变量

当随机变量的取值可以一一列举时，还可以采用其他更方便、直观的方式表达这类随机变量的取值特点，这种类型的随机变量称为离散型随机变量. 本节介绍离散型随机变量及其概率分布规律.

2.3.1 离散型随机变量及其分布律

定义 2.3.1 若随机变量的全部可能取值为有限个或可列无限个，则称其为**离散型随机变量**.

设离散型随机变量 X 的全部可能取值为 x_i（$i=1, 2, \cdots$），并且 X 取 x_i 的概率为 p_i，则称表达式

$$P\{X=x_i\}=p_i,\ i=1,\ 2,\ \cdots \tag{2.3.1}$$

为离散型随机变量 X 的**分布律**. 分布律也可以表示为

X	x_1	x_2	$\cdots$	x_n	$\cdots$
P	p_1	p_2	$\cdots$	p_n	$\cdots$

随机变量 X 的分布律有如下基本性质：

(1) $p_i \geqslant 0$，$i=1, 2, \cdots$；

(2) $\sum\limits_{i=1}^{\infty} p_i = 1$.

证 (1) 显然成立.

(2) 由随机变量的定义及概率的可列可加性有

$$\sum_{i=1}^{\infty} p_i = \sum_{i=1}^{\infty} P\{X = x_i\} = P(\bigcup_{i=1}^{\infty} \{X = x_i\}) = P(S) = 1.$$

例 2.3.1 设随机变量 X 的分布律为

X	-4	-1	1	2	3
P	$\frac{9}{20}$	a	$\frac{1}{20}$	$2a$	$\frac{3}{20}$

其中 a 未知，求 a 的值.

解 由分布律的性质有

$$\frac{9}{20}+a+\frac{1}{20}+2a+\frac{3}{20}=1,$$

解得 $a=\frac{7}{60}$.

例 2.3.2　资料表明，某旅游景点的摆渡车每小时都会在整点或半点等可能地发出一班，且各班车的发车时间相互独立．一位游客 8:20 到发车地点，若以 X 表示其候车时间，试求：(1) X 的分布律；(2) X 的分布函数；(3) $P\{10<X\leqslant 60\}$.

解　(1) 易见，游客可能乘坐 8:30、9:00、9:30 这几个时刻发出的班车，因此 X 的可能取值为 10、40、70，并且有

$$P\{X=10\}=\frac{1}{2},\ P\{X=40\}=\frac{1}{2}\times\frac{1}{2}=\frac{1}{4},\ P\{X=70\}=\frac{1}{2}\times\frac{1}{2}=\frac{1}{4},$$

因此 X 的分布律为

X	10	40	70
P	$\frac{1}{2}$	$\frac{1}{4}$	$\frac{1}{4}$

(2) 根据分布函数的定义，

当 $x<10$ 时，$F(x)=0$；

当 $10\leqslant x<40$ 时，

$$F(x)=P\{X\leqslant x\}=P\{X=10\}=\frac{1}{2};$$

当 $40\leqslant x<70$ 时，

$$F(x)=P\{X\leqslant x\}=P\{X=10\}+P\{X=40\}=\frac{1}{2}+\frac{1}{4}=\frac{3}{4};$$

当 $x\geqslant 70$ 时，

$$F(x)=P\{X\leqslant x\}=P\{X=10\}+P\{X=40\}+P\{X=70\}=\frac{1}{2}+\frac{1}{4}+\frac{1}{4}=1.$$

故 X 的分布函数为

$$F(x)=\begin{cases}0, & x<10\\ \frac{1}{2}, & 10\leqslant x<40\\ \frac{3}{4}, & 40\leqslant x<70\\ 1, & x\geqslant 70\end{cases}.$$

(3) $P\{10<X\leqslant 60\}=F(60)-F(10)=\frac{3}{4}-\frac{1}{2}=\frac{1}{4}$.

图 2-1 为例 2.3.2 中 X 的分布函数图像，可以看到离散型随机变量的分布函数为**阶梯函数**（单调不减的分段函数，段内取值为常数），其全部跳跃点为随机变量的可能取值，相应的跳跃度为随机变量取该值的概率.

一般地，设随机变量 X 的分布函数为 $F(x)$，分布律为

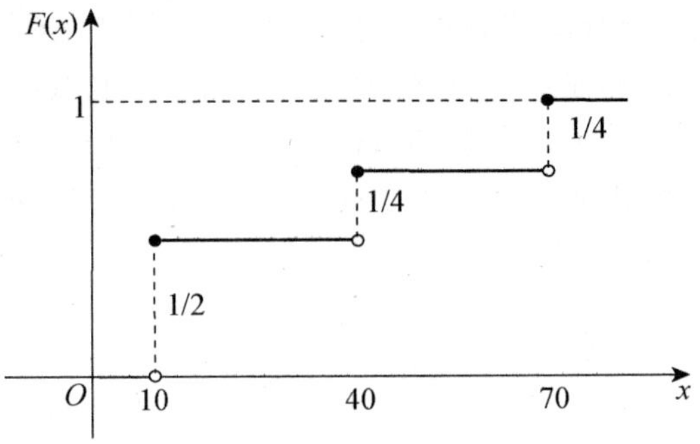

图 2-1

$$P\{X=x_i\}=p_i,\ i=1,\ 2,\ \cdots,$$

则对任意的 $x\in\mathbf{R}$，有

$$F(x)=P\{X\leqslant x\}=\sum_{x_i\leqslant x}P\{X=x_i\}=\sum_{x_i\leqslant x}p_i.$$

2.3.2 常见分布

(1) 0—1 分布.

若随机变量 X 的分布律为

$$P\{X=k\}=p^k(1-p)^{1-k},\ k=0,\ 1,$$

其中 $0<p<1$ 为常数，则称 X 服从参数为 p 的 **0—1 分布**，记为 $X\sim b(1,\ p)$.

(2) 二项分布.

若随机变量 X 的分布律为

$$P\{X=k\}=C_n^k p^k(1-p)^{n-k},\ k=0,\ 1,\ 2,\ \cdots,\ n,$$

其中 $0<p<1$ 为常数，则称 X 服从参数为 n，p 的**二项分布**，记为 $X\sim b(n,\ p)$.

由二项式的性质容易验证二项分布满足分布律的基本性质，若 $(n+1)p-1<0$，则当 $k=0$ 时，$X=k$ 的概率最大；若 $(n+1)p-1=0$，则当 $k=0$ 或 1 时，$X=k$ 的概率最大；若 $(n+1)p-1>0$，则当

$$k=\begin{cases}(n+1)p-1\text{ 或 }(n+1)p, & (n+1)p\text{ 为整数}\\ [(n+1)p], & \text{否则}\end{cases}$$

时 $X=k$ 的概率最大. 如图 2-2 所示，若 $X\sim b(7,\ 1/3)$，则 $k=2$ 的概率最大；若 $X\sim b(8,\ 1/3)$，则 $k=2$ 与 $k=3$ 的概率相等，均达到最大值.

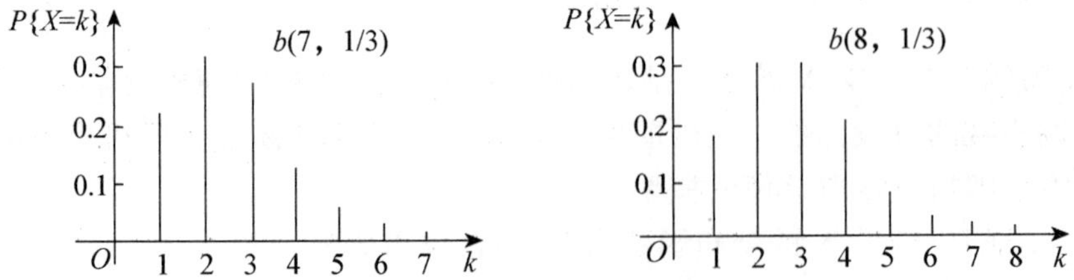

图 2-2

二项分布与伯努利试验密切相关. 对于 n 重伯努利试验，设每次试验中事件 A 发生的概率为 p，若以 X 表示试验中 A 发生的次数，则 $X\sim b(n, p)$.

例 2.3.3 一批商品共 200 件，经验表明这种商品在运输过程中包装损坏的概率是 0.05，当包装损坏时商品损坏的概率是 0.3，且运输过程中商品的包装损坏与否相互独立. 求：(1) 包装损坏的商品件数不大于 2 的概率；(2) 若包装损坏的商品恰有 5 件，求商品损坏的件数为 2 的概率.

解 (1) 记 200 件商品中包装损坏的件数为 X，则 $X\sim b(200, 0.05)$，即

$$P\{X=i\}=C_{200}^{i}0.05^{i}(1-0.05)^{200-i},\quad i=0,1,2,\cdots,200.$$

因此

$$\begin{aligned}P\{X\leqslant 2\}&=\sum_{i=0}^{2}C_{200}^{i}\,0.05^{i}(1-0.05)^{200-i}\\&=C_{200}^{0}\,0.05^{0}(1-0.05)^{200}+C_{200}^{1}0.05\,(1-0.05)^{199}+C_{200}^{2}\,0.05^{2}(1-0.05)^{198}\\&\approx 0.000\,035+0.000\,369+0.001\,932=0.002\,336.\end{aligned}$$

故包装损坏的商品件数不大于 2 的概率为 0.002 336.

(2) 记损坏的商品件数为 Y，则当包装损坏的商品恰有 5 件时，$Y\sim b(5, 0.3)$，即

$$P\{Y=j\}=C_{5}^{j}0.3^{j}(1-0.3)^{5-j},\quad j=0,1,2,\cdots,5.$$

从而

$$P\{Y=2\}=C_{5}^{2}0.3^{2}(1-0.3)^{3}=0.308\,7.$$

故商品损坏的件数为 2 的概率为 0.308 7.

(3) 泊松分布.

若随机变量 X 的分布律是

$$P\{X=k\}=\frac{\lambda^{k}e^{-\lambda}}{k!},\quad k=0,1,2,\cdots,$$

其中 $\lambda>0$ 为常数，则称 X 服从参数为 λ 的**泊松分布**，记 $X\sim\pi(\lambda)$.

容易验证泊松分布满足分布律的两条性质，若 $0<\lambda<1$，则当 $k=0$ 时，$X=k$ 的概率最大；若 $\lambda=1$，则当 $k=0$ 或 1 时，$X=k$ 的概率最大；若 $\lambda>1$，则当

$$k=\begin{cases}\lambda-1\text{ 或 }\lambda, & \text{若 }\lambda\text{ 为整数}\\ [\lambda], & \text{否则}\end{cases}$$

时 $X=k$ 的概率最大.

为了方便计算，附表Ⅱ中给出了泊松分布表.

例 2.3.4 资料表明，某种商品每月的销售量 $X\sim\pi(5)$（单位：吨），问月初至少应保持多大库存才能使当月不脱销的概率在 0.9 以上?

解 设月初保持 n 吨库存. 由已知有

$$P\{X=k\}=\frac{5^{k}e^{-5}}{k!},\quad k=0,1,2,\cdots,$$

因此

$$P\{X \leqslant n\} = \sum_{k=0}^{n} P\{X = k\} = \sum_{k=0}^{n} \frac{5^k e^{-5}}{k!} > 0.9,$$

由附表Ⅱ查得 $n \geqslant 8$，即月初至少应保持 8 吨库存才能使当月不脱销的概率在 0.9 以上.

在历史上，泊松分布最早是作为二项分布的近似分布引入的，下面的定理给出了两个分布之间的关系.

定理 2.3.1（泊松定理） 设随机变量 $X_n \sim b(n, p_n)$（$n=1, 2, \cdots$），又设 $np_n = \lambda > 0$ 是常数，则有

$$\lim_{n\to\infty} P\{X_n = k\} = \frac{\lambda^k e^{-\lambda}}{k!}, \quad k=0, 1, 2, \cdots.$$

证 由于 $X_n \sim b(n, p_n)$ 及 $p_n = \frac{\lambda}{n}$，从而对于任意正整数 k，有

$$P\{X_n = k\} = C_n^k p_n^k (1-p_n)^{n-k} = \frac{n(n-1)\cdots(n-k+1)}{k!}\left(\frac{\lambda}{n}\right)^k \left(1-\frac{\lambda}{n}\right)^{n-k}$$

$$= \frac{\lambda^k}{k!}\left[\left(\frac{n}{n}\right)\left(\frac{n-1}{n}\right)\cdots\left(\frac{n-k+1}{n}\right)\right]\left(1-\frac{\lambda}{n}\right)^{n-k},$$

因为当 $n\to\infty$ 时

$$\left(\frac{n}{n}\right)\left(\frac{n-1}{n}\right)\cdots\left(\frac{n-k+1}{n}\right)\to 1, \quad \left(1-\frac{\lambda}{n}\right)^{n-k}\to e^{-\lambda},$$

故有

$$\lim_{n\to\infty} P\{X_n = k\} = \frac{\lambda^k e^{-\lambda}}{k!}.$$

注意到定理 2.3.1 中的 λ 是常数，从而当 n 增大时，p_n 必然随之减小. 因此当 n 很大并且 p 较小时，根据定理 2.3.1 有

$$C_n^k p^k (1-p)^{n-k} \approx \frac{\lambda^k e^{-\lambda}}{k!},$$

其中 $np=\lambda$. 在实际应用中，当 $n \geqslant 10$，$p \leqslant 0.1$ 时近似效果较好.

例如，在例 2.3.3 的（1）中，$\lambda = np = 200 \times 0.05 = 10$，应用泊松定理有

$$P\{X \leqslant 2\} = \sum_{i=0}^{2} C_{200}^i \, 0.05^i \, (1-0.05)^{200-i} \approx \sum_{k=0}^{2} \frac{10^k}{k!} e^{-10} \approx 0.0028,$$

即包装损坏的商品件数不大于 2 的概率为 0.002 8，这与例 2.3.3 的（1）的结果 0.002 336 非常接近.

泊松分布在实际中有着广泛的应用. 一般的，在一个固定的时间间隔内，考察一个事件独立发生的次数，只要发生的次数足够多，就可视其服从泊松分布. 例如，电话交换台接收到的呼叫次数，某个时间段内的交通流量等.

习题 2.3

1. 设随机变量 X 的分布律为

$$P\{X=k\}=c\left(\frac{1}{3}\right)^{k},\quad k=0,1,2,\cdots,$$

其中 c 为常数. 试求：(1) c 的值；(2) $P\left\{1<X\leqslant\frac{5}{2}\right\}$；(3) $P\{X\geqslant 1\}$.

2. 设随机变量 X 的分布函数为

$$F(x)=\begin{cases}0, & x<-1\\ 0.3, & -1\leqslant x<0\\ 0.5, & 0\leqslant x<1\\ 1, & x\geqslant 1\end{cases},$$

求 X 的分布律.

3. 设随机变量 X 的分布律为

X	-1	1	2
P	$\frac{1}{6}$	$\frac{1}{3}$	$\frac{1}{2}$

求：(1) X 的分布函数；(2) $P\left\{1<X\leqslant\frac{5}{2}\right\}$.

4. 将一枚骰子独立地掷两次，以 X 表示两次出现的点数之和，试求 X 的分布律.

5. 设每次试验成功的概率为 p，将试验独立重复地进行，直到第二次成功为止，以 X 表示第一次成功时试验进行的次数，以 Y 表示第二次成功时试验进行的次数. 求 X，Y 的分布律.

6. 对目标进行 400 次独立射击，设每次击中的概率为 0.02，求至少击中目标两次的概率.

7. 甲、乙两队进行排球比赛，每场甲队胜的概率为 p ($p>1/2$). 问：对于甲队而言，采用三场两胜制有利，还是采用五场三胜制有利（假设各场比赛相互独立）？

8. 已知某种电器每周销售的台数服从参数为 4 的泊松分布. 求：(1) 一周销售 6 台的概率；(2) 一周销售的台数不超过 10 的概率.

§2.4　连续型随机变量

除了离散型随机变量之外，还有一类重要且常见的随机变量——连续型随机变量，本节介绍连续型随机变量的概念、性质及常见分布.

2.4.1 连续型随机变量的定义及性质

定义 2.4.1 对于随机变量 X 的分布函数 $F(x)$，若存在非负可积函数 $f(x)$，使对任意实数 x 都有

$$F(x)=\int_{-\infty}^{x} f(t)\mathrm{d}t, \tag{2.4.1}$$

则称 X 为**连续型随机变量**，其中函数 $f(x)$ 称为 X 的**概率密度函数**，简称**概率密度**.

由式（2.4.1）可知，连续型随机变量 X 的分布函数 $F(x)$ 是连续函数，进而随机变量 X 取任意单点值的概率为零. 这是因为，对于任意实数 a，有

$$P\{X=a\}=F(a)-F(a-0)=F(a)-F(a)=0.$$

这是离散型随机变量与连续型随机变量的一个重要区别.

随机变量 X 的概率密度 $f(x)$ 具有如下性质：

（1）对任意实数 x，有 $f(x)\geqslant 0$；

（2）$\int_{-\infty}^{+\infty} f(x)\mathrm{d}x=1$；

（3）对于任意实数 x_1，x_2（$x_1<x_2$），有

$$P\{x_1<X\leqslant x_2\}=\int_{x_1}^{x_2} f(x)\mathrm{d}x;$$

（4）设 X 的分布函数为 $F(x)$，则在 $f(x)$ 的连续点处，有

$$F'(x)=f(x).$$

在四条性质中，（1）和（2）是函数 $f(x)$ 作为概率密度的充分必要条件，称为概率密度的基本性质. 由 $F(+\infty)=1$ 可得性质（2）. 性质（2）和性质（3）的几何意义如图 2-3 所示，曲线 $f(x)$ 下方、x 轴上方的区域面积为 1，而阴影部分的面积是随机变量 X 在区间 $(x_1, x_2]$ 中取值的概率.

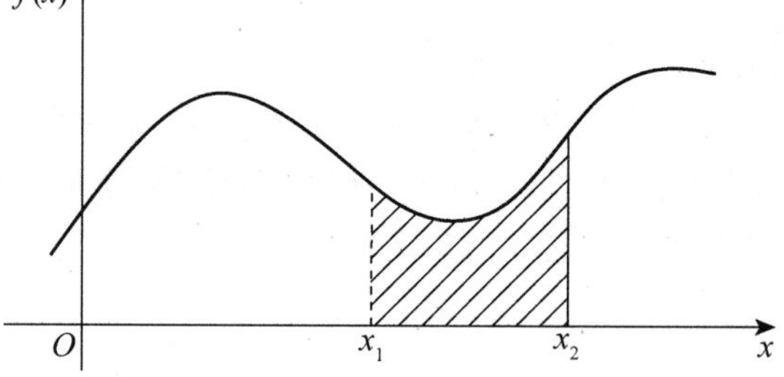

图 2-3

例 2.4.1 设连续型随机变量 X 的分布函数为

$$F(x)=\begin{cases} a, & x<-1 \\ c+dx, & -1\leqslant x<1, \\ b, & x\geqslant 1 \end{cases}$$

其中的 a，b，c，d 为未知常数．求：（1）a，b，c，d 的值；（2）X 的概率密度 $f(x)$.

解　（1）由分布函数的性质有

$$1=\lim_{x\to+\infty}F(x)=b,\quad 0=\lim_{x\to-\infty}F(x)=a,$$

再由 X 为连续型随机变量，知其分布函数 $F(x)$ 为连续函数，特别地在 -1 和 1 处左连续，即

$$F(-1-0)=F(-1),\quad F(1-0)=F(1),$$

从而有

$$c-d=0,\quad c+d=1,$$

可解得 $c=\frac{1}{2}$，$d=\frac{1}{2}$.

（2）当 $x<-1$ 或 $x>1$ 时，$F'(x)=0$.

当 $-1<x<1$ 时，$F'(x)=\left(\frac{1}{2}+\frac{1}{2}x\right)'=\frac{1}{2}$.

故可取

$$f(x)=\begin{cases}\frac{1}{2}, & -1<x<1\\ 0, & \text{其他}\end{cases}.$$

例 2.4.2　设随机变量 X 的概率密度为

$$f(x)=\begin{cases}x, & 0\leqslant x<1\\ 2-x, & 1\leqslant x<2\\ 0, & \text{其他}\end{cases}.$$

求：（1）$P\left\{X<\frac{3}{2}\right\}$；（2）$X$ 的分布函数 $F(x)$.

解　（1）依题意有

$$P\left\{X<\frac{3}{2}\right\}=\int_{-\infty}^{\frac{3}{2}}f(x)\mathrm{d}x=\int_0^1 x\mathrm{d}x+\int_1^{\frac{3}{2}}(2-x)\mathrm{d}x=\frac{7}{8}.$$

（2）由分布函数的定义，有

当 $x<0$ 时，

$$F(x)=P\{X\leqslant x\}=\int_{-\infty}^{x}0\mathrm{d}x=0.$$

当 $0\leqslant x<1$ 时，

$$F(x)=P\{X\leqslant x\}=\int_{-\infty}^{0}0\mathrm{d}x+\int_0^x t\mathrm{d}t=0+\frac{t^2}{2}\Big|_0^x=\frac{x^2}{2}.$$

当 $1\leqslant x<2$ 时，

$$F(x)=P\{X\leqslant x\}=\int_{-\infty}^{0}0\mathrm{d}x+\int_{0}^{1}x\mathrm{d}x+\int_{1}^{x}(2-t)\mathrm{d}t=0+\frac{1}{2}+\left(2t-\frac{t^2}{2}\right)\Bigg|_{1}^{x}$$
$$=-\frac{x^2}{2}+2x-1.$$

当 $x\geqslant 2$ 时，$F(x)=P\{X\leqslant x\}=1$.

故 X 的分布函数为

$$F(x)=\begin{cases}0, & x<0\\ \frac{x^2}{2}, & 0\leqslant x<1\\ -\frac{x^2}{2}+2x-1, & 1\leqslant x<2\\ 1, & x\geqslant 2\end{cases}.$$

2.4.2 常见分布

(1) 均匀分布.

若随机变量 X 的概率密度为

$$f(x)=\begin{cases}\frac{1}{b-a}, & a<x<b\\ 0, & \text{其他}\end{cases},$$

则称 X 服从区间 (a, b) 内的**均匀分布**，记为 $X\sim U(a, b)$.

均匀分布的定义可以拓展到 $(a, b]$、$[a, b)$、$[a, b]$ 内的情形，且相应地记为$U(a, b]$、$U[a, b)$、$U[a, b]$.

均匀分布的分布函数为

$$F(x)=\begin{cases}0, & x<a\\ \frac{x-a}{b-a}, & a\leqslant x<b\\ 1, & x\geqslant b\end{cases}$$

$f(x)$、$F(x)$ 的图像分别如图 2-4(a)、图 2-4(b) 所示.

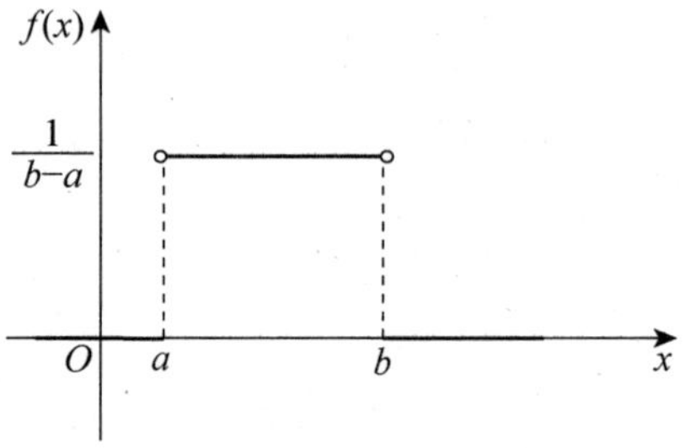

图 2-4(a)

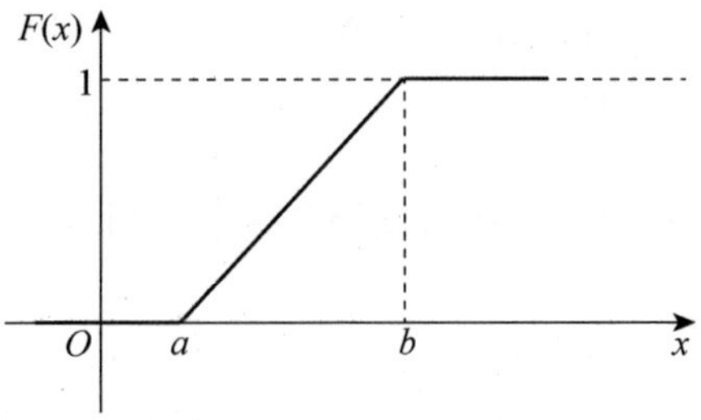

图 2-4(b)

若随机变量 X 服从 (a, b) 内的均匀分布，则其具有“等可能”的特点，即 X 在

(a, b) 内长度相同的子区间内取值的概率相等. 这是因为设 $[x_1, x_2]$ 为 (a, b) 的任意一个子区间，由于

$$P\{x_1 \leqslant X \leqslant x_2\} = \int_{x_1}^{x_2} \frac{1}{b-a} \mathrm{d}x = \frac{x_2 - x_1}{b-a},$$

可见，X 在 $[x_1, x_2]$ 中取值的概率只与 $[x_1, x_2]$ 的长度有关，而与 $[x_1, x_2]$ 所在的位置无关.

(2) 指数分布.

若随机变量 X 的概率密度为

$$f(x)=\begin{cases} \dfrac{1}{\theta}\mathrm{e}^{-x/\theta}, & x>0, \\ 0, & \text{其他} \end{cases}$$

其中 $\theta>0$ 为常数，则称 X 服从参数为 θ 的**指数分布**，记为 $X \sim e\left(\dfrac{1}{\theta}\right)$.

指数分布的分布函数为

$$F(x)=\begin{cases} 1-\mathrm{e}^{-x/\theta}, & x>0, \\ 0, & \text{其他} \end{cases}$$

$f(x)$、$F(x)$ 的图像分别如图 2-5(a)、图 2-5(b) 所示.

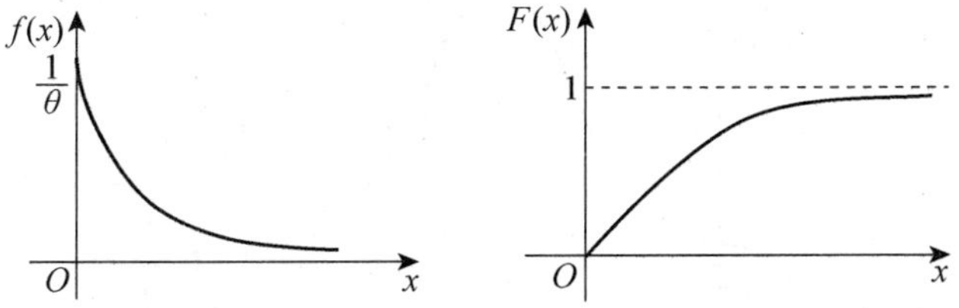

图 2-5(a)　　图 2-5(b)

指数分布具有如下性质：对于任意的 $s, t>0$，有

$$P\{X>t+s \mid X>t\}=P\{X>s\}. \tag{2.4.2}$$

这是因为

$$\begin{aligned} P\{X>t+s \mid X>t\} &= \frac{P\{X>t+s, X>t\}}{P\{X>t\}} = \frac{P\{X>t+s\}}{P\{X>t\}} \\ &= \frac{1-F(t+s)}{1-F(t)} = \frac{\mathrm{e}^{-(t+s)/\theta}}{\mathrm{e}^{-t/\theta}} = \mathrm{e}^{-s/\theta} = P\{X>s\}. \end{aligned}$$

这个性质称为**指数分布的无记忆性**. 如果把 X 解释为某电子产品的寿命（单位：小时），则式 (2.4.2) 表明：已知电子产品已使用了 t 小时，它总共能使用至少 $t+s$ 小时的条件概率与从开始使用时算起它至少能使用 s 小时的概率相等. 这就是说，电子产品对它已使用过 t 小时没有记忆.

指数分布在可靠性理论与排队论中有广泛的应用.

例 2.4.3 设随机变量 X 服从参数为 1 的指数分布，a 为正常数，求 $P\{X\leqslant a+1 \mid X>a\}$.

解 由指数分布的无记忆性有

$$P\{X\leqslant a+1 \mid X>a\}=1-P\{X>a+1 \mid X>a\}$$
$$=1-P\{X>1\}=P\{X\leqslant 1\}=F(1)=1-\mathrm{e}^{-1}.$$

(3) 正态分布.

若随机变量 X 的概率密度为

$$f(x)=\frac{1}{\sqrt{2\pi}\sigma}\mathrm{e}^{-\frac{(x-\mu)^2}{2\sigma^2}},\quad -\infty<x<+\infty,$$

其中 μ，$\sigma(\sigma>0)$ 为常数，则称 X 服从参数为 μ，σ 的**正态分布**或**高斯分布**，记为 $X\sim N(\mu,\ \sigma^2)$.

正态分布 $N(\mu,\ \sigma^2)$ 的概率密度 $f(x)$ 的图像如图 2-6 所示，其具有如下性质：

(1) 关于 $x=\mu$ 对称，且当 $x=\mu$ 时，$f(x)$ 取得最大值 $\frac{1}{\sqrt{2\pi}\sigma}$；

(2) $f(x)$ 以 x 轴为渐近线.

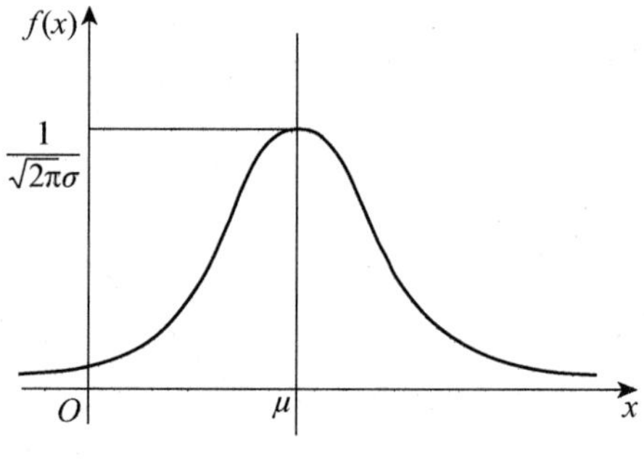

图 2-6

对于正态分布 $N(\mu,\ \sigma^2)$，当固定 μ 时，σ 的值越大，$f(x)$ 的最大值越小，曲线的形状因此变得宽且平，反之曲线的形状则变得窄且尖，如图 2-7(a) 所示，称 σ 为**形状参数**. 当固定 σ 改变 μ 时，曲线的形状不变，但位置发生平移，如图 2-7(b) 所示，称 μ 为**位置参数**.

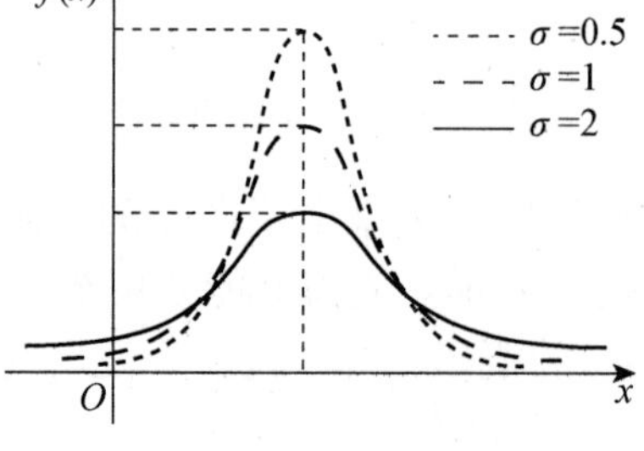

图 2-7(a)

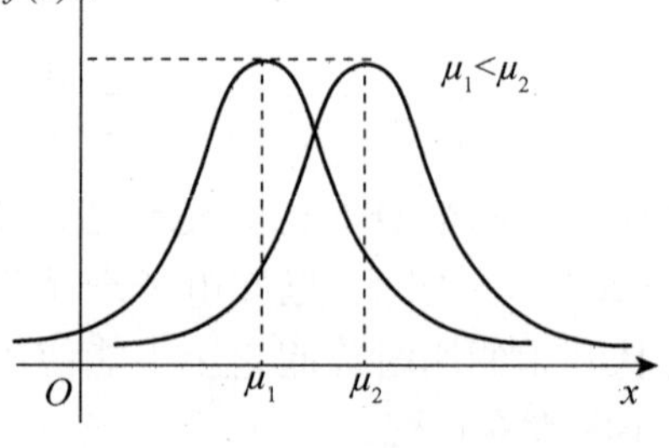

图 2-7(b)

正态分布的分布函数为

$$F(x)=\int_{-\infty}^{x}\frac{1}{\sqrt{2\pi}\sigma}e^{-\frac{(t-\mu)^2}{2\sigma^2}}dt,\quad -\infty<x<+\infty.$$

正态分布是概率论中最重要的一个分布．经验表明，许多实际问题中的随机变量（如某一地区成年男子的身高、体重等指标，测量同一物体的误差，弹着点沿某一方向的偏差，某个地区的年降水量等）都近似服从正态分布．

参数 $\mu=0$，$\sigma=1$ 的正态分布称为**标准正态分布**，其概率密度为

$$\varphi(x)=\frac{1}{\sqrt{2\pi}}e^{-\frac{x^2}{2}},\ -\infty<x<+\infty,$$

分布函数为

$$\Phi(x)=\int_{-\infty}^{x}\frac{1}{\sqrt{2\pi}}e^{-\frac{t^2}{2}}dt,\ -\infty<x<+\infty.$$

分布函数 $\Phi(x)$ 满足：对任意实数 x，

$$\Phi(-x)=1-\Phi(x).$$

为了方便计算，附表 I 中给出了标准正态分布表，自变量与函数值之间的对应关系可以查表获得．一般的正态分布与标准正态分布的关联由下面的定理给出．

定理 2.4.1　若随机变量 $X\sim N(\mu,\sigma^2)$，令 $Y=\frac{X-\mu}{\sigma}$，则 $Y\sim N(0,1)$．

证　记随机变量 Y 的分布函数为 $F_Y(y)$，则

$$F_Y(y)=P\{Y\leqslant y\}=P\{X\leqslant \sigma y+\mu\}=\frac{1}{\sqrt{2\pi}\sigma}\int_{-\infty}^{\sigma y+\mu}e^{-\frac{(x-\mu)^2}{2\sigma^2}}dx,$$

令 $t=\frac{x-\mu}{\sigma}$，有

$$F_Y(y)=\frac{1}{\sqrt{2\pi}}\int_{-\infty}^{y}e^{-\frac{t^2}{2}}dt=\Phi(y),$$

即随机变量 $Y\sim N(0,1)$．

由定理 2.4.1 可知，若随机变量 $X\sim N(\mu,\sigma^2)$，则对于任意实数 a，有

$$P\{X\leqslant a\}=P\left\{\frac{X-\mu}{\sigma}\leqslant\frac{a-\mu}{\sigma}\right\}=\Phi\left(\frac{a-\mu}{\sigma}\right).\tag{2.4.3}$$

例 2.4.4　设随机变量 $X\sim N(3,2^2)$，求 $P\{-3\leqslant X\leqslant 5\}$，$P\{|X|\geqslant 2\}$．

解　由式（2.4.3）有

$$\begin{aligned}P\{-3\leqslant X\leqslant 5\}&=\Phi\left(\frac{5-3}{2}\right)-\Phi\left(\frac{-3-3}{2}\right)=\Phi(1)-\Phi(-3)\\&=\Phi(1)+\Phi(3)-1\approx 0.8413+0.9987-1=0.84,\end{aligned}$$

$$P\{|X|\geqslant 2\}=1-P\{-2<X<2\}$$

$$=1-\Phi\left(\frac{2-3}{2}\right)+\Phi\left(\frac{-2-3}{2}\right)=1-[1-\Phi(0.5)]+[1-\Phi(2.5)]$$
$$\approx 0.6915+1-0.9938=0.6977.$$

当随机变量 $X\sim N(\mu,\sigma^2)$ 时，有

$$P\{\mu-\sigma\leqslant X\leqslant\mu+\sigma\}=2\Phi(1)-1\approx 0.6827,$$
$$P\{\mu-2\sigma\leqslant X\leqslant\mu+2\sigma\}=2\Phi(2)-1\approx 0.9544,$$
$$P\{\mu-3\sigma\leqslant X\leqslant\mu+3\sigma\}=2\Phi(3)-1\approx 0.9974.$$

可见，X 的取值几乎全部集中在 $(\mu-3\sigma,\mu+3\sigma)$ 区间内，超出这个范围的可能性仅占不到 0.3%，如图 2-8 所示. 正态分布的这个特点称为 **3σ 原则**.

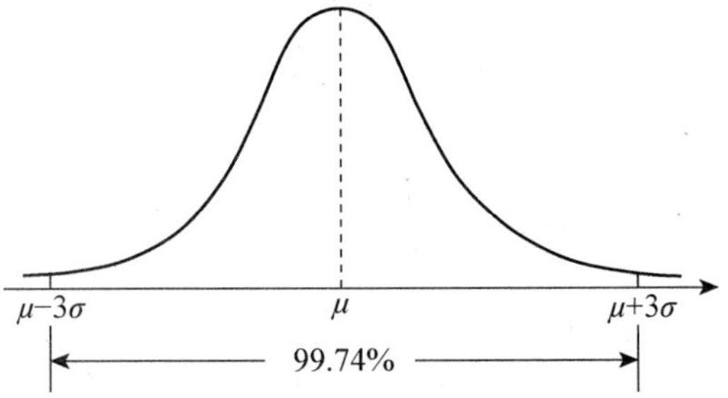

图 2-8

为了便于数理统计中的应用，对于标准正态随机变量，引入上 α 分位点的定义. 设 $X\sim N(0,1)$，若 z_α 满足

$$P\{X>z_\alpha\}=\alpha,\quad 0<\alpha<1,$$

则称点 z_α 为标准正态分布的**上 α 分位点**（如图 2-9 所示）. 下面列出了几个常用的 z_α 的值.

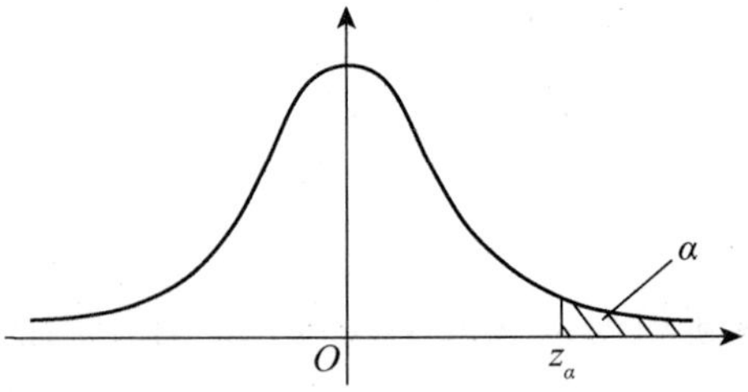

图 2-9

α	0.001	0.005	0.01	0.025	0.05	0.1
z_α	3.09	2.576	2.326	1.96	1.645	1.282

由标准正态分布的性质可知

$$z_{1-\alpha}=-z_\alpha.$$

例 2.4.5 设计公交车的车门时，要求男子与门框上边缘碰头的可能性要小于 0.01.

设男子的身高（cm）$X \sim N(175, 5^2)$，问车门的高度最低应该是多少？

解 设车门的高度为 h，由题意有

$$0.01 > P\{X > h\} = 1 - P\{X \leqslant h\} = 1 - \Phi\left(\frac{h-175}{5}\right),$$

即

$$\Phi\left(\frac{h-175}{5}\right) > 0.99,$$

查附表Ⅰ有 $\Phi(2.33) \approx 0.99$，从而解得

$$h > 175 + 5 \times 2.33 = 186.65,$$

故车门的高度最低应该为 187cm.

习题 2.4

1. 设随机变量 X 的概率密度为

$$f(x) = \begin{cases} k/x, & 1 \leqslant x < \mathrm{e} \\ 0, & \text{其他} \end{cases},$$

其中 k 为未知常数，求：(1) k 的值；(2) X 的分布函数；(3) $P\{1/2 \leqslant X \leqslant 3/2\}$.

2. 已知连续型随机变量 X 的分布函数为

$$F(x) = \begin{cases} c + d\mathrm{e}^{-x/2}, & x \geqslant 0 \\ 0, & x < 0 \end{cases},$$

其中 c，d 为未知常数，求：(1) c，d 的值；(2) X 的概率密度；(3) $P\{\ln 9 \leqslant X \leqslant \ln 16\}$.

3. 设随机变量 $X \sim U[2, 5]$，现在对 X 进行三次独立观测，试求至少有两次观测值大于 3 的概率.

4. 已知某设备由 3 个独立工作的电子元件构成，且电子元件的寿命（单位：小时）均服从参数为 600 的指数分布，试求该设备工作 200 小时后至少有一只元件损坏的概率.

5. 已知随机变量 $X \sim N(60, 3^2)$，若 X 落在区间 $(-\infty, a)$，(a, b)，(b, ∞) 的概率之比为 3∶4∶5，试求 a，b 的值.

6. 随机变量 $X_1 \sim N(0, 2^2)$，$X_2 \sim N(1, 3^2)$，若 $p_j = P\{-2 \leqslant X_j \leqslant 2\}$，$j=1, 2$，讨论 p_1，p_2 的大小关系.

7. 设 $f_1(x)$，$f_2(x)$ 均为随机变量的概率密度，若正常数 a，b 满足 $a+b=1$，试证明 $g(x) = af_1(x) + bf_2(x)$ 也是一个概率密度.

§2.5 随机变量函数的分布

在一些应用中，不仅要研究随机变量，有时还要研究随机变量的函数. 例如商店的某

种商品的月销售量是一个随机变量，而销售收益就是销售量的函数．因此，销售收益也是随机的．一般地，若 X 为随机变量，$g(x)$ 为连续函数，则 $g(X)$ 仍为随机变量．下面介绍如何由 X 的分布求 $g(X)$ 的分布．

2.5.1 离散型随机变量函数的分布

例 2.5.1 设随机变量 X 的分布律为

X	-1	0	1
P	$1/4$	$1/4$	$1/2$

求随机变量 $2X+1$，X^2 的分布律．

解 由题意，$2X+1$ 的可能取值为 -1，1，3，并且

$$P\{2X+1=-1\}=P\{X=-1\}=1/4,$$
$$P\{2X+1=1\}=P\{X=0\}=1/4,$$
$$P\{2X+1=3\}=P\{X=1\}=1/2,$$

故 $2X+1$ 的分布律为

$2X+1$	-1	1	3
P	$1/4$	$1/4$	$1/2$

X^2 的可能取值为 0，1，并且

$$P\{X^2=0\}=P\{X=0\}=1/4,$$
$$P\{X^2=1\}=P\{X=-1\}+P\{X=1\}=1/4+1/2=3/4,$$

故 X^2 的分布律为

X^2	0	1
P	$1/4$	$3/4$

一般地，设随机变量 X 的分布律为

$$P\{X=x_i\}=p_i,\quad i=1,2,\cdots,$$

若随机变量 $Y=g(X)$，则 Y 的分布律为

$$P\{Y=y_j\}=\sum_{g(x_i)=y_j} p_i,\quad j=1,2,\cdots.$$

2.5.2 连续型随机变量函数的分布

例 2.5.2 设随机变量 $X\sim N(0,1)$，令 $Y=X^2$，求 Y 的概率密度．

解 设随机变量 X，Y 的分布函数分别为 $F_X(x)$，$F_Y(y)$，依题意，Y 的取值范围为 $[0,\infty)$，故当 $y<0$ 时，有

$$F_Y(y)=P\{Y\leqslant y\}=0.$$

当 $y\geqslant 0$ 时，有

$$F_Y(y)=P\{Y\leqslant y\}=P\{X^2\leqslant y\}=P\{-\sqrt{y}\leqslant X\leqslant\sqrt{y}\}=F_X(\sqrt{y})-F_X(-\sqrt{y}),$$

因此 Y 的分布函数为

$$F_Y(y)=\begin{cases}F_X(\sqrt{y})-F_X(-\sqrt{y}), & y\geqslant 0\\ 0, & y<0\end{cases},$$

故 Y 的概率密度为

$$f_Y(y)=F_Y'(y)=\begin{cases}\dfrac{1}{\sqrt{2\pi}}y^{-1/2}\mathrm{e}^{-y/2}, & y>0\\ 0, & y\leqslant 0\end{cases}.$$

这个分布称为自由度为 1 的 χ^2 分布.

例 2.5.3　设随机变量 X 的概率密度为

$$f(x)=\begin{cases}\dfrac{1}{2}, & -1<x<0\\ \dfrac{1}{4}, & 0\leqslant x<2\\ 0, & \text{其他}\end{cases}.$$

求 $Y=1-|X|$ 的概率密度.

解　设 Y 的分布函数为 $F_Y(y)$. 由于

$$F_Y(y)=P\{Y\leqslant y\}=P\{1-|X|\leqslant y\}=P\{|X|\geqslant 1-y\},$$

因此，当 $y\geqslant 1$ 时，有 $F_Y(y)=1$.

当 $0<y<1$ 时，

$$\begin{aligned}F_Y(y)&=P\{|X|\geqslant 1-y\}=P\{X\geqslant 1-y\}+P\{X\leqslant -(1-y)\}\\&=\int_{1-y}^{2}\frac{1}{4}\mathrm{d}x+\int_{-1}^{-(1-y)}\frac{1}{2}\mathrm{d}x=\frac{1}{4}+\frac{3}{4}y.\end{aligned}$$

当 $-1<y\leqslant 0$ 时，

$$\begin{aligned}F_Y(y)&=P\{|X|\geqslant 1-y\}=P\{X\geqslant 1-y\}+P\{X\leqslant -(1-y)\}\\&=\int_{1-y}^{2}\frac{1}{4}\mathrm{d}x=\frac{1}{4}+\frac{1}{4}y.\end{aligned}$$

当 $y\leqslant -1$ 时，

$$F_Y(y)=P\{|X|\geqslant 1-y\}=P\{X\geqslant 1-y\}+P\{X\leqslant -(1-y)\}=0.$$

因此，Y 的分布函数为

$$F_Y(y)=\begin{cases}0, & y\leqslant -1\\ \dfrac{1}{4}+\dfrac{1}{4}y, & -1<y\leqslant 0\\ \dfrac{1}{4}+\dfrac{3}{4}y, & 0<y<1\\ 1, & y\geqslant 1\end{cases}.$$

故 Y 的概率密度为

$$f_Y(y)=F_Y'(y)=\begin{cases}\dfrac{1}{4}, & -1<y<0\\ \dfrac{3}{4}, & 0\leqslant y<1\\ 0, & \text{其他}\end{cases}.$$

定理 2.5.1 设 X 是连续型随机变量，其概率密度为 $f_X(x)$，又设函数 $g(x)$ 严格单调，且其反函数 $h(x)$ 有连续导数，则 $Y=g(X)$ 也是连续型随机变量，且其概率密度为

$$f_Y(y)=\begin{cases}f_X[h(y)]|h'(y)|, & \alpha<y<\beta\\ 0, & \text{其他}\end{cases}, \tag{2.5.1}$$

其中 $\alpha=\min\{g(-\infty),\ g(+\infty)\}$，$\beta=\max\{g(-\infty),\ g(+\infty)\}$.

证 当 $g(x)$ 严格单调递增时，则其反函数 $h(x)$ 也严格单调递增，Y 的分布函数为

$$F_Y(y)=P\{Y\leqslant y\}=P\{g(X)\leqslant y\}=P\{X\leqslant h(y)\}=\int_{-\infty}^{h(y)}f_X(x)\mathrm{d}x,$$

从而有

$$f_Y(y)=F_Y'(y)=\begin{cases}f_X[h(y)]h'(y), & g(-\infty)<y<g(+\infty)\\ 0, & \text{其他}\end{cases}.$$

而当 $g(x)$ 严格单调递减时，其反函数 $h(x)$ 也严格单调递减，Y 的分布函数为

$$F_Y(y)=P\{Y\leqslant y\}=P\{g(X)\leqslant y\}=P\{X\geqslant h(y)\}=1-\int_{-\infty}^{h(y)}f_X(x)\mathrm{d}x,$$

从而有

$$f_Y(y)=F_Y'(y)=\begin{cases}-f_X[h(y)]h'(y), & g(+\infty)<y<g(-\infty)\\ 0, & \text{其他}\end{cases}.$$

因此，式（2.5.1）成立.

例 2.5.4 设随机变量 $X\sim N(\mu,\ \sigma^2)$，令 $Y=aX+b$（$a\neq 0$），求 Y 的概率密度.

解 依题意，X 的概率密度为

$$f(x)=\frac{1}{\sqrt{2\pi}\sigma}e^{-\frac{(x-\mu)^2}{2\sigma^2}},\ -\infty<x<+\infty.$$

由于函数 $y=ax+b$ 是单调函数，并有 $x=h(y)=\frac{y-b}{a}$，由定理 2.5.1 可得

$$f_Y(y)=f_X[h(y)]|h'(y)|=\frac{1}{\sigma\sqrt{2\pi}}e^{-\frac{\left(\frac{y-b}{a}-\mu\right)^2}{2\sigma^2}}\frac{1}{|a|}$$
$$=\frac{1}{|a|\sigma\sqrt{2\pi}}e^{-\frac{[y-(b+a\mu)]^2}{2(a\sigma)^2}},\quad -\infty<y<+\infty.$$

易见，$Y\sim N(a\mu+b,(a\sigma)^2)$，即正态分布具有线性不变的特点.

例 2.5.5　设随机变量 $X\sim N(\mu,\sigma^2)$，其分布函数记为 $F(x)$，求随机变量 $Y=F(X)$ 的分布函数 $F_Y(y)$.

解法 1　由题意，随机变量 Y 的可能取值范围为 (0，1).

当 $y<0$ 时，

$$F_Y(y)=P\{F(X)\leqslant y\}=0.$$

当 $0\leqslant y<1$ 时，

$$F_Y(y)=P\{F(X)\leqslant y\}=P\{X\leqslant F^{-1}(y)\}=F[F^{-1}(y)]=y.$$

当 $y\geqslant 1$ 时，

$$F_Y(y)=P\{F(X)\leqslant y\}=1.$$

故

$$F_Y(y)=\begin{cases}0, & y<0\\ y, & 0\leqslant y<1.\\ 1, & y\geqslant 1\end{cases}$$

解法 2　由于 X 服从正态分布，则其分布函数 $F(x)$ 在 $(-\infty,+\infty)$ 上严格单调递增且可导，记 Y 的概率密度为 $g(y)$，则当 $0<y<1$ 时，由定理 2.5.1 有

$$g(y)=f[F^{-1}(y)]|[F^{-1}(y)]'|=f[F^{-1}(y)][F^{-1}(y)]'=(F[F^{-1}(y)])'=y'=1,$$

从而

$$g(y)=\begin{cases}1, & 0<y<1\\ 0, & \text{其他}\end{cases},$$

故随机变量 Y 的分布函数为

$$F_Y(y)=\begin{cases}0, & y<0\\ y, & 0\leqslant y<1.\\ 1, & y\geqslant 1\end{cases}$$

习题 2.5

1. 随机变量 X 的分布律为

X	-2	-1	2	3
P	$\frac{1}{7}$	$\frac{1}{7}$	$\frac{3}{7}$	$\frac{2}{7}$

试求 $3X$，X^2 的分布律.

2. 设某型号电器的寿命 X 服从参数为 10 的指数分布，商店在销售时采用先使用后付款的方式，并规定：

$X<1$，一台付款 1 000；

$1\leqslant X<2$，一台付款 2 500；

$2\leqslant X<3$，一台付款 3 500；

$X\geqslant 3$，一台付款 4 000.

试求销售一台电器收费 Y 的分布.

3. 设随机变量 $X\sim U(0,1)$，试求 $Y=e^X$ 的概率密度.

4. 设随机变量 $X\sim N(0,1)$，试求 $Y=2X^2+1$ 的概率密度.

5. 已知随机变量 X 的概率密度为

$$f(x)=\begin{cases} x, & 0\leqslant x<1 \\ 2-x, & 1\leqslant x\leqslant 2, \\ 0, & \text{其他} \end{cases}$$

试求 $Y=|X-1|$ 的分布函数.

6. 设随机变量 $X\sim N(\mu,\sigma^2)$，试求 $Y=\max\{X,\mu\}$ 的分布函数.

本章小结

为了更加深入地研究随机现象，本章由随机试验的一般特点引出了随机变量的概念，给出了描述随机变量的统计规律的一般工具——分布函数. 介绍了两类常见的随机变量，即离散型随机变量和连续型随机变量. 对于离散型随机变量，给出了刻画其概率分布的分布律；对于连续型随机变量，给出了刻画其概率分布的概率密度函数. 还介绍了常见的离散型随机变量的分布：0—1 分布、二项分布和泊松分布，以及常见的连续型随机变量的分布：均匀分布、指数分布和正态分布. 在此基础上，讨论了随机变量的函数的分布.

总复习题 2

1. 填空题

(1) 设某人每次投篮命中的概率为$\frac{3}{4}$，现该人连续地投篮，直到投中为止，则投篮次数为 3 的概率是______.

(2) 若随机变量 X 的分布律为

$$P\{X=k\}=c\frac{\lambda^k}{k!},\ k=1,\ 2,\ \cdots,\ \lambda>0,$$

其中 c 为常数，则 $c=$______.

(3) 设随机变量 X 服从参数为λ 的泊松分布且 $3P\{X=2\}=P\{X=4\}$，则 $\lambda=$______.

(4) 设随机变量 $X\sim N(0.5,\ 2)$，对 X 独立地观测 3 次，以 Y 表示事件“X 的取值不小于 0.5”发生的次数，则 $P\{Y=2\}=$______.

(5) 设随机变量 X 的分布函数为 $F(x)=A+B\arctan x$，其中 A，B 均为常数，则 $A=$______，$B=$______.

(6) 设随机变量 $X\sim N(2,\ \sigma^2)$，且 $P\{2<X<4\}=0.3$，则 $P\{X<0\}=$________.

(7) 设随机变量 $X\sim b(2,\ 0.2)$，则 $Y=\begin{vmatrix} X & 1 \\ 0 & 2 \end{vmatrix}$ 的分布律是______.

2. 单项选择题

(1) 设函数 $F(x)=\begin{cases} 0, & x<0 \\ x+\frac{1}{2}, & 0\leqslant x<\frac{1}{2} \\ 1, & x\geqslant\frac{1}{2} \end{cases}$，则 $F(x)$（　　）.

(A) 是离散型随机变量的分布函数；　(B) 是连续型随机变量的分布函数；

(C) 不是随机变量的分布函数；　(D) 是随机变量的分布函数.

(2) 设随机变量 X 服从参数为 1 的指数分布，则随机变量 $Y=\min\{X,\ 2\}$ 的分布函数（　　）.

(A) 是连续函数；　(B) 至少有两个间断点；

(C) 是阶梯函数；　(D) 恰好有一个间断点.

(3) 设随机变量 X 的概率密度为 $f(x)=\begin{cases} 2x, & 0\leqslant x\leqslant a \\ 0, & \text{其他} \end{cases}$，则常数 $a=$(　　).

(A) $\frac{1}{4}$；　(B) $\frac{1}{2}$；　(C) 1；　(D) 2.

(4) 若 $F(x)=\begin{cases} \frac{1}{3}e^x, & x<0 \\ k-\frac{1}{3}e^{-2x}, & x\geqslant 0 \end{cases}$ 是随机变量 X 的分布函数，则常数 $k=$（　　）.

(A) $\frac{2}{3}$；　　(B) 1；　　(C) 2；　　(D) $\frac{1}{3}$.

(5) 设 $F_1(x)$，$F_2(x)$ 均为分布函数，若其相应的概率密度 $f_1(x)$，$f_2(x)$ 是连续函数，则下列选项中必为概率密度的是（　　）.

(A) $f_1(x)f_2(x)$；　　(B) $2f_2(x)F_1(x)$；

(C) $f_1(x)F_2(x)$；　　(D) $f_1(x)F_2(x)+f_2(x)F_1(x)$.

(6) 设随机变量 X 的分布函数是 $F(x)$，若 X 的概率密度 $f(x)$ 为偶函数，则对任意实数 a 有（　　）.

(A) $F(-a)=1-\int_0^a f(x)\mathrm{d}x$；　　(B) $F(-a)=\frac{1}{2}-\int_0^a f(x)\mathrm{d}x$；

(C) $F(-a)=F(a)$；　　(D) $F(-a)=2F(a)-1$.

(7) 设随机变量 $X\sim N(\mu,\sigma^2)$，当 μ 减小且 σ 增大时，$P\{|X-\mu|<\sigma\}$ 将（　　）.

(A) 单调减少；　　(B) 单调增大；

(C) 保持不变；　　(D) 条件不足，不能确定.

3. 设随机变量 X 的概率密度为

$$f(x)=\begin{cases}k\cos x, & -\frac{\pi}{2}\leqslant x\leqslant\frac{\pi}{2},\\ 0, & \text{其他}\end{cases}$$

其中 k 为未知常数，求：(1) k 的值；(2) $P\left\{\frac{\pi}{4}\leqslant X\leqslant 10\right\}$；(3) X 的分布函数.

4. 已知随机变量 X 的概率密度为

$$f(x)=\begin{cases}c\mathrm{e}^{-2(x-d)}, & x\geqslant d,\\ 0, & x<d\end{cases}$$

其中 c，d 均为常数，若 $P\{0<X<\ln 2\}=\frac{1}{2}$，试求 c，d 的值.

5. 设某超市在长为 t 的时间间隔内等待结账的顾客数 $N(t)$ 服从参数为 λt 的泊松分布. 试求收银员等待下一位顾客的时间 Y 的分布.

6. 设随机变量 $X\sim N(10,2^2)$，试求 a，使 $P\{|X-10|<a\}=0.9$.

7. 设某工厂生产的零件长度（单位：cm）$X\sim N(10.05,0.06^2)$，按规定，长度在 10.05 ± 0.12 范围内的零件为合格品，求生产的一个零件为不合格品的概率.

8. 设随机变量 X 服从 $\left[-\frac{\pi}{2},\frac{\pi}{2}\right]$ 上的均匀分布，求 $Y=\sin X$ 的分布.

9. 某人从家到办公室要经过一个交通信号灯. 该信号灯有 80% 的时间亮红灯，此时他在信号灯旁等待，直至变为绿灯，等待时间在区间 [0，30]（单位：秒）上服从均匀分布. 以 X 表示他的等待时间，求 X 的分布函数并判断 X 是哪种类型的随机变量.

10. 设 $F(x)$ 是连续型随机变量的分布函数，对于任意常数 $a>0$，证明：

$$\int_{-\infty}^{+\infty}[F(x+a)-F(x)]\mathrm{d}x=a.$$

第 3 章　随机向量

第 2 章主要讨论了一个随机变量的情况，但客观世界中有许多随机现象是相互联系、相互制约的诸多因素共同作用的结果，要研究这些随机现象，单凭对一个因素的研究是不够的．例如，炮弹在地面上的弹着点需要由横坐标和纵坐标来确定，而横坐标 X 和纵坐标 Y 都是定义在同一样本空间上的随机变量；分析成年人的健康状况时不仅要考虑身高、体重，还要考虑血压、心跳等，就要用随机变量 X，Y，Z，W 等来描述．本章将讨论的范围扩展到多个随机变量，即随机向量的情形．

§3.1　随机向量及其概率分布

3.1.1　随机向量的定义

首先给出随机向量的定义．

定义 3.1.1　设 S 是随机试验 E 的样本空间，X_1，X_2，…，X_n 是定义在 S 上的 n 个随机变量，称由 X_1，X_2，…，X_n 构成的向量（X_1，X_2，…，X_n）为 n 维**随机变量**或 n 维**随机向量**，其中 X_i（$i=1$，2，…，n）称为 n 维随机向量的第 i 个**分量**．

例如，炮弹在地面上的弹着点（X，Y）是一个二维随机向量．

3.1.2　二维随机向量的分布函数

本节主要以二维随机向量为例介绍随机向量的概率分布．

定义 3.1.2　设（X，Y）是定义在 S 上的二维随机向量，对任意的 $(x, y)\in\mathbf{R}^2$，令

$$F(x, y)=P\{X\leqslant x, Y\leqslant y\},$$

称 $F(x, y)$ 为（X，Y）的**分布函数**，或 X 与 Y 的**联合分布函数**．

几何上，如果用（X，Y）表示平面上随机点的坐标，$F(x, y)$ 就是随机点（X，Y）落在以（x，y）为顶点的左下方的无穷矩形内（如图 3－1 中阴影部分所示）的概率.

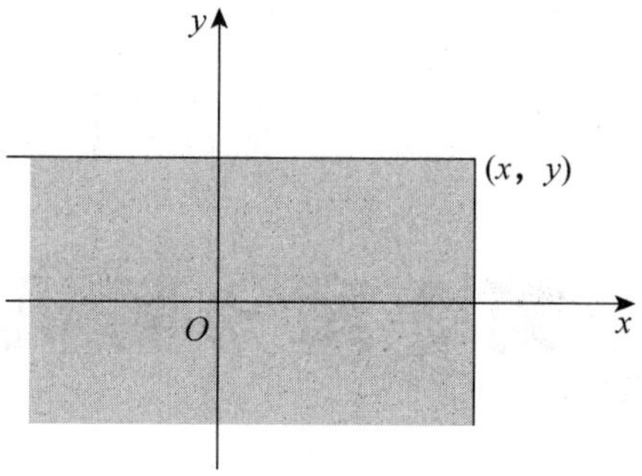

图 3－1

分布函数 $F(x, y)$ 具有以下性质：

（1）$0 \leqslant F(x, y) \leqslant 1$，且对于任意固定的 y，$\lim\limits_{x \to -\infty} F(x, y)=0$；对于任意固定的 x，$\lim\limits_{y \to -\infty} F(x, y)=0$；以及 $\lim\limits_{\substack{x \to -\infty \\ y \to -\infty}} F(x, y)=0$，$\lim\limits_{\substack{x \to +\infty \\ y \to +\infty}} F(x, y)=1$.

（2）$F(x, y)$ 是关于 x，y 的单调不减函数，即对于任意固定的 y，当 $x_2>x_1$ 时，有 $F(x_2, y) \geqslant F(x_1, y)$；对于任意固定的 x，当 $y_2>y_1$ 时，有 $F(x, y_2) \geqslant F(x, y_1)$.

（3）$F(x, y)$ 分别关于 x，y 是右连续的.

（4）对于任意的 $x_1<x_2$，$y_1<y_2$，有

$$F(x_2, y_2)-F(x_2, y_1)+F(x_1, y_1)-F(x_1, y_2) \geqslant 0.$$

性质（1）～（3）的证明略，性质（4）的证明如下：

证 由定义 3.1.2，有

$$\begin{aligned}
&F(x_2, y_2)-F(x_2, y_1)+F(x_1, y_1)-F(x_1, y_2)\\
=&P\{X \leqslant x_2, Y \leqslant y_2\}-P\{X \leqslant x_2, Y \leqslant y_1\}+P\{X \leqslant x_1, Y \leqslant y_1\}-P\{X \leqslant x_1, Y \leqslant y_2\}\\
=&P\{x_1<X \leqslant x_2, y_1<Y \leqslant y_2\} \geqslant 0.
\end{aligned}$$

综上所述，二维随机向量的分布函数 $F(x, y)$ 具有性质（1）～（4）. 反之，一个具有性质（1）～（4）的二元函数一定是某个二维随机向量的分布函数.

对于二维随机向量，本章只讨论离散型和连续型两种类型.

3.1.3 二维离散型随机向量

定义 3.1.3 如果二维随机向量（X，Y）全部可能取到的不同值是有限对或可列无限多对，则称（X，Y）是**二维离散型随机向量**.

设二维离散型随机向量（X，Y）所有可能的取值为（x_i，y_j），i，$j=1$，2，…，称

$$P\{X=x_i, Y=y_j\}=p_{ij}(i, j=1, 2, \cdots)$$

为二维离散型随机向量（X，Y）的**分布律**或 X 与 Y 的**联合分布律**，或记为表 3－1.

表 3-1 离散型随机向量 (X, Y) 的分布律

Y \ X	x_1	x_2	…	x_i	…
y_1	p_{11}	p_{21}	…	p_{i1}	…
y_2	p_{12}	p_{22}	…	p_{i2}	…
⋮	⋮	⋮		⋮	
y_j	p_{1j}	p_{2j}	…	p_{ij}	…
⋮	⋮	⋮		⋮	

离散型随机向量（X，Y）的分布律具有以下性质：

(1) $p_{ij}\geqslant 0$，i，$j=1$，2，….

(2) $\sum_{i=1}^{\infty}\sum_{j=1}^{\infty}p_{ij}=1$.

例 3.1.1 一个袋里有 5 只白球和 3 只红球，第一次从袋中任取一只球，不放回. 第二次从袋中任取两只球. 设 X 表示第一次取得的白球数，Y 表示第二次取得的白球数.

求：(1)（X，Y）的分布律；(2) $P\{X+Y<2\}$.

解 (1) X 的全部可能取值为 0，1；Y 的全部可能取值为 0，1，2.

$$P\{X=0, Y=0\}=P\{X=0\}P\{Y=0|X=0\}=\frac{3}{8}\cdot\frac{C_2^2}{C_7^2}=\frac{1}{56},$$

$$P\{X=0, Y=1\}=P\{X=0\}P\{Y=1|X=0\}=\frac{3}{8}\cdot\frac{C_2^1C_5^1}{C_7^2}=\frac{5}{28},$$

$$P\{X=0, Y=2\}=P\{X=0\}P\{Y=2|X=0\}=\frac{3}{8}\cdot\frac{C_5^2}{C_7^2}=\frac{5}{28},$$

$$P\{X=1, Y=0\}=P\{X=1\}P\{Y=0|X=1\}=\frac{5}{8}\cdot\frac{C_3^2}{C_7^2}=\frac{5}{56},$$

$$P\{X=1, Y=1\}=P\{X=1\}P\{Y=1|X=1\}=\frac{5}{8}\cdot\frac{C_3^1C_4^1}{C_7^2}=\frac{5}{14},$$

$$P\{X=1, Y=2\}=P\{X=1\}P\{Y=2|X=1\}=\frac{5}{8}\cdot\frac{C_4^2}{C_7^2}=\frac{5}{28},$$

故（X，Y）的分布律为

Y \ X	0	1
0	$\frac{1}{56}$	$\frac{5}{56}$
1	$\frac{5}{28}$	$\frac{5}{14}$
2	$\frac{5}{28}$	$\frac{5}{28}$

(2) $$P\{X+Y<2\}=P\{X=0, Y=0\}+P\{X=1, Y=0\}+P\{X=0, Y=1\}=\frac{1}{56}+\frac{5}{56}+\frac{5}{28}=\frac{2}{7}.$$

3.1.4 二维连续型随机向量

定义 3.1.4 设二维随机向量（X，Y）的分布函数为 $F(x, y)$，若存在非负可积函数 $f(x, y)$，$(x, y)\in\mathbf{R}^2$，使得对于任意的 x，y，有

$$F(x, y)=\int_{-\infty}^{y}\int_{-\infty}^{x}f(u, v)\mathrm{d}u\mathrm{d}v,$$

则称（X，Y）是**二维连续型随机向量**，函数 $f(x, y)$ 称为二维随机向量（X，Y）的**概率密度**或随机变量 X 与 Y 的**联合概率密度**.

联合概率密度 $f(x, y)$ 具有以下性质：

（1）$f(x, y)\geqslant 0$，$(x, y)\in\mathbf{R}^2$.

（2）$\int_{-\infty}^{+\infty}\int_{-\infty}^{+\infty}f(x, y)\mathrm{d}x\mathrm{d}y=1$.

（3）设 G 是 xOy 平面上的区域，点（X，Y）落在 G 内的概率为

$$P\{(X, Y)\in G\}=\iint_G f(x, y)\mathrm{d}x\mathrm{d}y.$$

（4）若 $f(x, y)$ 在点（x，y）处连续，则有

$$\frac{\partial^2 F(x, y)}{\partial x\partial y}=f(x, y).$$

性质（1）、（2）是 $f(x, y)$ 作为联合概率密度的充分必要条件，称为**联合概率密度的基本性质**.

例 3.1.2 设二维随机向量（X，Y）的概率密度为

$$f(x, y)=\begin{cases}cx^2y, & x^2\leqslant y\leqslant 1\\ 0, & \text{其他}\end{cases},$$

其中 $c>0$ 为常数.

试求：（1）c 的值；（2）$P\{X>Y\}$.

解 （1）由

$$\begin{aligned}\int_{-\infty}^{+\infty}\int_{-\infty}^{+\infty}f(x, y)\mathrm{d}x\mathrm{d}y&=\int_{-1}^{1}\mathrm{d}x\int_{x^2}^{1}cx^2y\mathrm{d}y\\&=\int_{-1}^{1}\frac{cx^2}{2}(1-x^4)\mathrm{d}x\\&=\frac{4}{21}c=1,\end{aligned}$$

得 $c=\frac{21}{4}$；

$$\begin{aligned}(2)\ P\{X>Y\}&=\iint_{x>y}f(x, y)\mathrm{d}x\mathrm{d}y=\int_0^1\mathrm{d}x\int_{x^2}^{x}\frac{21}{4}x^2y\mathrm{d}y\\&=\int_0^1\frac{21}{4}x^2\,\frac{1}{2}(x^2-x^4)\mathrm{d}x=\frac{3}{20}.\end{aligned}$$

例 3.1.3 设二维随机向量（X，Y）的分布函数为

$$F(x,y)=\begin{cases}\dfrac{k}{12}(1-\mathrm{e}^{-x})(1-\mathrm{e}^{-y}), & x>0,y>0\\ 0, & 其他\end{cases},$$

其中 k 为常数.

求：(1) k 的值；(2) (X,Y) 的概率密度 $f(x,y)$；(3) $P\{-1<X\leqslant5,-2<Y\leqslant8\}$.

解 (1) 由分布函数的性质 (1) 有

$$\lim_{\substack{x\to+\infty\\y\to+\infty}}F(x,y)=\lim_{\substack{x\to+\infty\\y\to+\infty}}\frac{k}{12}(1-\mathrm{e}^{-x})(1-\mathrm{e}^{-y})=1,$$

故 $k=12$.

(2) $f(x,y)=\dfrac{\partial^2F(x,y)}{\partial x\partial y}=\begin{cases}\mathrm{e}^{-(x+y)}, & x>0,y>0\\ 0, & 其他\end{cases}.$

(3) $P\{-1<X\leqslant5,-2<Y\leqslant8\}=F(5,8)=(1-\mathrm{e}^{-5})(1-\mathrm{e}^{-8})$.

3.1.5 两个常见分布

(1) 均匀分布.

如果二维随机向量 (X,Y) 的概率密度为

$$f(x,y)=\begin{cases}\dfrac{1}{S_D}, & (x,y)\in D\\ 0, & 其他\end{cases},$$

其中 S_D 为区域 D 的面积，则称 (X,Y) 服从区域 D 上的**均匀分布**，记作 $(X,Y)\sim U(D)$.

(2) 二维正态分布.

如果二维随机向量 (X,Y) 的概率密度为

$$f(x,y)=\frac{1}{2\pi\sigma_1\sigma_2\sqrt{1-\rho^2}}\exp\left\{-\frac{1}{2(1-\rho^2)}\left[\frac{(x-\mu_1)^2}{\sigma_1^2}-\frac{2\rho(x-\mu_1)(y-\mu_2)}{\sigma_1\sigma_2}+\frac{(y-\mu_2)^2}{\sigma_2^2}\right]\right\},$$

$(x,y)\in\mathbf{R}^2$，其中 μ_1，μ_2，σ_1，σ_2，ρ 都是常数，且 $\sigma_1>0$，$\sigma_2>0$，$|\rho|\leqslant1$，则称 (X,Y) 服从参数为 μ_1，μ_2，σ_1，σ_2，ρ 的**二维正态分布**，记作

$$(X,Y)\sim N(\mu_1,\mu_2;\sigma_1^2,\sigma_2^2;\rho).$$

习题 3.1

1. 将一枚质地均匀的硬币连掷三次. 记 X 为三次中正面出现的次数，Y 为三次中出现正面与反面次数差的绝对值.

求：(1) (X,Y) 的分布律；(2) $P\{X+Y\leqslant2\}$.

2. 设二维随机向量 (X,Y) 的分布律为

Y \ X	0	1
0	c	0.24
1	0.14	0.06

求：(1) c 的值；(2) $P\left\{X\leqslant\frac{1}{2}, Y\leqslant\frac{1}{2}\right\}$和 $P\left\{X<\frac{1}{2}\right\}$.

3. 设二维随机向量（X，Y）的概率密度为

$$f(x, y)=\begin{cases}x^2+\frac{xy}{k}, & 0<x<1, 0<y<2, \\ 0, & \text{其他}\end{cases}$$

其中 k 为常数.

求：(1) k 的值；(2) $P\{X+Y>1\}$.

4. 设二维随机向量（X，Y）的分布函数为

$$F(x, y)=\begin{cases}A(1-\mathrm{e}^{-x})(1-\mathrm{e}^{-2y}), & x>0, y>0 \\ 0, & \text{其他}\end{cases},$$

其中 A 为常数. 求：(1) A 的值；(2)（X，Y）的概率密度 $f(x, y)$；(3) $P\{1\leqslant X\leqslant 5, 2<Y\}$.

§3.2 边缘分布

随机向量（X，Y）作为一个整体，其概率分布包含了 X 和 Y 的所有概率分布的信息，既包含了 X、Y 各自的概率分布信息，又包含了 X、Y 相互联系的内容. 本节主要讨论如何通过随机向量（X，Y）的概率分布求随机变量 X 或 Y 的概率分布问题.

3.2.1 边缘分布函数

定义 3.2.1 设随机向量（X，Y）的分布函数为 $F(x, y)=P\{X\leqslant x, Y\leqslant y\}$. 对任意实数 x，称

$$P\{X\leqslant x\}=P\{X\leqslant x, Y<+\infty\}$$

为随机向量（X，Y）关于 X 的**边缘分布函数**，记为 $F_X(x)$，即

$$F_X(x)=P\{X\leqslant x\}=P\{X\leqslant x, Y<+\infty\}\xlongequal{\Delta}F(x, +\infty);$$

对任意实数 y，称

$$P\{Y\leqslant y\}=P\{X<+\infty, Y\leqslant y\}$$

为随机向量（X，Y）关于 Y 的**边缘分布函数**，记为 $F_Y(y)$，即

$$F_Y(y)=P\{Y\leqslant y\}=P\{X<+\infty, Y\leqslant y\}\xlongequal{\Delta}F(+\infty, y).$$

例 3.2.1 设二维随机向量（X，Y）的分布函数为

$$F(x, y)=\begin{cases}(1-\mathrm{e}^{-x})(1-\mathrm{e}^{-2y}), & x>0, y>0 \\ 0, & \text{其他}\end{cases},$$

求边缘分布函数 $F_X(x)$ 和 $F_Y(y)$.

解 根据边缘分布函数的定义，有

$$F_X(x)=F(x,+\infty)=\begin{cases}1-\mathrm{e}^{-x}, & x>0\\0, & \text{其他}\end{cases};$$

$$F_Y(y)=F(+\infty,y)=\begin{cases}1-\mathrm{e}^{-2y}, & y>0\\0, & \text{其他}\end{cases}.$$

3.2.2 离散型随机向量的边缘分布

定义 3.2.2 设二维离散型随机向量（X，Y）的分布律为

$$P\{X=x_i, Y=y_j\}=p_{ij}\quad(i,j=1,2,\cdots),$$

则称

$$P\{X=x_i\}=\sum_j p_{ij}(i=1,2,\cdots)$$

为随机向量（X，Y）关于 X 的**边缘分布律**，记作 $p_{i\cdot}(i=1,2,\cdots)$；称

$$P\{Y=y_j\}=\sum_i p_{ij}(j=1,2,\cdots)$$

为随机向量（X，Y）关于 Y 的**边缘分布律**，记作 $p_{\cdot j}$ $(j=1,2,\cdots)$.

随机向量（X，Y）关于 X，Y 的边缘分布律也可以记为表 3－2、表 3－3.

表 3－2　X 的边缘分布律

X	x_1	x_2	$\cdots$	x_i	$\cdots$
$p_{i\cdot}$	$p_{1\cdot}$	$p_{2\cdot}$	$\cdots$	$p_{i\cdot}$	$\cdots$

表 3－3　Y 的边缘分布律

Y	y_1	y_2	$\cdots$	y_j	$\cdots$
$p_{\cdot j}$	$p_{\cdot 1}$	$p_{\cdot 2}$	$\cdots$	$p_{\cdot j}$	$\cdots$

例 3.2.2 设二维随机向量（X，Y）的分布律为

Y \ X	0	1
0	$\frac{1}{56}$	$\frac{5}{56}$
1	$\frac{5}{28}$	$\frac{5}{14}$
2	$\frac{5}{28}$	$\frac{5}{28}$

求：(1) X，Y 的边缘分布律；(2) $P\{Y<1\}$.

解 （1）X 的边缘分布律为

X	0	1
$p_{i\cdot}$	$\frac{3}{8}$	$\frac{5}{8}$

Y 的边缘分布律为

Y	0	1	2
$p_{\cdot j}$	$\frac{3}{28}$	$\frac{15}{28}$	$\frac{5}{14}$

（2）$P\{Y<1\}=P\{Y=0\}=\frac{3}{28}$.

3.2.3 连续型随机向量的边缘分布

定义 3.2.3 设二维连续型随机向量（X，Y）的概率密度为 $f(x, y)$（$(x, y)\in\mathbf{R}^2$），X，Y 的边缘分布函数分别为 $F_X(x)$，$F_Y(y)$，相应的边缘概率密度分别为 $f_X(x)$，$f_Y(y)$. 由于

$$F_X(x)=F(x, +\infty)=\int_{-\infty}^{x}\left[\int_{-\infty}^{+\infty}f(u, y)\mathrm{d}y\right]\mathrm{d}u,$$

故 X 的**边缘概率密度**为

$$f_X(x)=\int_{-\infty}^{+\infty}f(x, y)\mathrm{d}y,\ x\in\mathbf{R}.$$

同理，由于

$$F_Y(y)=F(+\infty, y)=\int_{-\infty}^{y}\left[\int_{-\infty}^{+\infty}f(x, v)\mathrm{d}x\right]\mathrm{d}v,$$

故 Y 的**边缘概率密度**为

$$f_Y(y)=\int_{-\infty}^{+\infty}f(x, y)\mathrm{d}x,\quad y\in\mathbf{R}.$$

例 3.2.3 设二维随机向量（X，Y）的概率密度为

$$f(x, y)=\begin{cases}\frac{21}{4}x^2y, & x^2\leqslant y\leqslant 1,\\ 0, & \text{其他}\end{cases}$$

求 X，Y 的边缘概率密度 $f_X(x)$，$f_Y(y)$.

解 根据边缘概率密度的定义，有

$$\begin{aligned}f_X(x)&=\int_{-\infty}^{+\infty}f(x, y)\mathrm{d}y\\&=\begin{cases}\int_{x^2}^{1}\frac{21}{4}x^2y\mathrm{d}y=\frac{21}{8}x^2(1-x^4), & -1\leqslant x\leqslant 1,\\ 0, & \text{其他}\end{cases}\end{aligned}$$

$$f_Y(y)=\int_{-\infty}^{+\infty}f(x,y)\mathrm{d}x$$

$$=\begin{cases}\int_{-\sqrt{y}}^{\sqrt{y}}\dfrac{21}{4}x^2y\mathrm{d}x=\dfrac{7}{2}y^{\frac{5}{2}}, & 0\leqslant y\leqslant 1\\ 0, & 其他\end{cases}.$$

例 3.2.4 设二维随机向量 $(X, Y)\sim N(\mu_1, \mu_2; \sigma_1^2, \sigma_2^2; \rho)$. 求 X，Y 的边缘概率密度 $f_X(x)$，$f_Y(y)$.

解 根据边缘概率密度的定义，有

$$f_X(x)=\int_{-\infty}^{+\infty}f(x, y)\mathrm{d}y$$

$$=\int_{-\infty}^{+\infty}\frac{1}{2\pi\sigma_1\sigma_2\sqrt{1-\rho^2}}\exp\left\{-\frac{1}{2(1-\rho^2)}\left[\frac{(x-\mu_1)^2}{\sigma_1^2}-\frac{2\rho(x-\mu_1)(y-\mu_2)}{\sigma_1\sigma_2}+\frac{(y-\mu_2)^2}{\sigma_2^2}\right]\right\}\mathrm{d}y$$

$$=\int_{-\infty}^{+\infty}\frac{1}{2\pi\sigma_1\sqrt{1-\rho^2}}\exp\left\{-\frac{1}{2(1-\rho^2)}(t^2-2\rho st+s^2)\right\}\mathrm{d}s$$

$$\left(令\ t=\frac{x-\mu_1}{\sigma_1},\ s=\frac{y-\mu_2}{\sigma_2}\right)$$

$$=\int_{-\infty}^{+\infty}\frac{1}{2\pi\sigma_1\sqrt{1-\rho^2}}\exp\left\{-\frac{1}{2(1-\rho^2)}\left[(1-\rho^2)t^2+(s-\rho t)^2\right]\right\}\mathrm{d}s$$

$$=\frac{1}{\sqrt{2\pi}\sigma_1}\mathrm{e}^{-\frac{1}{2}t^2}\int_{-\infty}^{+\infty}\frac{1}{\sqrt{2\pi}\sqrt{1-\rho^2}}\exp\left\{-\frac{(s-\rho t)^2}{2(1-\rho^2)}\right\}\mathrm{d}s$$

$$=\frac{1}{\sqrt{2\pi}\sigma_1}\mathrm{e}^{-\frac{1}{2}t^2}=\frac{1}{\sqrt{2\pi}\sigma_1}\mathrm{e}^{-\frac{(x-\mu_1)^2}{2\sigma_1^2}},\quad x\in\mathbf{R}.$$

因此 $X\sim N(\mu_1, \sigma_1^2)$. 类似有 $Y\sim N(\mu_2, \sigma_2^2)$.

由例 3.2.4 知，二维正态分布的边缘分布是正态分布.

习题 3.2

1. 设随机变量 X 在 1，2，3，4 四个整数中等可能地取值，另一个随机变量 Y 在 1～X 中等可能地取一整数值.

试求：(1) (X, Y) 的分布律；(2) X，Y 的边缘分布律；(3) $P\{2X-Y<4\}$.

2. 设二维随机向量 (X, Y) 的分布律为

Y \ X	0	2	4	6
−1	a	0.15	0.2	0.05
1	0.18	0.2	0.02	b

又已知 Y 的边缘分布律为

Y	−1	1
$p_{\cdot j}$	0.6	0.4

求：(1) a，b 的值；(2) $P\{X-Y<2\}$.

3. 设二维随机向量（X，Y）的概率密度为

$$f(x, y)=\begin{cases} cxy, & 0<x<1, 0<y<2(1-x) \\ 0, & \text{其他} \end{cases},$$

其中 c 为常数．求：

(1) c 的值；(2) 边缘概率密度 $f_Y(y)$，$f_X(x)$.

4. 二维随机向量（X，Y）的分布函数为

$$F(x,y)=\begin{cases} 1, & x\geqslant 1, y\geqslant 1 \\ x, & 0<x<1, y\geqslant 1 \\ y, & 0<y<1, x\geqslant 1 \\ xy, & 0<x<1, 0<y<1 \\ 0, & \text{其他} \end{cases}.$$

求边缘分布函数 $F_X(x)$ 和 $F_Y(y)$.

§3.3　条件分布

如前所述，随机向量（X，Y）作为一个整体，既包含了 X 和 Y 各自的概率分布规律，即各自的边缘分布，也包含了 X 和 Y 的相互联系的内容．类似于多个随机事件可以讨论它们的条件概率，多个随机变量也可以讨论它们的条件分布.

3.3.1　离散型随机变量的条件分布

定义 3.3.1　设二维离散型随机向量（X，Y）的分布律为

$$P\{X=x_i, Y=y_j\}=p_{ij}, \ i, j=1, 2, \cdots,$$

对于固定的 j，若 $P\{Y=y_j\}>0$，则称

$$P\{X=x_i|Y=y_j\}=\frac{P\{X=x_i, Y=y_j\}}{P\{Y=y_j\}}=\frac{p_{ij}}{p_{\cdot j}}, \ i=1, 2, \cdots$$

为在 $Y=y_j$ 的条件下随机变量 X 的**条件分布律**.

同样，对于固定的 i，若 $P\{X=x_i\}>0$，则称

$$P\{Y=y_j|X=x_i\}=\frac{P\{X=x_i, Y=y_j\}}{P\{X=x_i\}}=\frac{p_{ij}}{p_{i\cdot}}, \ j=1, 2, \cdots$$

为在 $X=x_i$ 的条件下随机变量 Y 的**条件分布律**.

例 3.3.1 二维随机向量（X，Y）的分布律为

$Y \backslash X$	0	1
0	$\frac{1}{56}$	$\frac{5}{56}$
1	$\frac{5}{28}$	$\frac{5}{14}$
2	$\frac{5}{28}$	$\frac{5}{28}$

求：(1) 当 $X=1$ 时，Y 的条件分布律；

(2) 当 $Y=1$ 时，X 的条件分布律；

(3) $P\{X+Y<2 \mid Y\leqslant 1\}$.

解 (1) 当 $X=1$ 时，Y 的条件分布律为

Y	0	1	2
$P\{Y=j \mid X=1\}$	$\frac{\frac{5}{56}}{\frac{35}{56}}$	$\frac{\frac{5}{14}}{\frac{35}{56}}$	$\frac{\frac{5}{28}}{\frac{35}{56}}$

即

Y	0	1	2
$P\{Y=j \mid X=1\}$	$\frac{1}{7}$	$\frac{4}{7}$	$\frac{2}{7}$

(2) 当 $Y=1$ 时，X 的条件分布律为

X	0	1
$P\{X=i \mid Y=1\}$	$\frac{\frac{5}{28}}{\frac{15}{28}}$	$\frac{\frac{5}{14}}{\frac{15}{28}}$

即

X	0	1
$P\{X=i \mid Y=1\}$	$\frac{1}{3}$	$\frac{2}{3}$

(3) $P\{X+Y<2 \mid Y\leqslant 1\}=\dfrac{P\{X+Y<2,\ Y\leqslant 1\}}{P\{Y\leqslant 1\}}=\dfrac{\frac{16}{56}}{\frac{18}{28}}=\dfrac{4}{9}$.

例 3.3.2 设某班车在起点站的乘客数 X 服从参数为 λ 的泊松分布，每位乘客中途下车的概率为 p ($0<p<1$)，且乘客中途下车与否相互独立，以 Y 表示中途下车的乘客

数．求：

（1）在发车时有 n 个乘客的条件下，中途有 m 人下车的概率；

（2）二维随机向量（X，Y）的分布律.

解 （1）根据条件分布律公式，有

$$P\{Y=m|X=n\}=C_n^m p^m(1-p)^{n-m},$$

其中 $m=0,1,\cdots,n$.

（2）利用（1）的结论，有

$$\begin{aligned}P\{X=n,Y=m\}&=P\{X=n\}P\{Y=m|X=n\}\\&=C_n^m p^m(1-p)^{n-m}\frac{\lambda^n}{n!}e^{-\lambda},\end{aligned}$$

其中 $\lambda>0$，$n=0,1,2,\cdots$，且 $m=0,1,\cdots,n$.

3.3.2 连续型随机变量的条件分布

定义 3.3.2 设二维连续型随机向量（X，Y）的概率密度为 $f(x,y)$（$(x,y)\in\mathbf{R}^2$），（X，Y）关于 X，Y 的边缘概率密度分别为 $f_X(x)$，$f_Y(y)$. 若 $f_Y(y)>0$，则称

$$f_{X|Y}(x|y)=\frac{f(x,y)}{f_Y(y)}$$

为在 $Y=y$ 的条件下 X 的**条件概率密度**；若 $f_X(x)>0$，则称

$$f_{Y|X}(y|x)=\frac{f(x,y)}{f_X(x)}$$

为在 $X=x$ 的条件下 Y 的**条件概率密度**.①

例 3.3.3 设二维随机向量（X，Y）的概率密度为

$$f(x,y)=\begin{cases}\frac{21}{4}x^2y, & x^2\leqslant y\leqslant 1\\0, & 其他\end{cases}.$$

求：（1）条件概率密度；（2）$P\{Y<0.5 \mid X>Y\}$.

解 （1）由例 3.2.3 得到 X，Y 的边缘概率密度 $f_X(x)$，$f_Y(y)$ 分别为

$$f_X(x)=\begin{cases}\frac{21}{8}x^2(1-x^4), & -1\leqslant x\leqslant 1\\0, & 其他\end{cases},$$

$$f_Y(y)=\begin{cases}\frac{7}{2}y^{\frac{5}{2}}, & 0\leqslant y\leqslant 1\\0, & 其他\end{cases},$$

当 $-1<x<1$ 且 $x\neq 0$ 时，

---

① 可以证明这样定义的合理性，有兴趣的读者可以参看参考文献［5］.

$$f_{Y|X}(y|x)=\frac{f(x, y)}{f_X(x)}=\begin{cases}\dfrac{\frac{21}{4}x^2y}{\frac{21}{8}x^2(1-x^4)}=\dfrac{2y}{1-x^4}, & x^2\leqslant y\leqslant 1\\ 0, & \text{其他}\end{cases},$$

当 $0<y\leqslant 1$ 时，

$$f_{X|Y}(x|y)=\frac{f(x, y)}{f_Y(y)}=\begin{cases}\dfrac{\frac{21}{4}x^2y}{\frac{7}{2}y^{\frac{5}{2}}}=\dfrac{3}{2}x^2y^{-\frac{3}{2}}, & -\sqrt{y}\leqslant x\leqslant\sqrt{y}\\ 0, & \text{其他}\end{cases}.$$

（2）$P\{Y<0.5|X>Y\}=\dfrac{P\{Y<0.5, X>Y\}}{P\{X>Y\}}$，

而

$$P\{Y<0.5, X>Y\}=\iint\limits_{y<0.5,x>y}f(x,y)\mathrm{d}x\mathrm{d}y$$
$$=\int_0^{0.5}\mathrm{d}y\int_y^{\sqrt{y}}\frac{21}{4}x^2y\mathrm{d}x=\frac{\sqrt{2}}{32}-\frac{7}{640},$$
$$P\{X>Y\}=\iint\limits_{x>y}f(x,y)\mathrm{d}x\mathrm{d}y=\int_0^1\mathrm{d}x\int_{x^2}^{x}\frac{21}{4}x^2y\mathrm{d}y=\frac{3}{20},$$

故

$$P\{Y<0.5|X>Y\}=\frac{\frac{\sqrt{2}}{32}-\frac{7}{640}}{\frac{3}{20}}=\frac{5\sqrt{2}}{24}-\frac{7}{96}.$$

例 3.3.4 设二维随机向量（X，Y）的概率密度为

$$f(x, y)=\begin{cases}e^{-y}, & 0<x<y\\ 0, & \text{其他}\end{cases}.$$

求：$P\{Y<2|X=1\}$，$P\{X>1|Y=4\}$.

解 X 的边缘概率密度为

$$f_X(x)=\int_{-\infty}^{+\infty}f(x, y)\mathrm{d}y=\begin{cases}\int_x^{+\infty}e^{-y}\mathrm{d}y=e^{-x}, & x>0\\ 0, & \text{其他}\end{cases},$$

因此，当 $X=1$ 时，

$$f_{Y|X}(y|1)=\frac{f(1, y)}{f_X(1)}=\begin{cases}\dfrac{e^{-y}}{e^{-1}}=e^{1-y}, & y>1\\ 0, & \text{其他}\end{cases},$$

故

$$P\{Y<2 \mid X=1\}=\int_{y<2} f_{Y|X}(y|1)\mathrm{d}y=\int_1^2 \mathrm{e}^{1-y}\mathrm{d}y=1-\mathrm{e}^{-1}.$$

Y 的边缘概率密度为

$$f_Y(y)=\int_{-\infty}^{+\infty} f(x,y)\mathrm{d}x=\begin{cases}\int_0^y \mathrm{e}^{-y}\mathrm{d}x=y\mathrm{e}^{-y}, & y>0\\ 0, & \text{其他}\end{cases},$$

因此，当 $Y=4$ 时，

$$f_{X|Y}(x|4)=\frac{f(x,4)}{f_Y(4)}=\begin{cases}\dfrac{\mathrm{e}^{-4}}{4\mathrm{e}^{-4}}=\dfrac{1}{4}, & 0<x<4\\ 0, & \text{其他}\end{cases},$$

故

$$P\{X>1 \mid Y=4\}=\int_{x>1} f_{X|Y}(x|4)\mathrm{d}x=\int_1^4 \frac{1}{4}\mathrm{d}x=\frac{3}{4}.$$

例 3.3.5 设随机变量 X 的概率密度为

$$f_X(x)=\begin{cases}3x^2, & 0<x<1\\ 0, & \text{其他}\end{cases},$$

当观测到 $X=x$ $(0<x<1)$ 时，Y 在区间 $(0,x)$ 内随机取值.

求：(1) (X,Y) 的概率密度；(2) Y 的概率密度 $f_Y(y)$.

解 (1) 由已知条件有，当 $X=x$ 时，

$$f_{Y|X}(y|x)=\begin{cases}\dfrac{1}{x}, & 0<y<x\\ 0, & \text{其他}\end{cases},$$

因此 (X,Y) 的概率密度为

$$f(x,y)=f_X(x)f_{Y|X}(y|x)=\begin{cases}\dfrac{3x^2}{x}=3x, & 0<y<x<1\\ 0, & \text{其他}\end{cases}.$$

(2) Y 的概率密度为

$$f_Y(y)=\int_{-\infty}^{+\infty} f(x,y)\mathrm{d}x=\begin{cases}\int_y^1 3x\mathrm{d}x=\dfrac{3}{2}(1-y^2), & 0<y<1\\ 0, & \text{其他}\end{cases}.$$

例 3.3.6 设随机向量 $(X,Y)\sim N(\mu_1,\mu_2;\sigma_1^2,\sigma_2^2;\rho)$. 求 X，Y 的条件概率密度 $f_{Y|X}(y \mid x)$，$f_{X|Y}(x \mid y)$.

解 $f_{Y|X}(y|x)=\dfrac{f(x,y)}{f_X(x)}$

$$=\frac{\sqrt{2\pi}\sigma_1}{2\pi\sigma_1\sigma_2\sqrt{1-\rho^2}}\exp\left\{-\frac{1}{2(1-\rho^2)}\left[\frac{(x-\mu_1)^2}{\sigma_1^2}-\frac{2\rho(x-\mu_1)(y-\mu_2)}{\sigma_1\sigma_2}+\frac{(y-\mu_2)^2}{\sigma_2^2}\right]+\frac{(x-\mu_1)^2}{2\sigma_1^2}\right\}$$

$$=\frac{1}{\sqrt{2\pi}\sigma_2\sqrt{1-\rho^2}}\exp\left\{-\frac{1}{2(1-\rho^2)}\left[(1-\rho^2)\frac{(x-\mu_1)^2}{\sigma_1^2}+\left(\frac{y-\mu_2}{\sigma_2}-\frac{\rho(x-\mu_1)}{\sigma_1}\right)^2\right]+\frac{(x-\mu_1)^2}{2\sigma_1^2}\right\}$$

$$=\frac{1}{\sqrt{2\pi}\sigma_2\sqrt{1-\rho^2}}\exp\left\{-\frac{1}{2\sigma_2^2(1-\rho^2)}\left(y-\mu_2-\frac{\sigma_2\rho(x-\mu_1)}{\sigma_1}\right)^2\right\},\quad y\in\mathbf{R}.$$

因此，当 $X=x$ 时，

$$Y\sim N\left(\mu_2+\frac{\sigma_2\rho(x-\mu_1)}{\sigma_1},\ \sigma_2^2(1-\rho^2)\right);$$

同理，当 $Y=y$ 时，

$$X\sim N\left(\mu_1+\frac{\sigma_1\rho(y-\mu_2)}{\sigma_2},\ \sigma_1^2(1-\rho^2)\right).$$

由例 3.3.6 知，二维正态分布的条件分布是正态分布.

习题 3.3

1. 设二维随机向量（X，Y）的分布律为

Y \ X	0	1	2
-1	a	$\frac{1}{5}$	$\frac{2}{15}$
1	$\frac{1}{15}$	$\frac{1}{15}$	$\frac{1}{3}$

求：(1) a 的值；(2) $P\{X+Y\leqslant 0 \mid Y<1\}$；(3) 当 $X=1$ 时，Y 的条件分布律.

2. 随机变量 X 与 Y 的取值均为 -1、1，且满足

$$P\{X=1\}=\frac{1}{2},\ P\{Y=1|X=1\}=P\{Y=-1|X=-1\}=\frac{1}{3}.$$

求：(1)（X，Y）的分布律；(2) 关于 t 的方程 $t^2+Xt+Y=0$ 有实根的概率.

3. 设二维随机向量（X，Y）的概率密度为

$$f(x,\ y)=\begin{cases}24(1-x)y, & 0<x<1,\quad 0<y<x\\ 0, & \text{其他}\end{cases}.$$

求条件概率密度 $f_{Y|X}(y|x)$，$f_{X|Y}(x|y)$.

4. 已知二维随机向量（X，Y）在区域 $D=\left\{(x,\ y)\mid 1\leqslant x\leqslant e^2,\ 0<y\leqslant\frac{1}{x}\right\}$ 上服从均匀分布.

求：(1) $P\{Y>0.5 \mid X<2\}$；(2) $P\{Y>0.25 \mid X=2\}$.

§3.4 随机变量的独立性

1.5 节讨论了随机事件的独立性，本节将这一讨论拓展到随机变量的情形.

所谓随机变量 X 与 Y 相互独立，是说 X 与 Y 相互毫无影响，即 X 的取值不改变 Y 的分布规律，反之亦然，或者说 (X, Y) 的分布可以由 X 与 Y 各自的分布完全确定.

定义 3.4.1 设 $F(x, y)$，$F_X(x)$，$F_Y(y)$ 分别是二维随机向量 (X, Y) 的分布函数和边缘分布函数，如果对于任意实数 x，y，都有

$$F(x, y)=F_X(x)F_Y(y),$$

则称随机变量 X 与 Y **相互独立**.

对离散型随机变量，独立性可以通过其分布律来表征.

定理 3.4.1 对于离散型随机向量 (X, Y)，X 与 Y 相互独立的充分必要条件是，对任何一组可能的取值 (x_i, y_j) $(i, j=1, 2, \cdots)$，都有

$$P\{X=x_i, Y=y_j\}=P\{X=x_i\}P\{Y=y_j\}.$$

定理 3.4.1 的必要性的证明比较复杂，故略去. 下面仅给出充分性的证明.

证 设对任何一组可能的取值 (x_i, y_j) $(i, j=1, 2, \cdots)$，都有

$$P\{X=x_i, Y=y_j\}=P\{X=x_i\}P\{Y=y_j\},$$

因此，对任意的 $(x, y)\in\mathbf{R}^2$，有

$$\begin{aligned}F(x, y) &= \sum_{x_i\leqslant x}\sum_{y_j\leqslant y}P\{X=x_i, Y=y_j\}=\sum_{x_i\leqslant x}P\{X=x_i\}\sum_{y_j\leqslant y}P\{Y=y_j\}\\ &= F_X(x)F_Y(y),\end{aligned}$$

故 X 与 Y 相互独立.

例 3.4.1 设二维随机向量 (X, Y) 的分布律为

Y \ X	0	1
0	$\frac{1}{56}$	$\frac{5}{56}$
1	$\frac{5}{28}$	$\frac{5}{14}$
2	$\frac{5}{28}$	$\frac{5}{28}$

判断 X 与 Y 是否相互独立.

解 由于

$$P\{X=0, Y=0\}=\frac{1}{56},\ P\{X=0\}P\{Y=0\}=\frac{21}{56}\times\frac{6}{56},$$

故

$$P\{X=0, Y=0\} \neq P\{X=0\}P\{Y=0\},$$

因此 X 与 Y 不相互独立.

对连续型随机变量间的独立性有如下定理.

定理 3.4.2 对于连续型随机向量 (X, Y)，设 $f_X(x)$，$f_Y(y)$ 分别为 (X, Y) 的边缘概率密度. X 与 Y 相互独立的充分必要条件是 $f_X(x)f_Y(y)$ $(-\infty<x<+\infty, -\infty<y<+\infty)$ 是 (X, Y) 的一个概率密度.

证 必要性 设 X 与 Y 相互独立，因此对于任意的 $(x, y)\in \mathbf{R}^2$，有

$$\begin{aligned}F(x, y) &= F_X(x)F_Y(y) = \int_{-\infty}^{x} f_X(u)\mathrm{d}u \int_{-\infty}^{y} f_Y(v)\mathrm{d}v \\ &= \int_{-\infty}^{x} \mathrm{d}u \int_{-\infty}^{y} f_X(u) f_Y(v)\mathrm{d}v,\end{aligned}$$

所以 $f_X(x)f_Y(y)$ 是 (X, Y) 的一个概率密度.

充分性 对于任意的 $(x, y)\in \mathbf{R}^2$，$f_X(x)f_Y(y)$ 是 (X, Y) 的一个概率密度. 设

$$f(x, y)=f_X(x)f_Y(y),$$

则

$$\begin{aligned}F(x, y) &= \int_{-\infty}^{x} \mathrm{d}u \int_{-\infty}^{y} f(u, v)\mathrm{d}v = \int_{-\infty}^{x} \mathrm{d}u \int_{-\infty}^{y} f_X(u) f_Y(v)\mathrm{d}v \\ &= \int_{-\infty}^{x} f_X(u)\mathrm{d}u \int_{-\infty}^{y} f_Y(v)\mathrm{d}v \\ &= F_X(x)F_Y(y),\end{aligned}$$

故 X 与 Y 相互独立.

例 3.4.2 设二维随机向量 (X, Y) 的概率密度为

$$f(x, y)=\begin{cases}\dfrac{21}{4}x^2 y, & x^2\leqslant y\leqslant 1\\ 0, & \text{其他}\end{cases},$$

判断 X 与 Y 是否相互独立.

解 由例 3.2.3 可以得到 X，Y 的边缘概率密度 $f_X(x)$，$f_Y(y)$ 分别为

$$f_X(x)=\begin{cases}\dfrac{21}{8}x^2(1-x^4), & -1\leqslant x\leqslant 1\\ 0, & \text{其他}\end{cases},$$

$$f_Y(y)=\begin{cases}\dfrac{7}{2}y^{\frac{5}{2}}, & 0\leqslant y\leqslant 1\\ 0, & \text{其他}\end{cases},$$

因此 $f_X(x)f_Y(y)$ 不是 (X, Y) 的一个概率密度，故 X 与 Y 不相互独立.

例 3.4.3 设二维随机向量 (X, Y) 的概率密度为

$$f(x, y)=\begin{cases}2e^{-2x}, & x\geqslant 0, 0\leqslant y\leqslant 1\\ 0, & \text{其他}\end{cases},$$

判断 X 与 Y 的独立性.

解 X 与 Y 的边缘概率密度分别为

$$f_X(x)=\begin{cases}2e^{-2x}, & x\geqslant 0\\ 0, & \text{其他}\end{cases},$$

$$f_Y(y)=\begin{cases}1, & 0\leqslant y\leqslant 1\\ 0, & \text{其他}\end{cases},$$

因此，对任意的 $(x, y)\in \mathbf{R}^2$，$f(x, y)=f_X(x)f_Y(y)$，故 X 与 Y 相互独立.

例 3.4.4 设随机向量 $(X, Y)\sim N(\mu_1, \mu_2; \sigma_1^2, \sigma_2^2; \rho)$，则 X 与 Y 相互独立的充分必要条件是 $\rho=0$.

解 设 $f(x, y)$，$f_X(x)$，$f_Y(y)$ 分别为 (X, Y) 的概率密度、X 的边缘概率密度、Y 的边缘概率密度. 因此，

X 与 Y 相互独立

$$\Leftrightarrow f(x, y)=f_X(x)f_Y(y)\quad(-\infty<x<+\infty, -\infty<y<+\infty)$$

$$\Leftrightarrow \frac{1}{2\pi\sigma_1\sigma_2\sqrt{1-\rho^2}}\exp\left\{-\frac{1}{2(1-\rho^2)}\left[\frac{(x-\mu_1)^2}{\sigma_1^2}-\frac{2\rho(x-\mu_1)(y-\mu_2)}{\sigma_1\sigma_2}+\frac{(y-\mu_2)^2}{\sigma_2^2}\right]\right\}$$

$$=\frac{1}{\sqrt{2\pi}\sigma_1}\exp\left\{-\frac{(x-\mu_1)^2}{2\sigma_1^2}\right\}\cdot\frac{1}{\sqrt{2\pi}\sigma_2}\exp\left\{-\frac{(y-\mu_2)^2}{2\sigma_2^2}\right\}$$

$$\Leftrightarrow \rho=0.$$

例 3.4.5 甲乙两人约定中午 12:30 在某地会面. 如果甲到达的时间均匀分布在12:15 到 12:45 之间，乙独立地到达且到达时间均匀分布在 12:00 到 13:00 之间. 试求两人到达的时刻相差不超过 5 分钟的概率.

解 设 X 为甲到达的时刻，Y 为乙到达的时刻. 以 12 时为起点，以分钟为单位，依题意，有

$$X\sim U(15, 45),\quad Y\sim U(0, 60).$$

因此 X 与 Y 的概率密度分别为

$$f_X(x)=\begin{cases}\frac{1}{30}, & 15<x<45\\ 0, & \text{其他}\end{cases},$$

$$f_Y(y)=\begin{cases}\frac{1}{60}, & 0<y<60\\ 0, & \text{其他}\end{cases},$$

由题意知，X 与 Y 相互独立，所以 (X, Y) 的概率密度为

$$f(x,y)=\begin{cases}\dfrac{1}{1\,800}, & 15<x<45,\ 0<y<60,\\ 0, & \text{其他}\end{cases}$$

因此，

$$P\{|X-Y|\leqslant 5\}=P\{-5\leqslant X-Y\leqslant 5\}=\int_{15}^{45}\mathrm{d}x\int_{x-5}^{x+5}\frac{1}{1\,800}\mathrm{d}y=\frac{1}{6}.$$

随机变量间的独立性在实际应用中非常重要．有时对独立性的判断往往不采用严格的数学方法，而是根据实际问题自身的性质进行判断，只要两个随机变量相互不影响或者基本上相互不影响，就可视为相互独立．

定理 3.4.3 设随机变量 X 与 Y 相互独立，且 g 与 h 是连续函数，则 $g(X)$ 与 $h(Y)$ 相互独立．

在理论和实际应用中还要处理 n（$n\geqslant 2$）维随机向量的问题．下面对有关基本概念作一简述．

设（X_1，X_2，…，X_n）是 n 维随机向量．

（1）（X_1，X_2，…，X_n）的分布函数定义为

$$F(x_1,x_2,\cdots,x_n)=P\{X_1\leqslant x_1,X_2\leqslant x_2,\cdots,X_n\leqslant x_n\},(x_1,x_2,\cdots,x_n)\in\mathbf{R}^n.$$

（2）若（X_1，X_2，…，X_n）的全部可能取值为

$$(x_{1i_1},x_{2i_2},\cdots,x_{ni_n}),\ i_1,i_2,\cdots,i_n=1,2,\cdots,$$

则称（X_1，X_2，…，X_n）是 n 维离散型随机向量．非负数列

$$p_{i_1i_2\cdots i_n}=P\{X_1=x_{1i_1},X_2=x_{2i_2},\cdots,X_n=x_{ni_n}\},\ i_1,i_2,\cdots,i_n=1,2,\cdots$$

称为（X_1，X_2，…，X_n）的分布律或 X_1，X_2，…，X_n 的联合分布律．

（3）若（X_1，X_2，…，X_n）的分布函数可表达为

$$F(x_1,x_2,\cdots,x_n)=\int_{-\infty}^{x_1}\int_{-\infty}^{x_2}\cdots\int_{-\infty}^{x_n}f(t_1,t_2,\cdots,t_n)\mathrm{d}t_1\mathrm{d}t_2\cdots\mathrm{d}t_n,$$

其中 f 为非负可积函数，则称（X_1，X_2，…，X_n）是 n 维连续型随机向量．称 f 为（X_1，X_2，…，X_n）的概率密度或 X_1，X_2，…，X_n 的联合概率密度．

（4）（X_1，X_2，…，X_n）的一维边缘分布．

①X_k（$k=1$，2，…，n）的边缘分布函数为

$$F_k(x_k)=F(+\infty,\cdots,+\infty,x_k,+\infty,\cdots,+\infty),\ x_k\in\mathbf{R}.$$

②离散型时 X_k（$k=1$，2，…，n）的边缘分布律为

$$p_{i_k}=P\{X_k=x_{ki_k}\}=\sum_{i_1i_2\cdots i_{k-1}i_{k+1}\cdots i_n}p_{i_1i_2\cdots i_n},\ i_k=1,2,\cdots.$$

③连续型时 X_k（$k=1$，2，…，n）的边缘概率密度为

$$f_{X_k}(x_k)=\int_{-\infty}^{+\infty}\cdots\int_{-\infty}^{+\infty}f(x_1,x_2,\cdots,x_n)\mathrm{d}x_1\mathrm{d}x_2\cdots\mathrm{d}x_{k-1}\mathrm{d}x_{k+1}\cdots\mathrm{d}x_n.$$

（5）独立性.

若对任意的 $(x_1, x_2, \cdots, x_n) \in \mathbf{R}^n$ 总有

$$F(x_1, x_2, \cdots, x_n) = F_{X_1}(x_1)F_{X_2}(x_2)\cdots F_{X_n}(x_n),$$

则称 $X_1, X_2, \cdots, X_n$ 相互独立.

（6）条件分布.

①对于离散型，若 $p_{i_k} > 0$，则当 $X_k = x_{ki_k}$ 时，$(X_1, \cdots, X_{k-1}, X_{k+1}, \cdots, X_n)$ 的条件分布律为

$$P\{X_1 = x_{1i_1}, \cdots, X_{k-1} = x_{k-1,i_{k-1}}, X_{k+1} = x_{k+1,i_{k+1}}, \cdots, X_n = x_{ni_n} \mid X_k = x_{ki_k}\} = \frac{p_{i_1 i_2 \cdots i_n}}{p_{i_k}},$$

$$i_1, \cdots, i_{k-1}, i_{k+1}, \cdots, i_n = 1, 2, \cdots.$$

②对于连续型，若 $f_{X_k}(x_k) > 0$，则当 $X_k = x_k$ 时，$(X_1, \cdots, X_{k-1}, X_{k+1}, \cdots, X_n)$ 的条件概率密度为

$$f_{(X_1,\cdots,X_{k-1},X_{k+1},\cdots,X_n)|X_k}(x_1, \cdots, x_{k-1}, x_{k+1}, \cdots, x_n \mid x_k) = \frac{f(x_1, \cdots, x_n)}{f_{X_k}(x_k)}.$$

当 $n \geqslant 3$ 时，n 维随机向量的各个分量的组合方式较复杂，故其边缘分布和条件分布均呈现出多样性.

习题 3.4

1. 判断习题 3.1、习题 3.2、习题 3.3 中第 1 题的随机变量 X 与 Y 的独立性.

2. 设随机变量 X 与 Y 相互独立，分布律分别为

X	-2	0	1
P	0.3	0.2	0.5

Y	-1	0
P	0.2	0.8

求：（1）(X, Y) 的分布律；（2）$P\{X > Y\}$；（3）当 $Y=0$ 时，X 的条件分布律.

3. 设二维随机向量 (X, Y) 的概率密度为

$$f(x, y) = \begin{cases} 1, & |y| < x,\ 0 < x < 1 \\ 0, & \text{其他} \end{cases}.$$

求：（1）条件概率密度 $f_{Y|X}(y \mid x)$，$f_{X|Y}(x \mid y)$；（2）判断 X 与 Y 的独立性.

§3.5 随机向量函数的分布

2.5 节讨论了一维随机变量函数的分布，本节将讨论 n 维随机向量 $(X_1, X_2, \cdots, X_n)$

函数的分布．

3.5.1　离散型随机向量函数的分布

设 n 维离散型随机向量（X_1，X_2，…，X_n）的分布律为

$$p_{i_1 i_2 \cdots i_n}=P\{X_1=x_{1i_1}, X_2=x_{2i_2}, \cdots, X_n=x_{ni_n}\}, i_1, i_2, \cdots, i_n=1, 2, \cdots,$$

设 $Z=g(X_1, X_2, \cdots, X_n)$，其中 g 为 n 元函数，则 Z 的分布律为

$$P\{Z=z_k\}=P\{g(X_1, X_2, \cdots, X_n)=z_k\}=\sum_{g(x_{1i_1}, x_{2i_2}, \cdots, x_{ni_n})=z_k} p_{i_1 i_2 \cdots i_n}, \quad k=1, 2, \cdots.$$

例 3.5.1　设二维随机向量（X，Y）的分布律为

Y \ X	0	1
0	0.09	0.21
1	0.21	0.49

求：(1) $Z_1=\min\{X, Y\}$ 的分布律；(2) $Z_2=|X-2Y|$ 的分布律.

解　(1) $Z_1=\min\{X, Y\}$ 的分布律为

Z_1	0	1
P	0.51	0.49

(2) $Z_2=|X-2Y|$ 的分布律为

Z_2	0	1	2
P	0.09	0.7	0.21

例 3.5.2　已知独立随机变量 X 与 Y 分别服从 $b(n_1, p)$，$b(n_2, p)$，试求 $Z=X+Y$ 的分布律.

解　对于任一非负整数 m，有

$$\begin{aligned}P\{Z=m\} &= \sum_{k+t=m} P\{X=k\}P\{Y=t\} \\ &= \sum_{k+t=m} C_{n_1}^k p^k (1-p)^{n_1-k} C_{n_2}^t p^t (1-p)^{n_2-t} \\ &= p^m (1-p)^{n_1+n_2-m} \sum_{k+t=m} C_{n_1}^k C_{n_2}^t \\ &= C_{n_1+n_2}^m p^m (1-p)^{n_1+n_2-m}, \ m=0, 1, 2, \cdots, n_1+n_2,\end{aligned}$$

故

$$Z \sim b(n_1+n_2, p).$$

3.5.2 连续型随机变量函数的分布

设 n 维随机向量 $(X_1, X_2, \cdots, X_n)$ 的概率密度为 $f(x_1, x_2, \cdots, x_n)$ $((x_1, x_2, \cdots, x_n)\in \mathbf{R}^n)$. 设 $Z=g(X_1, X_2, \cdots, X_n)$，其中 g 为 n 元连续函数. 记 Z 的分布函数为 $F_Z(z)$、概率密度为 $f_Z(z)$，则

$$\begin{aligned}F_Z(z) &= P\{Z\leqslant z\} = P\{g(X_1, X_2, \cdots, X_n)\leqslant z\}\\ &= \underset{g(x_1, x_2, \cdots, x_n)\leqslant z}{\int\cdots\int} f(x_1,x_2,\cdots,x_n)\mathrm{d}x_1\mathrm{d}x_2\cdots\mathrm{d}x_n,\end{aligned}$$

且

$$f_Z(z)=\frac{\mathrm{d}F_Z(z)}{\mathrm{d}z}.$$

下面给出连续型随机变量的四种简单函数的分布.

(1) $Z=X+Y$ 的分布.

设二维随机向量 (X, Y) 的概率密度为 $f(x, y)$ $((x, y)\in \mathbf{R}^2)$，记 $Z=X+Y$ 的分布函数为 $F_Z(z)$、概率密度为 $f_Z(z)$.

由分布函数的定义有

$$\begin{aligned}F_Z(z) &= P\{Z\leqslant z\} = P\{X+Y\leqslant z\}\\ &= \iint\limits_{x+y\leqslant z} f(x, y)\mathrm{d}x\mathrm{d}y = \int_{-\infty}^{+\infty}\mathrm{d}x\int_{-\infty}^{z-x} f(x, y)\mathrm{d}y\\ &\overset{\substack{x=x\\ s=x+y}}{=\!=\!=} \int_{-\infty}^{+\infty}\mathrm{d}x\int_{-\infty}^{z} f(x, s-x)\mathrm{d}s\\ &= \int_{-\infty}^{z}\mathrm{d}s\int_{-\infty}^{+\infty} f(x, s-x)\mathrm{d}x,\end{aligned}$$

因此，对任意实数 z，有

$$f_Z(z) = \int_{-\infty}^{+\infty} f(x, z-x)\mathrm{d}x. \tag{3.5.1}$$

对称地，对任意实数 z，有

$$f_Z(z) = \int_{-\infty}^{+\infty} f(z-y, y)\mathrm{d}y. \tag{3.5.2}$$

当 X 与 Y 相互独立时，式 (3.5.1) 和式 (3.5.2) 变为

$$f_Z(z) = \int_{-\infty}^{+\infty} f_X(x)f_Y(z-x)\mathrm{d}x, \tag{3.5.3}$$

$$f_Z(z) = \int_{-\infty}^{+\infty} f_X(z-y)f_Y(y)\mathrm{d}y. \tag{3.5.4}$$

称式 (3.5.3)、式 (3.5.4) 为函数 $f_X(x)$ 和 $f_Y(y)$ 的**卷积公式**.

例 3.5.3 设随机向量 (X, Y) 的概率密度为

$$f(x, y)=\begin{cases}4.8y(2-x), & 0<x<1, 0<y<x \\ 0, & \text{其他}\end{cases},$$

求 $Z=X+Y$ 的概率密度 $f_Z(z)$.

解 由题意，有

$$f(x, z-x)=\begin{cases}4.8(z-x)(2-x), & 0<x<1, 0<z-x<x \\ 0, & \text{其他}\end{cases},$$

故

$$\begin{aligned}
f_Z(z) &= \int_{-\infty}^{+\infty} f(x, z-x)\mathrm{d}x \\
&= \begin{cases}\int_{\frac{z}{2}}^{z} 4.8(z-x)(2-x)\mathrm{d}x, & 0<z\leqslant 1 \\ \int_{\frac{z}{2}}^{1} 4.8(z-x)(2-x)\mathrm{d}x, & 1<z<2 \\ 0, & \text{其他}\end{cases} \\
&= \begin{cases}1.2z^2-0.4z^3, & 0<z\leqslant 1 \\ 0.4z^3-3.6z^2+7.2z-3.2, & 1<z<2. \\ 0, & \text{其他}\end{cases}
\end{aligned}$$

例 3.5.4 已知独立随机变量 X 与 Y 均服从标准正态分布，试求 $Z=X+Y$ 的分布.

解 根据卷积公式，有

$$\begin{aligned}
f_Z(z) &= \int_{-\infty}^{+\infty} f_X(x) f_Y(z-x)\mathrm{d}x \\
&= \int_{-\infty}^{+\infty} \frac{1}{\sqrt{2\pi}}\mathrm{e}^{-\frac{x^2}{2}} \cdot \frac{1}{\sqrt{2\pi}}\mathrm{e}^{-\frac{(z-x)^2}{2}}\mathrm{d}x \\
&= \frac{1}{2\sqrt{\pi}}\mathrm{e}^{-\frac{z^2}{4}} \int_{-\infty}^{+\infty} \frac{\sqrt{2}}{\sqrt{2\pi}}\mathrm{e}^{-\left(x-\frac{z}{2}\right)^2}\mathrm{d}x \\
&= \frac{1}{\sqrt{2\pi}\sqrt{2}}\mathrm{e}^{-\frac{z^2}{4}},
\end{aligned}$$

因此

$$Z=X+Y\sim N(0, 2).$$

类似可证，如果随机变量 X 与 Y 相互独立，且 $X\sim N(\mu_1, \sigma_1^2)$，$Y\sim N(\mu_2, \sigma_2^2)$，则

$$aX+bY\sim N(a\mu_1+b\mu_2, a^2\sigma_1^2+b^2\sigma_2^2),$$

其中 a，b 是不全为 0 的常数.

上述结论可以推广到 n 个独立正态分布之和的情形，即若 $X_k\sim N(\mu_k, \sigma_k^2)(k=1, 2, \cdots, n)$，且 $X_k(k=1, 2, \cdots, n)$ 相互独立，则

$$\sum_{k=1}^{n} c_k X_k \sim N\left(\sum_{k=1}^{n} c_k\mu_k, \sum_{k=1}^{n} c_k^2\sigma_k^2\right),$$

其中 $c_k(k=1, 2, \cdots, n)$ 是不全为 0 的常数，即有限个相互独立正态分布的线性组合仍然服从正态分布.

(2) $Z=XY$ 的分布.

设二维随机向量 (X, Y) 的概率密度为 $f(x, y)((x, y)\in \mathbf{R}^2)$，记 $Z=XY$ 的分布函数为 $F_Z(z)$、概率密度为 $f_Z(z)$.

由分布函数的定义有

$$F_Z(z)=P\{Z\leqslant z\}=P\{XY\leqslant z\}=\iint\limits_{xy\leqslant z} f(x, y)\mathrm{d}x\mathrm{d}y$$
$$=\int_{-\infty}^{0}\mathrm{d}x\int_{\frac{z}{x}}^{+\infty}f(x, y)\mathrm{d}y+\int_{0}^{+\infty}\mathrm{d}x\int_{-\infty}^{\frac{z}{x}}f(x, y)\mathrm{d}y,$$

因此，对任意实数 z，有

$$f_Z(z)=-\int_{-\infty}^{0}\frac{1}{x}f\left(x, \frac{z}{x}\right)\mathrm{d}x+\int_{0}^{+\infty}\frac{1}{x}f\left(x, \frac{z}{x}\right)\mathrm{d}x$$
$$=\int_{-\infty}^{+\infty}\frac{1}{|x|}f\left(x, \frac{z}{x}\right)\mathrm{d}x. \tag{3.5.5}$$

对称地，对任意实数 z，有

$$f_Z(z)=\int_{-\infty}^{+\infty}\frac{1}{|y|}f\left(\frac{z}{y}, y\right)\mathrm{d}y. \tag{3.5.6}$$

当 X 与 Y 相互独立时，式 (3.5.5) 和式 (3.5.6) 变为

$$f_Z(z)=\int_{-\infty}^{+\infty}\frac{1}{|x|}f_X(x)f_Y\left(\frac{z}{x}\right)\mathrm{d}x, \tag{3.5.7}$$

$$f_Z(z)=\int_{-\infty}^{+\infty}\frac{1}{|y|}f_X\left(\frac{z}{y}\right)f_Y(y)\mathrm{d}y. \tag{3.5.8}$$

(3) $Z=X/Y$ 的分布.

设二维随机向量 (X, Y) 的概率密度为 $f(x, y)((x, y)\in \mathbf{R}^2)$，记 $Z=X/Y$ 的分布函数为 $F_Z(z)$、概率密度为 $f_Z(z)$.

由分布函数的定义，有

$$F_Z(z)=P\{Z\leqslant z\}=P\{X/Y\leqslant z\}=\iint\limits_{x/y\leqslant z} f(x, y)\mathrm{d}x\mathrm{d}y$$
$$=\int_{-\infty}^{0}\mathrm{d}y\int_{zy}^{+\infty}f(x, y)\mathrm{d}x+\int_{0}^{+\infty}\mathrm{d}y\int_{-\infty}^{zy}f(x, y)\mathrm{d}x,$$

因此对任意实数 z，有

$$f_Z(z)=-\int_{-\infty}^{0}yf(zy, y)\mathrm{d}y+\int_{0}^{+\infty}yf(zy, y)\mathrm{d}y,$$
$$=\int_{-\infty}^{+\infty}|y|\,f(zy, y)\mathrm{d}y. \tag{3.5.9}$$

当 X 与 Y 相互独立时，式 (3.5.9) 变为

$$f_Z(z)=\int_{-\infty}^{+\infty}|y|\,f_X(zy)f_Y(y)\mathrm{d}y. \tag{3.5.10}$$

(4) 最大(小)值的分布.

设 X 与 Y 是相互独立的随机变量,它们的分布函数分别为 $F_X(x)$,$F_Y(y)$. 记 $U=\max\{X, Y\}$,$V=\min\{X, Y\}$ 的分布函数分别为 $F_U(u)$,$F_V(v)$,则

$$\begin{aligned}F_U(u)&=P\{U\leqslant u\}=P\{\max\{X, Y\}\leqslant u\}\\&=P\{X\leqslant u, Y\leqslant u\}=P\{X\leqslant u\}P\{Y\leqslant u\}\\&=F_X(u)F_Y(u),\\F_V(v)&=P\{V\leqslant v\}=P\{\min\{X, Y\}\leqslant v\}\\&=1-P\{\min\{X, Y\}>v\}\\&=1-P\{X>v, Y>v\}=1-P\{X>v\}P\{Y>v\}\\&=1-(1-P\{X\leqslant v\})(1-P\{Y\leqslant v\})\\&=1-[1-F_X(v)][1-F_Y(v)].\end{aligned}$$

以上结论可以推广到 n 个相互独立的随机变量的情形. 设相互独立的随机变量 X_1,X_2,…,X_n 的分布函数分别为 $F_{X_1}(x_1)$,$F_{X_2}(x_2)$,…,$F_{X_n}(x_n)$. 记

$$U=\max\{X_1, X_2, \cdots, X_n\},\ V=\min\{X_1, X_2, \cdots, X_n\},$$

则 U,V 的分布函数分别为

$$\begin{aligned}&F_U(u)=F_{X_1}(u)F_{X_2}(u)\cdots F_{X_n}(u),\\&F_V(v)=1-[1-F_{X_1}(v)][1-F_{X_2}(v)]\cdots[1-F_{X_n}(v)].\end{aligned}$$

特别地,当随机变量 X_1,X_2,…,X_n 相互独立且有相同的分布函数 $F(x)$ 时,

$$\begin{aligned}&F_U(u)=[F(u)]^n,\\&F_V(v)=1-[1-F(v)]^n.\end{aligned}$$

例 3.5.5 设二维随机向量 (X, Y) 在 $D=\{(x, y)\mid 0<x<1, 0<y<2\}$ 上服从均匀分布.

求:(1) $U=XY$ 的概率密度 $f_U(u)$;(2) $V=\min\{X, Y\}$ 的概率密度 $f_V(v)$.

解 (X, Y) 的概率密度为

$$f(x, y)=\begin{cases}\dfrac{1}{2}, & 0<x<1,\ 0<y<2\\ 0, & \text{其他}\end{cases}.$$

(1) 依题意有

$$f\left(\frac{u}{y}, y\right)=\begin{cases}\dfrac{1}{2}, & 0<u<y,\ 0<y<2\\ 0, & \text{其他}\end{cases},$$

因此

$$f_U(u)=\int_{-\infty}^{+\infty}\frac{1}{|y|}f\left(\frac{u}{y}, y\right)\mathrm{d}y$$

$$=\begin{cases}\int_u^2 \frac{1}{2y}\mathrm{d}y=-\frac{1}{2}\ln\frac{u}{2}, & 0<u<2 \\ 0, & \text{其他}\end{cases}.$$

（2）$V=\min\{X, Y\}$ 的分布函数为

$$\begin{aligned}F_V(v)&=P\{V\leqslant v\}=P\{\min\{X, Y\}\leqslant v\}\\&=1-P\{\min\{X, Y\}>v\}\\&=1-P\{X>v, Y>v\}=1-\iint\limits_{x>v, y>v} f(x, y)\mathrm{d}x\mathrm{d}y,\end{aligned}$$

而

$$\iint\limits_{x>v,\ y>v} f(x,y)\mathrm{d}x\mathrm{d}y=\begin{cases}0, & v\geqslant 1 \\ \int_v^1\mathrm{d}x\int_v^2\frac{1}{2}\mathrm{d}y=1-\frac{3}{2}v+\frac{v^2}{2}, & 0\leqslant v<1, \\ 1, & v<0\end{cases}$$

因此

$$F_V(v)=\begin{cases}0, & v<0 \\ \frac{3}{2}v-\frac{v^2}{2}, & 0\leqslant v<1, \\ 1, & v\geqslant 1\end{cases}$$

故

$$f_V(v)=\frac{\mathrm{d}F_V(v)}{\mathrm{d}v}=\begin{cases}\frac{3}{2}-v, & 0\leqslant v<1 \\ 0, & \text{其他}\end{cases}.$$

例 3.5.6 设某种零件长度（单位：厘米）近似地服从 $N(160, 20^2)$. 随机选取 4 只，求其长度均不小于 180 厘米的概率.

解 设这四只零件长度为 X_i（$i=1, 2, 3, 4$），则 $X_i\sim N(160, 20^2)$，且 $X_i(i=1, 2, 3, 4)$ 之间相互独立. 从而

$$\begin{aligned}P\{\min\{X_1, X_2, X_3, X_4\}\geqslant 180\}&=P\{X_1\geqslant 180, X_2\geqslant 180, X_3\geqslant 180, X_4\geqslant 180\}\\&=P\{X_1\geqslant 180\}P\{X_2\geqslant 180\}P\{X_3\geqslant 180\}P\{X_4\geqslant 180\}\\&=[1-P\{X_1<180\}]^4=\left[1-\Phi\left(\frac{180-160}{20}\right)\right]^4\\&=[1-\Phi(1)]^4\approx 0.158\,7^4\approx 0.000\,63,\end{aligned}$$

故随机选取 4 只，长度均不小于 180 厘米的概率约为 0.000 63.

习题 3.5

1. 对于习题 3.1 中第 1 题的随机变量 X 与 Y，求：（1）$Z_1=\max\{X, Y\}$ 的分布律；（2）$Z_2=(X-1)^2+Y$ 的分布律.

2. 已知独立随机变量 X 与 Y 分别服从参数为 λ_1，λ_2 的泊松分布，试求 $Z=X+Y$ 的分布律.

3. 设二维随机向量 (X, Y) 的概率密度为

$$f(x, y)=\begin{cases}6xy^2, & 0<x<1, 0<y<1 \\ 0, & \text{其他}\end{cases}.$$

求 $Z=X+Y$ 的概率密度 $f_Z(z)$.

4. 设随机变量 X 与 Y 相互独立，$X\sim U(0, 1)$，Y 服从参数为 1 的指数分布. 求 $Z=X+Y$ 的概率密度 $f_Z(z)$.

5. 设二维随机向量 (X, Y) 的概率密度为

$$f(x, y)=\begin{cases}3y, & 0<y<1, 0<x<y \\ 0, & \text{其他}\end{cases},$$

求 $Z=XY$ 的概率密度 $f_Z(z)$.

本章小结

本章主要以二维随机向量为例讨论了多维随机变量的相关问题，给出了两个常见的二维随机向量：均匀分布和正态分布. 类似于一维随机变量的分布，本章讨论了二维随机向量的分布函数的概念及性质、二维离散型随机向量的分布律及其性质、连续型随机向量的概率密度及其性质. 此外，本章还给出了二维随机向量的边缘分布、条件分布的概念及计算方法，讨论了随机变量的独立性和随机向量函数的分布，并给出了一些常见函数的分布的计算公式.

要注意的是，已知联合分布可以得到边缘分布；但是一般情况下，已知边缘分布无法得到联合分布，只有当随机变量相互独立时，由边缘分布才可以得到联合分布.

总复习题 3

1. 填空题

(1) 设二维随机向量 (X, Y) 的分布律为

Y \ X	0	1
0	0.4	B
1	A	0.1

且 $\{X=1\}$ 与 $\{X+Y=1\}$ 相互独立，则 $A=$______，$B=$______.

(2) 已知二维随机向量 (X, Y) 的分布函数 $F(x, y)$，则 $P\{x_1<X\leqslant x_2, y_1<Y\leqslant$

$y_2\}=$______，$P\{X\leqslant x_2, Y\leqslant y_2\}=$______，$P\{X<x_2, Y<y_2\}=$______，$P\{x_1<X, y_1<Y\}=$______.

(3) 设二维随机向量 $(X, Y)\sim N(1, 0; 1, 1; 0)$，则 $P\{XY-Y<0\}=$______.

2. 单项选择题

(1) 设随机变量 X 与 Y 相互独立且分布相同，X 的分布律为

X	0	1
P	$\frac{1}{3}$	$\frac{2}{3}$

则下列选项正确的是（　　）.

(A) $X=Y$；　　(B) $P\{X=Y\}=\frac{5}{9}$；

(C) $P\{X=Y\}=1$；　　(D) $P\{X=Y\}=0$.

(2) 设相互独立的随机变量 X_1，X_2 的分布函数分别为 $F_1(x)$，$F_2(x)$，相应的概率密度分别为 $f_1(x)$，$f_2(x)$，则下列结论正确的是（　　）.

(A) $f_1(x)+f_2(x)$ 必为概率密度；　　(B) $f_2(x)f_1(x)$ 必为概率密度；

(C) $F_1(x)+F_2(x)$ 必为分布函数；　　(D) $F_1(x)F_2(x)$ 必为分布函数.

3. 设随机变量 X 与 Y 的分布律分别为

X	0	1
P	$\frac{1}{3}$	$\frac{2}{3}$

Y	-1	0	1
P	$\frac{1}{3}$	$\frac{1}{3}$	$\frac{1}{3}$

且 $P\{X^2=Y^2\}=1$. 求：

(1) (X, Y) 分布律；(2) 当 $Y=0$ 时，X 的分布律；(3) $Z=\min\{X, Y\}$ 的分布律.

4. 某人练习射击，射击一次击中目标的概率为 p $(0<p<1)$，射击直到击中目标两次为止. 设 X 表示首次击中目标时射击的次数，Y 表示总共的射击次数. 求 (X, Y) 的分布律及条件分布律.

5. 证明 n 个相互独立且服从参数为 p 的 0—1 分布的随机变量之和服从 $b(n, p)$.

6. 设随机向量 (X, Y) 的概率密度为

$$f(x, y)=\begin{cases} kx, & 0<x<1, 0<y<x \\ 0, & \text{其他} \end{cases},$$

其中为 k 常数. (1) 求 k 的值；(2) 求 $P\left\{X<\frac{1}{2}\right\}$；(3) 求条件概率密度 $f_{Y|X}(y \mid x)$，$f_{X|Y}(x \mid y)$；(4) 判断 X 与 Y 是否相互独立；(5) 求 $Z=X+Y$ 的概率密度 $f_Z(z)$.

7. 设随机变量 X 与 Y 相互独立，且 X 的分布律为

X	-1	1
P	0.3	0.7

Y 为连续型随机变量，其概率密度为 $f_Y(y)$，分布函数为 $F_Y(y)$. 求：
(1) $Z=X+Y$ 的概率密度 $f_Z(z)$；(2) $U=\min\{X, Y\}$ 的分布函数 $F_U(u)$.

8. 设随机变量 X 与 Y 相互独立，$X \sim b(1, 0.4)$，$Y \sim N(0, 1)$. 求：
(1) $P\{X-Y \leqslant 1\}$；(2) $P\{XY \leqslant 1\}$.

9. 已知 X，Y 均为非负的连续型随机变量，且它们相互独立，则

$$P\{X < Y\} = \int_0^{+\infty} F_X(y) f_Y(y) \mathrm{d}y,$$

其中 $F_X(x)$ 为 X 的分布函数，$f_Y(y)$ 为 Y 的概率密度.

第 4 章　随机变量的数字特征

随机变量的分布全面描述了随机变量的取值规律，但在大量实际问题中并不需要知道随机变量的分布，只需了解随机变量的某些主要特征就够了．比如评价某一地区粮食产量时，并不需要了解这个地区每亩地的粮食产量的分布情况，只需知道平均亩产量即可；考察某城市居民的家庭收入时，并不需要了解每个家庭收入的情况，只需知道该城市家庭的年平均收入，以及贫富之间的差异程度就可以了．随机变量的数字特征就是这种从某个侧面描述随机变量特性的数字．常用的数字特征有随机变量的数学期望、方差、协方差和相关系数．

§4.1　数学期望

随机变量的数学期望是描述随机变量取值的“平均水平”的数字特征．

4.1.1　数学期望的概念

先看一个例子．经过长期观察，某射手每次射击时命中的环数 X 服从以下分布：

X	5	6	7	8	9	10
P	0.05	0.05	0.1	0.1	0.2	0.5

一种很自然的考虑是：假定该射手进行了 100 次射击，那么，约有 5 次命中 5 环、5 次命中 6 环、10 次命中 7 环、10 次命中 8 环、20 次命中 9 环、50 次命中 10 环．从而在一次射击中，该射手平均命中的环数为

$$\frac{5\times5+6\times5+7\times10+8\times10+9\times20+10\times50}{100}$$

$$=5\times0.05+6\times0.05+7\times0.1+8\times0.1+9\times0.2+10\times0.5$$

$=8.85$(环).

因此，这个随机变量 X 取值的平均水平是它的可能取值与对应概率的乘积之和. 由此引入如下定义.

定义 4.1.1　设离散型随机变量 X 的分布律为

$$P\{X=x_i\}=p_i,\quad i=1,2,\cdots,$$

若 $\sum\limits_i x_i p_i$ 绝对收敛，则称 $\sum\limits_i x_i p_i$ 为 X 的**数学期望**，简称**期望**，又称为**均值**，记为 $E(X)$，即

$$E(X)=\sum_i x_i p_i.$$

数学期望是随机变量以概率为权数的加权平均.

例 4.1.1　设随机变量 X 服从参数为 p 的 0—1 分布，求 $E(X)$.

解　随机变量 X 的分布律为

X	0	1
P	$1-p$	p

因此

$$E(X)=0\times(1-p)+1\times p=p,$$

即参数为 p 的 0—1 分布的数学期望是 p.

例 4.1.2　设随机变量 $X\sim\pi(\lambda)$. 求 $E(X)$.

解　随机变量 X 的分布律为

$$P\{X=k\}=\frac{\lambda^k}{k!}\mathrm{e}^{-\lambda},\quad k=0,1,2,\cdots,$$

因此

$$\begin{aligned}E(X)&=\sum_{k=0}^{\infty}kP\{X=k\}=\sum_{k=0}^{\infty}k\frac{\lambda^k}{k!}\mathrm{e}^{-\lambda}\\&=\lambda\mathrm{e}^{-\lambda}\sum_{k=1}^{\infty}\frac{\lambda^{k-1}}{(k-1)!}\\&=\lambda\mathrm{e}^{-\lambda}\mathrm{e}^{\lambda}=\lambda,\end{aligned}$$

即参数为 λ 的泊松分布的数学期望为 λ.

例 4.1.3　按规定，某车站每天 8:00～9:00、9:00～10:00 都恰有一辆客车到站，但到站的时刻是随机的，且两车到站的时间是相互独立的，其规律为

到站时刻	8:10	8:30	8:50
	9:10	9:30	9:50
概率	$\frac{1}{6}$	$\frac{1}{2}$	$\frac{1}{3}$

设有某一旅客 8:20 到车站，求他候车时间的数学期望.

解 设该旅客的候车时间为 X（分钟），则 X 的分布律为

X	10	30	50	70	90
P	$\frac{1}{2}$	$\frac{1}{3}$	$\frac{1}{6}\times\frac{1}{6}$	$\frac{1}{6}\times\frac{1}{2}$	$\frac{1}{6}\times\frac{1}{3}$

因此 X 的数学期望为

$$E(X)=10\times\frac{1}{2}+30\times\frac{1}{3}+50\times\frac{1}{36}+70\times\frac{1}{12}+90\times\frac{1}{18}\approx 27.22.$$

故该旅客的平均候车时间约是 27.22 分钟.

例 4.1.4 甲与其他三人参与一个项目的竞拍，价格以万元计，价格高者获胜. 若甲中标，他将此项目以 10 万元转让给他人. 可认为其他三人的竞拍价是相互独立的，且都在 7 万元～11 万元之间服从均匀分布. 问甲如何报价才能使获益的数学期望最大（若甲中标，则必须将此项目以他自己的报价买下)?

解 设甲的报价为 x 万元，获益为 Y 万元，依题意，$7<x<11$.

设 X_1，X_2，X_3 为其他三人的报价. 依题意，X_1，X_2，X_3 相互独立，且在区间（7，11）内服从均匀分布. 并且

$$P\{X_1<x\}=\int_7^x\frac{1}{4}\mathrm{d}x=\frac{x-7}{4}.$$

因此甲中标的概率为

$$\begin{aligned}P\{X_1<x,\ X_2<x,\ X_3<x\}&=P\{X_1<x\}P\{X_2<x\}P\{X_3<x\}\\&=(P\{X_1<x\})^3=\left(\frac{x-7}{4}\right)^3,\end{aligned}$$

因此 Y 的分布律为

Y	0	$10-x$
P	$1-\left(\frac{x-7}{4}\right)^3$	$\left(\frac{x-7}{4}\right)^3$

所以

$$E(Y)=(10-x)\left(\frac{x-7}{4}\right)^3,$$

令

$$\frac{\mathrm{d}E(Y)}{\mathrm{d}x}=\frac{1}{4^3}(x-7)^2(37-4x)=0,$$

得 $x=9.25$，$x=7$（舍去）. 又知

$$\frac{\mathrm{d}^2}{\mathrm{d}x^2}E(Y)\bigg|_{x=9.25}<0,$$

故甲报价 9.25 万元时，他获益的数学期望最大.

定义 4.1.2 设连续型随机变量 X 的概率密度为 $f(x)$，若 $\int_{-\infty}^{+\infty}xf(x)\mathrm{d}x$ 绝对收敛，则称 $\int_{-\infty}^{+\infty}xf(x)\mathrm{d}x$ 为 X 的**数学期望**，简称**期望**，又称为**均值**，记为 $E(X)$，即

$$E(X)=\int_{-\infty}^{+\infty}xf(x)\mathrm{d}x.$$

例 4.1.5 设随机变量 X 的概率密度为

$$f(x)=\begin{cases}2-2x, & 0<x<1\\ 0, & \text{其他}\end{cases},$$

求 $E(X)$.

解 由数学期望的定义，有

$$E(X)=\int_{-\infty}^{+\infty}xf(x)\mathrm{d}x=\int_0^1 x(2-2x)\mathrm{d}x=\frac{1}{3}.$$

例 4.1.6 设随机变量 $X\sim U(a,b)$，求 $E(X)$.

解 X 的概率密度为

$$f(x)=\begin{cases}\dfrac{1}{b-a}, & a<x<b\\ 0, & \text{其他}\end{cases},$$

因此

$$E(X)=\int_{-\infty}^{+\infty}xf(x)\mathrm{d}x=\int_a^b x\cdot\frac{1}{b-a}\mathrm{d}x=\frac{a+b}{2},$$

即 (a,b) 内的均匀分布的数学期望为$\frac{a+b}{2}$.

例 4.1.7 设随机变量 $X\sim e\left(\frac{1}{\theta}\right)$，求 $E(X)$.

解 X 的概率密度为

$$f(x)=\begin{cases}\dfrac{1}{\theta}\mathrm{e}^{-\frac{x}{\theta}}, & x>0\\ 0, & x\leqslant 0\end{cases},$$

因此

$$\begin{aligned}E(X)&=\int_{-\infty}^{+\infty}xf(x)\mathrm{d}x=\int_0^{+\infty}x\cdot\frac{1}{\theta}\mathrm{e}^{-\frac{x}{\theta}}\mathrm{d}x\\&=\int_0^{+\infty}x\mathrm{d}(-\mathrm{e}^{-\frac{x}{\theta}})=\theta,\end{aligned}$$

即参数为 θ 的指数分布的数学期望是 θ.

例 4.1.8 设随机变量 $X \sim N(\mu, \sigma^2)$，求 $E(X)$.

解 X 的概率密度为

$$f(x)=\frac{1}{\sqrt{2\pi}\sigma}\mathrm{e}^{-\frac{(x-\mu)^2}{2\sigma^2}}, \quad -\infty<x<+\infty.$$

因此

$$\begin{aligned} E(X) &= \int_{-\infty}^{+\infty} x f(x)\mathrm{d}x = \int_{-\infty}^{+\infty} x \cdot \frac{1}{\sqrt{2\pi}\sigma}\mathrm{e}^{-\frac{(x-\mu)^2}{2\sigma^2}}\mathrm{d}x \\ &\xlongequal{t=\frac{x-\mu}{\sigma}} \int_{-\infty}^{+\infty}(\sigma t+\mu)\frac{1}{\sqrt{2\pi}}\mathrm{e}^{-\frac{t^2}{2}}\mathrm{d}t \\ &= \int_{-\infty}^{+\infty}\frac{\sigma}{\sqrt{2\pi}}t\mathrm{e}^{-\frac{t^2}{2}}\mathrm{d}t+\mu\int_{-\infty}^{+\infty}\frac{1}{\sqrt{2\pi}}\mathrm{e}^{-\frac{t^2}{2}}\mathrm{d}t=\mu, \end{aligned}$$

即参数为 μ，σ^2 的正态分布的数学期望是 μ.

4.1.2 随机变量函数的数学期望

计算随机变量函数的数学期望时，可以先求出随机变量函数的分布，然后按期望的定义计算，但这样做有时很麻烦. 下面的定理表明可以直接用随机变量的分布计算其函数的期望.

定理 4.1.1 设 Y 是随机变量 X 的函数. 记 $Y=g(X)$，其中 g 是连续函数.

（1）设离散型随机变量 X 的分布律为

$$P\{X=x_i\}=p_i, \quad i=1, 2, \cdots,$$

若 $\sum\limits_i g(x_i)p_i$ 绝对收敛，则有

$$E(Y)=E[g(X)]=\sum_i g(x_i)p_i.$$

（2）设连续型随机变量 X 的概率密度为 $f(x)$，若 $\int_{-\infty}^{+\infty} g(x)f(x)\mathrm{d}x$ 绝对收敛，则有

$$E(Y)=E[g(X)]=\int_{-\infty}^{+\infty} g(x)f(x)\mathrm{d}x.$$

例 4.1.9 设随机变量 X 的分布律为

X	-2	0	1	2	4
P	0.3	0.1	0.2	0.15	0.25

求：$E(X)$，$E(-X+2)$，$E(|X|)$.

解 $E(X)=(-2)\times 0.3+0\times 0.1+1\times 0.2+2\times 0.15+4\times 0.25=0.9$，

$E(-X+2)=(2+2)\times 0.3+(-0+2)\times 0.1+(-1+2)\times 0.2+(-2+2)\times 0.15$

$$+(-4+2)\times 0.25$$
$$=1.1,$$
$$E(|X|)=|-2|\times 0.3+|0|\times 0.1+|1|\times 0.2+|2|\times 0.15+|4|\times 0.25=2.1.$$

例 4.1.10　设随机变量 X 的概率密度为

$$f(x)=\begin{cases} x, & 0\leqslant x<1 \\ 2-kx, & 1\leqslant x\leqslant 2, \\ 0, & \text{其他} \end{cases}$$

其中 k 为常数. 求：(1) k 的值；(2) $E\left(\frac{1}{X+1}\right)$.

解　(1) 由概率密度的性质有

$$\int_{-\infty}^{+\infty} f(x)\mathrm{d}x=\int_0^1 x\mathrm{d}x+\int_1^2 (2-kx)\mathrm{d}x=1,$$

因此 $k=1$.

(2) 根据数学期望的定义，有

$$E\left(\frac{1}{X+1}\right)=\int_{-\infty}^{+\infty}\frac{1}{x+1}f(x)\mathrm{d}x$$
$$=\int_0^1 \frac{1}{x+1}x\mathrm{d}x+\int_1^2 \frac{1}{x+1}(2-x)\mathrm{d}x$$
$$=3\ln 3-4\ln 2.$$

例 4.1.11　假定国际市场上每年对我国某种出口商品的需求量是随机变量 X（单位：吨），它服从 [2 000，4 000] 上的均匀分布. 设每售出这种商品一吨可为国家挣得外汇 3 万元，但假如销售不出而积于仓库，则每吨需浪费保养费 1 万元. 求应组织多少货源，才能使国家的期望收益最大?

解　设组织 k 吨货源，依题意，$2\,000\leqslant k\leqslant 4\,000$. 令 Y 表示出口此种商品的收益（单位：万元），因此

$$Y=g(X)=\begin{cases} 3k, & X\geqslant k \\ 3X-(k-X), & X<k \end{cases}.$$

而随机变量 X 的概率密度为

$$f(x)=\begin{cases} \frac{1}{2\,000}, & 2\,000\leqslant x\leqslant 4\,000 \\ 0, & \text{其他} \end{cases},$$

所以

$$E(Y)=\int_{-\infty}^{+\infty} g(x)f(x)\mathrm{d}x=\frac{1}{2\,000}\int_{2\,000}^{4\,000} g(x)\mathrm{d}x$$
$$=\frac{1}{2\,000}\int_{2\,000}^{k}(4x-k)\mathrm{d}x+\frac{1}{2\,000}\int_k^{4\,000} 3k\mathrm{d}x$$

$$=\frac{1}{1\,000}(-k^2+7\,000k-4\times10^6),$$

可得，当 $k=3\,500$ 时期望达到最大值，因此组织 3 500 吨此种商品是最好的决策.

数学期望的概念也可以推广到多维随机变量函数的情形.

定理 4.1.2 设 Z 是随机向量（X，Y）的函数. 记 $Z=g(X, Y)$，其中 g 是连续函数.

（1）设离散型随机向量（X，Y）的分布律为

$$P\{X=x_i, Y=y_j\}=p_{ij},\quad i, j=1, 2, \cdots,$$

若 $\sum_i\sum_j g(x_i, y_j)p_{ij}$ 绝对收敛，则 Z 的数学期望为

$$E(Z)=E[g(X, Y)]=\sum_i\sum_j g(x_i, y_j)p_{ij}.$$

特别地，X 的数学期望为

$$E(X)=\sum_i\sum_j x_i p_{ij},$$

Y 的数学期望为

$$E(Y)=\sum_i\sum_j y_j p_{ij}.$$

（2）设连续型随机向量（X，Y）的概率密度为 $f(x, y)$，若 $\int_{-\infty}^{+\infty}\int_{-\infty}^{+\infty}g(x, y)f(x, y)\mathrm{d}x\mathrm{d}y$ 绝对收敛，则 Z 的数学期望为

$$E(Z)=E[g(X, Y)]=\int_{-\infty}^{+\infty}\int_{-\infty}^{+\infty}g(x, y)f(x, y)\mathrm{d}x\mathrm{d}y.$$

特别地，X 的数学期望为

$$E(X)=\int_{-\infty}^{+\infty}\int_{-\infty}^{+\infty}xf(x, y)\mathrm{d}x\mathrm{d}y,$$

Y 的数学期望为

$$E(Y)=\int_{-\infty}^{+\infty}\int_{-\infty}^{+\infty}yf(x, y)\mathrm{d}x\mathrm{d}y.$$

例 4.1.12 设随机变量 X 与 Y 的联合分布律为

Y \ X	-1	0	1
0	0.3	0	0.1
1	0	0.4	0.2

求：$E(X)$，$E(Y)$，$E(X+2Y)$，$E(XY)$.

解法 1

$$E(X)=(-1)\times0.3+(-1)\times0+0\times0+0\times0.4+1\times0.1+1\times0.2=0.$$

$E(Y)=0\times0.3+0\times0+0\times0.1+1\times0+1\times0.4+1\times0.2=0.6.$

$$E(X+2Y)=(-1+2\times0)\times0.3+(-1+2\times1)\times0+(0+2\times0)\times0+(0+2\times1)\times0.4+(1+2\times0)\times0.1+(1+2\times1)\times0.2=1.2.$$

$$E(XY)=(-1\times0)\times0.3+(-1\times1)\times0+(0\times0)\times0+(0\times1)\times0.4+(1\times0)\times0.1+(1\times1)\times0.2=0.2.$$

解法 2　X 的边缘分布律为

X	-1	0	1
$p_{i\cdot}$	0.3	0.4	0.3

因此

$E(X)=(-1)\times0.3+0\times0.4+1\times0.3=0.$

Y 的边缘分布律为

Y	0	1
$p_{\cdot j}$	0.4	0.6

因此

$E(Y)=0.6.$

$X+2Y$ 的分布律为

$X+2Y$	-1	0	1	2	3
P	0.3	0	0.1	0.4	0.2

因此

$E(X+2Y)=(-1)\times0.3+0\times0+1\times0.1+2\times0.4+3\times0.2=1.2.$

XY 的分布律为

XY	-1	0	1
P	0	0.8	0.2

因此

$E(XY)=(-1)\times0+0\times0.8+1\times0.2=0.2.$

例 4.1.13　设随机向量（X，Y）的概率密度为

$$f(x,y)=\begin{cases}1, & 0<x<1,\ |y|<x\\ 0, & \text{其他}\end{cases}.$$

求：$E(X)$，$E(Y)$，$E(X+2Y)$，$E(XY)$.

解
$$E(X)=\int_{-\infty}^{+\infty}\mathrm{d}x\int_{-\infty}^{+\infty}xf(x, y)\mathrm{d}y$$
$$=\int_{0}^{1}\mathrm{d}x\int_{-x}^{x}x\mathrm{d}y=\int_{0}^{1}2x^2\mathrm{d}x=\frac{2}{3},$$
$$E(Y)=\int_{-\infty}^{+\infty}\mathrm{d}x\int_{-\infty}^{+\infty}yf(x, y)\mathrm{d}y$$
$$=\int_{0}^{1}\mathrm{d}x\int_{-x}^{x}y\mathrm{d}y=\int_{0}^{1}0\mathrm{d}x=0,$$
$$E(X+2Y)=\int_{-\infty}^{+\infty}\mathrm{d}x\int_{-\infty}^{+\infty}(x+2y)f(x, y)\mathrm{d}y$$
$$=\int_{0}^{1}\mathrm{d}x\int_{-x}^{x}(x+2y)\mathrm{d}y=\frac{2}{3},$$
$$E(XY)=\int_{-\infty}^{+\infty}\mathrm{d}x\int_{-\infty}^{+\infty}xyf(x, y)\mathrm{d}y=\int_{0}^{1}\mathrm{d}x\int_{-x}^{x}xy\mathrm{d}y=0.$$

4.1.3 数学期望的性质

随机变量的数学期望具有以下性质（设以下随机变量的数学期望均存在）：

（1）设 c 是常数，则有
$$E(c)=c.$$

（2）设 X 是随机变量，c 是常数，则有
$$E(cX)=cE(X).$$

（3）设 X，Y 是两个随机变量，则有
$$E(X+Y)=E(X)+E(Y).$$

性质（3）可以推广到任意有限个随机变量之和的情况，即
$$E(\sum_{i=1}^{n}X_i)=\sum_{i=1}^{n}E(X_i).$$

（4）设 X，Y 是两个相互独立的随机变量，则有
$$E(XY)=E(X)E(Y).$$

性质（4）可以推广到任意有限个相互独立的随机变量之积的情况，即若 X_1，X_2，…，X_n 相互独立，则有
$$E(\prod_{i=1}^{n}X_i)=\prod_{i=1}^{n}E(X_i).$$

性质（1）、（2）的证明留给读者，性质（3）、（4）仅对连续型情形给出证明，离散型情形留给读者.

证 （3）设随机向量（X，Y）的概率密度为 $f(x, y)$，因此
$$E(X+Y)=\int_{-\infty}^{+\infty}\int_{-\infty}^{+\infty}(x+y)f(x, y)\mathrm{d}x\mathrm{d}y$$

$$= \int_{-\infty}^{+\infty}\int_{-\infty}^{+\infty} xf(x,y)\mathrm{d}x\mathrm{d}y + \int_{-\infty}^{+\infty}\int_{-\infty}^{+\infty} yf(x,y)\mathrm{d}x\mathrm{d}y$$
$$= E(X) + E(Y).$$

(4) 设随机变量 X 与 Y 的联合概率密度、边缘概率密度分别为 $f(x,\ y)$，$f_X(x)$，$f_Y(y)$，因此

$$\begin{aligned} E(XY) &= \int_{-\infty}^{+\infty}\int_{-\infty}^{+\infty} xyf(x,\ y)\mathrm{d}x\mathrm{d}y \\ &= \int_{-\infty}^{+\infty}\int_{-\infty}^{+\infty} xyf_X(x)f_Y(y)\mathrm{d}x\mathrm{d}y \quad (X,Y\text{ 相互独立}) \\ &= \int_{-\infty}^{+\infty} xf_X(x)\mathrm{d}x\int_{-\infty}^{+\infty} yf_Y(y)\mathrm{d}y \\ &= E(X)E(Y). \end{aligned}$$

例 4.1.14　设随机变量 $X\sim\pi(5)$，$Y\sim U(1,\ 7)$. 记 $V=X+2Y-3$，求 $E(V)$.

解　由已知条件有

$$E(X)=5,\quad E(Y)=4,$$

因此

$$E(V)=E(X+2Y-3)=E(X)+2E(Y)-3=5+2\times4-3=10.$$

例 4.1.15　设随机变量 $X\sim b(n,\ p)$，求 $E(X)$.

解　由总复习题 3 的第 5 题有，若 X_i（$i=1,\ 2,\ \cdots,\ n$）服从参数为 p 的 0—1 分布且 X_i（$i=1,\ 2,\ \cdots,\ n$）相互独立，则有

$$X_1+X_2+\cdots+X_n\sim b(n,\ p),$$

而

$$E(X_i)=p,\quad i=1,\ 2,\ \cdots,\ n$$

所以

$$\begin{aligned} E(X) &= E(X_1+X_2+\cdots+X_n) \\ &= E(X_1)+E(X_2)+\cdots+E(X_n)=np, \end{aligned}$$

即参数为 n，p 的二项分布的数学期望是 np.

*4.1.4　条件期望

3.3 节介绍了条件分布的概念，现在引入条件期望的概念. 这里仅讨论在 $X=x$ 的条件下，Y 的条件期望. 在 $Y=y$ 的条件下 X 的条件期望可类似得到.

定义 4.1.3　在 $X=x$ 的条件下，Y 的**条件期望**记为 $E(Y\mid X=x)$，并定义为

(1) 离散型情形：

$$E(Y\mid X=x)=\sum_i y_iP\{Y=y_i\mid X=x\};$$

(2) 连续型情形:

$$E(Y \mid X=x)=\int_{-\infty}^{+\infty} y f_{Y \mid X}(y \mid x) \mathrm{d} y.$$

例 4.1.16 设随机向量 $(X, Y) \sim N(\mu_1, \mu_2; \sigma_1^2, \sigma_2^2; \rho)$,求 $E(Y \mid X=x)$.

解 由例 3.3.6 有,当 $X=x$ 时,

$$Y \sim N\left(\mu_2+\frac{\sigma_2 \rho(x-\mu_1)}{\sigma_1}, \sigma_2^2(1-\rho^2)\right),$$

因此

$$E(Y \mid X=x)=\mu_2+\frac{\sigma_2 \rho(x-\mu_1)}{\sigma_1}.$$

条件期望 $E(Y \mid X)$ 是随机变量 X 的函数,即在 $X=x$ 时,$E(Y \mid X)$ 的取值为 $E(Y \mid X=x)$. 可以证明 $E(Y \mid X)$ 满足

$$E[E(Y \mid X)]=E(Y).$$

例 4.1.17 设某一天内走进某百货商店的顾客数是均值为 a 的随机变量. 又设这些顾客的消费金额是相互独立的随机变量,且均值为 b 元. 假定每个顾客的消费金额与进入商店的顾客总数相互独立. 问在一天内,顾客在该商店的消费金额的期望是多少?

解 设 Y 表示走进该商店的顾客数,$X_k(k=1, 2, \cdots, Y)$ 表示第 k 个顾客的消费金额,则 Y 个顾客的消费总金额为 $\sum_{k=1}^{Y} X_k$. 由已知有 $E(X_k)=b$, $k=1, 2, \cdots, Y$, $E(Y)=a$, 由于

$$E\left(\sum_{k=1}^{Y} X_k\right)=E\left[E\left(\sum_{k=1}^{Y} X_k \mid Y\right)\right],$$

而

$$E\left(\sum_{k=1}^{Y} X_k \mid Y=n\right)=E\left(\sum_{k=1}^{n} X_k \mid Y=n\right)=E\left(\sum_{k=1}^{n} X_k\right)=nb.$$

因此

$$E\left(\sum_{k=1}^{Y} X_k \mid Y\right)=Yb,$$

从而

$$E\left[E\left(\sum_{k=1}^{Y} X_k \mid Y\right)\right]=E(Yb)=E(Y)b=ab,$$

即

$$E\left(\sum_{k=1}^{Y} X_k\right)=ab,$$

故顾客在该商店的消费金额的期望是 ab 元.

习题 4.1

1. 某射手每次射击时击中目标的概率为 p（$0<p<1$）. 现携 5 发子弹对一目标连续射击（每次打一发），一旦命中或子弹打完就停止. 求其平均射击次数.

2. 设随机变量 X 的概率密度为

$$f(x)=\begin{cases}\dfrac{3x^2}{\theta^3}, & 0<x<\theta\\ 0, & \text{其他}\end{cases},$$

其中 θ 为常数，且 $P\{X>1\}=\dfrac{7}{8}$. 求：(1) θ 的值；(2) $E(X)$，$E(e^{X^3})$.

3. 有一种常见的赌博游戏，其规则为：投掷一颗均匀的骰子，赌客猜精确的骰子点数，凡猜中者以 1 比 5 返还赌资，否则其赌资归庄家所有. 问此规则对庄家还是赌客更有利?

4. 设随机变量 X 的分布律为

X	1	2	3
P	0.1	0.7	0.2

求 $Y_1=\dfrac{1}{X}$，$Y_2=X^2+2$ 的数学期望.

5. 设随机向量 (X,Y) 的分布律为

Y \ X	0	$\frac{1}{3}$	1
-1	0	$\frac{1}{12}$	$\frac{1}{3}$
0	$\frac{1}{6}$	0	0
2	$\frac{5}{12}$	0	0

求：$E(X)$，$E(Y)$，$E(3X+Y)$，$E(XY)$.

6. 设随机向量 (X,Y) 的概率密度为

$$f(x,y)=\begin{cases}2xy, & 0<2y<x<2\\ 0, & \text{其他}\end{cases},$$

求：$E(X)$，$E(Y)$，$E\left(\dfrac{1}{XY}\right)$.

7. 设随机变量 X，Y，Z 相互独立，且 $E(X)=5$，$E(Y)=11$，$E(Z)=8$，设 $U=2X+3Y+1$，$V=YZ-4X$. 求 $E(U)$，$E(V)$.

§4.2 方差

4.1 节给出的数学期望反映了随机变量取值的平均程度，有时还需刻画随机变量取值的离散程度，这就需要引入方差的概念. 例如，某年级两个班的学生线性代数课程的期末平均成绩均为 75 分，其中一个班的学生成绩呈现出两极分化，另一个班的学生成绩比较集中，如何较为简单而又相对准确地刻画这两个班的成绩分布？由于数学期望能够刻画班级成绩的平均水平，而方差可以用来刻画成绩的离散程度，因此利用数学期望和方差这两个数学特征就可以很好地刻画学生成绩的分布情况.

随机变量取值的离散程度是相对于某一个参考值度量的. 为了具有可比性，通常取数学期望作为参考值. 由于 $|X-E(X)|$ 描述的是 X 与 $E(X)$ 的随机离差，不方便使用，而 $E[|X-E(X)|]$ 虽然可以用来描述离散的平均程度，但是由于绝对值运算不方便，故方差通常用 $E\{[X-E(X)]^2\}$ 来定义.

4.2.1 方差的定义

定义 4.2.1 设 X 为一个随机变量，若 $E\{[X-E(X)]^2\}$ 存在，则称其为随机变量 X 的**方差**，记为 $D(X)$ 或 $\mathrm{Var}(X)$，即

$$D(X)=E\{[X-E(X)]^2\}.$$

并称 $\sqrt{D(X)}$ 为**标准差**、**根方差**或**均方差**.

按定义 4.2.1，方差 $D(X)$ 反映了随机变量 X 取值的分散程度. 一般地，当 X 取值比较集中时方差较小；当 X 取值比较分散时方差较大.

若 X 是离散型随机变量，其分布律为

$$P\{X=x_k\}=p_k,\quad k=1,2,\cdots,$$

则

$$D(X)=\sum_k [x_k-E(X)]^2 p_k.$$

若 X 是连续型随机变量，其概率密度函数为 $f(x)$，则

$$D(X)=\int_{-\infty}^{+\infty}[x-E(X)]^2 f(x)\mathrm{d}x.$$

随机变量 X 的方差也可按下面的公式计算：

$$D(X)=E(X^2)-[E(X)]^2.$$

证 由数学期望的性质有

$$\begin{aligned}D(X)&=E\{[X-E(X)]^2\}=E\{X^2-2XE(X)+[E(X)]^2\}\\&=E(X^2)-2E(X)E(X)+[E(X)]^2\end{aligned}$$

$$=E(X^2)-[E(X)]^2.$$

例 4.2.1　设随机变量 X 的分布律为

X	-2	0	1	2	4
P	0.3	0.1	0.2	0.15	0.25

求 $D(X)$.

解　由已知条件有

$$E(X)=(-2)\times 0.3+0\times 0.1+1\times 0.2+2\times 0.15+4\times 0.25=0.9,$$
$$E(X^2)=(-2)^2\times 0.3+0^2\times 0.1+1^2\times 0.2+2^2\times 0.15+4^2\times 0.25=6,$$

故

$$D(X)=E(X^2)-[E(X)]^2=6-0.9^2=5.19.$$

例 4.2.2　设随机变量 X 服从参数为 p 的 0—1 分布，求 $D(X)$.

解　由题意有

$$E(X)=p,$$

而

$$E(X^2)=0^2\times(1-p)+1^2\times p=p,$$

因此

$$D(X)=E(X^2)-[E(X)]^2=p-p^2=p(1-p),$$

即参数为 p 的 0—1 分布的方差为 $p(1-p)$.

例 4.2.3　设随机变量 $X\sim\pi(\lambda)$，求 $D(X)$.

解　由例 4.1.2 有

$$E(X)=\lambda,$$

而

$$\begin{aligned}E(X^2)&=E[X(X-1)+X]=E[X(X-1)]+E(X)\\&=\sum_{k=0}^{\infty}k(k-1)\frac{\lambda^k e^{-\lambda}}{k!}+\lambda=\lambda^2 e^{-\lambda}\sum_{k=2}^{\infty}\frac{\lambda^{k-2}}{(k-2)!}+\lambda\\&=\lambda^2 e^{-\lambda}e^{\lambda}+\lambda=\lambda^2+\lambda,\end{aligned}$$

因此

$$D(X)=E(X^2)-[E(X)]^2=\lambda,$$

即参数为 λ 的泊松分布的方差为 λ.

例 4.2.4　设随机变量 X 的概率密度为

$$f(x)=\begin{cases}x, & 0<x<1\\ 2-x, & 1\leqslant x<2,\\ 0, & \text{其他}\end{cases}$$

求 $D(X)$.

解 $E(X)=\int_{-\infty}^{+\infty}xf(x)\mathrm{d}x=\int_0^1 x\cdot x\mathrm{d}x+\int_1^2 x(2-x)\mathrm{d}x=1$,

$$E(X^2)=\int_{-\infty}^{+\infty}x^2f(x)\mathrm{d}x=\int_0^1 x^2\cdot x\mathrm{d}x+\int_1^2 x^2(2-x)\mathrm{d}x=\frac{7}{6},$$

因此

$$D(X)=E(X^2)-[E(X)]^2=\frac{1}{6}.$$

例 4.2.5 设随机变量 $X\sim U(a,b)$，求 $D(X)$.

解 由例 4.1.6 有 $E(X)=\frac{a+b}{2}$，因此

$$\begin{aligned}D(X)&=E(X^2)-[E(X)]^2\\&=\int_a^b x^2\frac{1}{b-a}\mathrm{d}x-\left(\frac{a+b}{2}\right)^2=\frac{(b-a)^2}{12},\end{aligned}$$

即 (a,b) 内的均匀分布的方差为 $\frac{(b-a)^2}{12}$.

例 4.2.6 设随机变量 $X\sim e\left(\frac{1}{\theta}\right)$. 求 $D(X)$.

解 由例 4.1.7 有

$$E(X)=\theta,$$

而

$$E(X^2)=\int_{-\infty}^{+\infty}x^2f(x)\mathrm{d}x=\int_0^{+\infty}x^2\frac{1}{\theta}\mathrm{e}^{-\frac{x}{\theta}}\mathrm{d}x=\int_0^{+\infty}x^2\mathrm{d}(-\mathrm{e}^{-\frac{x}{\theta}})=2\theta^2,$$

因此

$$D(X)=E(X^2)-[E(X)]^2=\theta^2,$$

即参数为 θ 的指数分布的方差为 θ^2.

例 4.2.7 设随机变量 $X\sim N(\mu,\sigma^2)$，求 $D(X)$.

解 由例 4.1.8 有

$$E(X)=\mu,$$

因此

$$D(X)=\int_{-\infty}^{+\infty}[x-E(X)]^2f(x)\mathrm{d}x=\int_{-\infty}^{+\infty}(x-\mu)^2\frac{1}{\sqrt{2\pi}\sigma}\mathrm{e}^{-\frac{(x-\mu)^2}{2\sigma^2}}\mathrm{d}x$$

$$\overset{y=\frac{x-\mu}{\sigma}}{=} \int_{-\infty}^{+\infty} \sigma^2 y^2 \frac{1}{\sqrt{2\pi}} \mathrm{e}^{-\frac{y^2}{2}} \mathrm{d}y = \int_{-\infty}^{+\infty} \sigma^2 \frac{1}{\sqrt{2\pi}} y \mathrm{d}(-\mathrm{e}^{-\frac{y^2}{2}})$$

$$= \sigma^2 \int_{-\infty}^{+\infty} \frac{1}{\sqrt{2\pi}} \mathrm{e}^{-\frac{y^2}{2}} \mathrm{d}y = \sigma^2,$$

即参数为 μ，σ^2 的正态分布的方差为 σ^2.

例 4.2.8 设随机变量 X 的分布律为

X	-1	0	1
P	p_1	p_2	p_3

且已知 $E(X)=0.1$，$E(X^2)=0.9$. 求：(1) p_1，p_2，p_3；(2) $D\left(\frac{1}{X+2}\right)$.

解 (1) 由分布律的性质有

$$p_1+p_2+p_3=1,$$

又

$$E(X)=(-1)\times p_1+0\times p_2+1\times p_3=p_3-p_1=0.1,$$
$$E(X^2)=(-1)^2\times p_1+0^2\times p_2+1^2\times p_3=p_3+p_1=0.9,$$

故

$$p_1=0.4,\ p_2=0.1,\ p_3=0.5.$$

(2) $$E\left(\frac{1}{X+2}\right)=\frac{1}{-1+2}\times 0.4+\frac{1}{0+2}\times 0.1+\frac{1}{1+2}\times 0.5\approx 0.617,$$

$$E\left(\frac{1}{X+2}\right)^2=\left(\frac{1}{-1+2}\right)^2\times 0.4+\left(\frac{1}{0+2}\right)^2\times 0.1+\left(\frac{1}{1+2}\right)^2\times 0.5\approx 0.481,$$

$$D\left(\frac{1}{X+2}\right)=E\left(\frac{1}{X+2}\right)^2-\left[E\left(\frac{1}{X+2}\right)\right]^2\approx 0.100.$$

4.2.2 方差的性质

下面讨论方差的性质（设以下随机变量的方差均存在）.

(1) 对随机变量 X 有 $D(X)\geqslant 0$，且 $D(X)=0$ 的充分必要条件是 $P\{X=E(X)\}=1$. 特别地，对任意常数 C，$D(C)=0$.

(2) $D(aX+b)=a^2D(X)$，其中 a，b 为常数.

(3) 若随机变量 X 与 Y 相互独立，则

$$D(X+Y)=D(X)+D(Y).$$

性质 (1)、(2) 的证明略，下面仅给出性质 (3) 的证明.

证
$$\begin{aligned}D(X+Y)&=E[(X+Y)^2]-[E(X+Y)]^2\\&=E(X^2+2XY+Y^2)-[E(X)+E(Y)]^2\\&=E(X^2)+2E(XY)+E(Y^2)-[E(X)]^2-2E(X)E(Y)-[E(Y)]^2\end{aligned}$$

$$=E(X^2)-[E(X)]^2+E(Y^2)-[E(Y)]^2$$
$$=D(X)+D(Y).$$

类似地可以证明，若随机变量 X 与 Y 相互独立，则有

$$D(X-Y)=D(X)+D(Y).$$

将性质（2）、（3）推广到任意有限个随机变量的情形．若 X_1，X_2，…，X_n 相互独立，则有

$$D\left(\sum_{i=1}^{n}k_iX_i\right)=\sum_{i=1}^{n}k_i^2D(X_i),$$

其中 k_i（$i=1$，2，…，n）为常数．

例 4.2.9 设随机变量 $X\sim b(n, p)$，求 $D(X)$．

解 由总复习题 3 的第 5 题有，设 X_i（$i=1$，2，…，n）服从参数为 p 的 0—1 分布，且 X_i（$i=1$，2，…，n）之间相互独立，则

$$X_1+X_2+\cdots+X_n\sim b(n, p),$$

而

$$D(X_i)=p(1-p).$$

所以

$$D(X)=D(X_1+X_2+\cdots+X_n)=D(X_1)+D(X_2)+\cdots+D(X_n)=np(1-p),$$

即参数为 n，p 的二项分布的方差是 $np(1-p)$．

通过计算上述常见分布的期望和方差，可以看到分布的期望和方差与分布的参数具有密切的联系．

例 4.2.10 已知随机变量 X，Y，Z 相互独立，且 $X\sim b(8, 0.2)$，$Y\sim U(0, 2)$，$Z\sim N(5, 3)$，设 $V=-X+2Y-Z+8$．求 $D(V)$．

解 由已知条件有

$$D(X)=1.28,\ D(Y)=\frac{1}{3},\ D(Z)=3,$$

故

$$\begin{aligned}D(V)&=D(-X+2Y-Z+8)\\&=(-1)^2D(X)+2^2D(Y)+(-1)^2D(Z)\\&=1.28+\frac{4}{3}+3=5.61.\end{aligned}$$

例 4.2.11 设随机变量 X 的数学期望为 $E(X)$，方差为 $D(X)$，记 $Y=\dfrac{X-E(X)}{\sqrt{D(X)}}$，则有

$$E(Y)=0,\ D(Y)=1.$$

证　$E(Y)=E\left[\frac{X-E(X)}{\sqrt{D(X)}}\right]=\frac{E(X)-E(X)}{\sqrt{D(X)}}=0,$

$$D(Y)=D\left[\frac{X-E(X)}{\sqrt{D(X)}}\right]=\frac{D[X-E(X)]}{D(X)}=\frac{D(X)}{D(X)}=1.$$

由例 4.2.11 看到，随机变量 Y 的数学期望是 0、方差是 1，因此称$\frac{X-E(X)}{\sqrt{D(X)}}$为对随机变量 X 的**标准化**.

习题 4.2

1. 设随机变量 X 的分布律为

X	-1	0	1	2
P	$\frac{1}{8}$	$\frac{1}{2}$	$\frac{1}{8}$	$\frac{1}{4}$

求 $D(X)$.

2. 盒内有 12 个乒乓球，其中 9 个新球、3 个旧球. 采取不放回抽取，每次取一个，直至取到新球为止. 设 X 表示抽取次数，Y 表示取到的旧球个数. 求：

(1) $E(X)$，$D(X)$；(2) $E(Y)$，$D(Y)$.

3. 对习题 4.1 中的第 2 题，求 $D(X)$.

4. 设随机变量 X 的概率密度为

$$f(x)=\begin{cases}ax^2+bx+c, & 0<x<1\\ 0, & \text{其他}\end{cases},$$

其中 a，b，c 为常数，且 $E(X)=0.5$，$D(X)=0.15$. 求 a，b，c 的值.

5. 设随机变量 X 的数学期望 $E(X)$ 和方差 $D(X)$ 均存在，常数 $c\neq E(X)$，则有

$$D(X)<E(X-c)^2.$$

§4.3　协方差和相关系数

协方差和相关系数都是描述两个随机变量的线性关联程度的数字特征.

4.3.1　协方差

定义 4.3.1　设随机变量 X，Y，若 $E\{[X-E(X)][Y-E(Y)]\}$存在，则称之为随机变量 X 与 Y 的**协方差**，记为 $\mathrm{Cov}(X, Y)$，即

$$\mathrm{Cov}(X,Y)=E\{[X-E(X)][Y-E(Y)]\}.$$

随机变量 X 与 Y 的协方差也可按下面的公式计算：

$$\mathrm{Cov}(X, Y)=E(XY)-E(X)E(Y).$$

证 $\mathrm{Cov}(X, Y)=E\{[X-E(X)][Y-E(Y)]\}$
$=E[XY-XE(Y)-YE(X)+E(X)E(Y)]$
$=E(XY)-E(X)E(Y)-E(Y)E(X)+E(X)E(Y)$
$=E(XY)-E(X)E(Y).$

协方差具有以下性质：

(1) $\mathrm{Cov}(X, X)=D(X)$；

(2) $\mathrm{Cov}(X, Y)=\mathrm{Cov}(Y, X)$；

(3) $\mathrm{Cov}(aX, bY)=ab\mathrm{Cov}(X, Y)$，$a$，$b$ 为任意常数；

(4) $\mathrm{Cov}(X+Y, Z)=\mathrm{Cov}(X, Z)+\mathrm{Cov}(Y, Z)$；

(5) $D(X\pm Y)=D(X)+D(Y)\pm 2\mathrm{Cov}(X, Y)$.

以上性质的证明略.

例 4.3.1 设二维随机向量（X，Y）的分布律为

X \ Y	0	1	2
0	$\frac{1}{56}$	$\frac{5}{28}$	$\frac{5}{28}$
1	$\frac{5}{56}$	$\frac{5}{14}$	$\frac{5}{28}$

求 $\mathrm{Cov}(X, Y)$.

解 X 的分布律为

X	0	1
$p_{i\cdot}$	$\frac{3}{8}$	$\frac{5}{8}$

因此

$$E(X)=\frac{5}{8}.$$

Y 的分布律为

Y	0	1	2
$p_{\cdot j}$	$\frac{3}{28}$	$\frac{15}{28}$	$\frac{5}{14}$

因此

$$E(Y)=\frac{5}{4}.$$

XY 的分布律为

XY	0	1	2
P	$\frac{13}{28}$	$\frac{5}{14}$	$\frac{5}{28}$

因此

$$E(XY)=\frac{5}{7}.$$

故

$$\mathrm{Cov}(X,Y)=E(XY)-E(X)E(Y)=\frac{5}{7}-\frac{5}{8}\times\frac{5}{4}\approx-0.067.$$

4.3.2　相关系数

定义 4.3.2　设随机变量 X 与 Y 的方差和协方差均存在，且 $D(X)>0, D(Y)>0$，则称

$$\frac{\mathrm{Cov}(X,Y)}{\sqrt{D(X)D(Y)}}$$

为 X 与 Y 的**相关系数**，记为 ρ_{XY}，即

$$\rho_{XY}=\frac{\mathrm{Cov}(X,Y)}{\sqrt{D(X)D(Y)}}.$$

相关系数具有以下性质：

(1)　$|\rho_{XY}|\leqslant 1$；

(2)　$|\rho_{XY}|=1\Leftrightarrow$存在常数 a，b，使得 $P\{Y=aX+b\}=1$.

证　(1) 对任意常数 a，

$$D(aX+Y)=a^2D(X)+2a\mathrm{Cov}(X,Y)+D(Y)\geqslant 0,$$

因此

$$\Delta=4[\mathrm{Cov}(X,Y)]^2-4D(X)D(Y)\leqslant 0,$$

即

$$[\mathrm{Cov}(X,Y)]^2-D(X)D(Y)\leqslant 0,$$

因此

$$|\rho_{XY}|\leqslant 1.$$

(2)　$|\rho_{XY}|=1\Leftrightarrow$存在常数 c，使得 $D(cX+Y)=0$

$\Leftrightarrow$存在常数 a，b，使得 $P\{Y=aX+b\}=1$.

当 $|\rho_{XY}|=1$ 时，称 X 与 Y **完全相关**；当 $\rho_{XY}=0$ 时，称 X 与 Y **不相关**.

定理 4.3.1　若随机变量 X 与 Y 相互独立，则 X 与 Y 不相关.

证 若随机变量 X 与 Y 相互独立，则有

$$D(X+Y)=D(X)+D(Y),$$

由协方差的性质（5）有

$$\mathrm{Cov}(X, Y)=0,$$

因此

$$\rho_{XY}=0,$$

故 X 与 Y 不相关.

两个随机变量相互独立，表明它们的取值互不影响；而不相关仅表明二者无线性关系，不排除具有其他形式的联系.

例 4.3.2 设随机向量（X, Y）在圆域 $x^2+y^2\leqslant r^2$（$r>0$）上服从均匀分布.

（1）判断 X 与 Y 的独立性；（2）求 X 与 Y 的相关系数 ρ_{XY}，判断 X 与 Y 的相关性.

解 （1）（X, Y）的概率密度为

$$f(x, y)=\begin{cases}\dfrac{1}{\pi r^2}, & x^2+y^2\leqslant r^2\\ 0, & \text{其他}\end{cases},$$

因此边缘概率密度为

$$f_X(x)=\begin{cases}\displaystyle\int_{-\sqrt{r^2-x^2}}^{\sqrt{r^2-x^2}}\frac{1}{\pi r^2}\mathrm{d}y=\frac{2}{\pi r^2}\sqrt{r^2-x^2}, & -r\leqslant x\leqslant r\\ 0, & \text{其他}\end{cases},$$

$$f_Y(y)=\begin{cases}\displaystyle\int_{-\sqrt{r^2-y^2}}^{\sqrt{r^2-y^2}}\frac{1}{\pi r^2}\mathrm{d}x=\frac{2}{\pi r^2}\sqrt{r^2-y^2}, & -r\leqslant y\leqslant r\\ 0, & \text{其他}\end{cases},$$

由于 $f_X(x)f_Y(y)$ 不是（X, Y）的概率密度，故 X 与 Y 不独立.

（2）$E(X)=\displaystyle\int_{-\infty}^{+\infty}xf_X(x)\mathrm{d}x=\int_{-r}^{r}x\,\frac{2}{\pi r^2}\sqrt{r^2-x^2}\mathrm{d}x=0$,

$$E(Y)=\int_{-\infty}^{+\infty}yf_Y(y)\mathrm{d}y=\int_{-r}^{r}y\,\frac{2}{\pi r^2}\sqrt{r^2-y^2}\mathrm{d}y=0,$$

$$E(XY)=\int_{-\infty}^{+\infty}\int_{-\infty}^{+\infty}xyf(x, y)\mathrm{d}y\mathrm{d}x=\iint\limits_{x^2+y^2\leqslant r^2}xy\,\frac{1}{\pi r^2}\mathrm{d}x\mathrm{d}y=0,$$

故

$$\mathrm{Cov}(X, Y)=E(XY)-E(X)E(Y)=0-0\times0=0,$$

因此

$$\rho_{XY}=\frac{\mathrm{Cov}(X, Y)}{\sqrt{D(X)D(Y)}}=0,$$

故 X 与 Y 不相关.

由例 4.3.2 可以看到，独立和不相关是两个不同的概念.

例 4.3.3　设随机变量 $X \sim N(0,1)$，$Y=X^2$，判断 X 与 Y 的相关性.

解　由 $X \sim N(0,1)$ 有 $E(X)=0$，又

$$\mathrm{Cov}(X,Y)=E(XY)-E(X)E(Y)=E(X^3),$$

而

$$E(X^3)=\int_{-\infty}^{+\infty} x^3 \cdot \frac{1}{\sqrt{2\pi}} \mathrm{e}^{-\frac{x^2}{2}} \mathrm{d}x = 0,$$

故

$$\mathrm{Cov}(X,Y)=0,$$

因此 $\rho_{XY}=0$，故 X 与 Y 不相关.

由例 4.3.3 可以看到，两个随机变量不相关只是说明二者无线性关系.

4.3.3　二维正态分布的相关系数

设二维随机向量 $(X,Y) \sim N(\mu_1,\mu_2;\sigma_1^2,\sigma_2^2;\rho)$，因此 $X \sim N(\mu_1,\sigma_1^2)$，$Y \sim N(\mu_2,\sigma_2^2)$，

$$\begin{aligned}
\mathrm{Cov}(X,Y) &= \int_{-\infty}^{+\infty}\int_{-\infty}^{+\infty}(x-\mu_1)(y-\mu_2)f(x,y)\mathrm{d}x\mathrm{d}y \\
&= \int_{-\infty}^{+\infty}\int_{-\infty}^{+\infty}(x-\mu_1)(y-\mu_2)\frac{1}{2\pi\sigma_1\sigma_2\sqrt{1-\rho^2}} \cdot \exp\left\{-\frac{1}{2(1-\rho^2)}\left[\frac{(x-\mu_1)^2}{\sigma_1^2}\right.\right. \\
&\quad \left.\left. -\frac{2\rho(x-\mu_1)(y-\mu_2)}{\sigma_1\sigma_2}+\frac{(y-\mu_2)^2}{\sigma_2^2}\right]\right\}\mathrm{d}x\mathrm{d}y \\
&= \int_{-\infty}^{+\infty}\int_{-\infty}^{+\infty}\frac{st\sigma_1\sigma_2}{2\pi\sqrt{1-\rho^2}}\exp\left\{-\frac{1}{2(1-\rho^2)}(s^2-2\rho st+t^2)\right\}\mathrm{d}s\mathrm{d}t \\
&\quad \left(令\ s=\frac{x-\mu_1}{\sigma_1},\ t=\frac{y-\mu_2}{\sigma_2}\right) \\
&= \int_{-\infty}^{+\infty}\int_{-\infty}^{+\infty}\frac{st\sigma_1\sigma_2}{2\pi\sqrt{1-\rho^2}}\exp\left\{-\frac{1}{2(1-\rho^2)}[(s-\rho t)^2+(1-\rho^2)t^2]\right\}\mathrm{d}s\mathrm{d}t \\
&= \sigma_1\sigma_2\int_{-\infty}^{+\infty}\frac{t}{\sqrt{2\pi}}\mathrm{e}^{-\frac{t^2}{2}}\mathrm{d}t\int_{-\infty}^{+\infty}\frac{s}{\sqrt{2\pi}\sqrt{1-\rho^2}}\exp\left\{-\frac{(s-\rho t)^2}{2(1-\rho^2)}\right\}\mathrm{d}s \\
&= \sigma_1\sigma_2\int_{-\infty}^{+\infty}\frac{t}{\sqrt{2\pi}}\mathrm{e}^{-\frac{t^2}{2}}\rho t\,\mathrm{d}t=\sigma_1\sigma_2\rho.
\end{aligned}$$

因此

$$\rho_{XY}=\frac{\mathrm{Cov}(X,Y)}{\sqrt{D(X)D(Y)}}=\rho.$$

因此对二维正态分布，独立与不相关是等价的，并且 X 与 Y 的线性组合仍是正态分布，即

$$aX+bY \sim N(a\mu_1+b\mu_2,\ a^2\sigma_1^2+b^2\sigma_2^2+2ab\sigma_1\sigma_2\rho),$$

其中 a，b 是不全为 0 的常数.

习题 4.3

1. 设二维随机向量 (X, Y) 的分布律为

$X \backslash Y$	-1	0	1
0	0.08	0.32	0.15
1	0.07	0.18	0.20

试求 X 与 Y 的相关系数 ρ_{XY}.

2. 设随机向量 (X, Y) 的概率密度为

$$f(x, y)=\begin{cases} 2xy, & 0<2y<x<2 \\ 0, & \text{其他} \end{cases}.$$

求 $\mathrm{Cov}(X, Y)$.

3. 设随机变量 X 与 Y 满足 $D(X)=2$，$D(Y)=3$，$\mathrm{Cov}(X, Y)=-1$，求 $\mathrm{Cov}(3X-2Y+1, X+4Y-3)$.

§4.4 矩、协方差矩阵

矩是一种应用最广泛的数字特征之一，它在概率论与数理统计中有重要的地位.

4.4.1 矩

定义 4.4.1 设随机变量 X 与 Y，对正整数 k，l，有

(1) 若 $E(X^k)$ 存在，则称 $E(X^k)$ 为随机变量 X 的 **k 阶原点矩**，简称 **k 阶矩**；

(2) 若 $E\{[X-E(X)]^k\}$ 存在，则称 $E\{[X-E(X)]^k\}$ 为随机变量 X 的 **k 阶中心矩**；

(3) 若 $E(X^kY^l)$ 存在，则称 $E(X^kY^l)$ 为随机变量 X 与 Y 的 **$k+l$ 阶混合原点矩**；

(4) 若 $E\{[X-E(X)]^k[Y-E(Y)]^l\}$ 存在，则称 $E\{[X-E(X)]^k[Y-E(Y)]^l\}$ 为随机变量 X 与 Y 的 **$k+l$ 阶混合中心矩**.

显然，数学期望 $E(X)$ 为随机变量 X 的 **1 阶原点矩**；方差 $D(X)$ 为随机变量 X 的 **2 阶中心矩**；协方差 $\mathrm{Cov}(X, Y)$ 随机变量 X 与 Y 的 **1+1 阶混合中心矩**.

4.4.2 协方差矩阵

定义 4.4.2 设 n 维随机向量 $(X_1, X_2, \cdots, X_n)$ 的 1+1 阶混合中心矩

$$c_{ij}=\mathrm{Cov}(X_i, X_j)=E\{[X_i-E(X_i)][X_j-E(X_j)]\},\ i, j=1, 2, \cdots, n$$

都存在，则称矩阵

$$C=\begin{pmatrix} c_{11} & c_{12} & \cdots & c_{1n} \\ c_{21} & c_{22} & \cdots & c_{2n} \\ \vdots & \vdots & & \vdots \\ c_{n1} & c_{n2} & \cdots & c_{nn} \end{pmatrix}$$

为 n 维随机向量（X_1，X_2，…，X_n）的**协方差矩阵**.

对二维正态分布 $(X_1, X_2)\sim N(\mu_1, \mu_2; \sigma_1^2, \sigma_2^2; \rho)$，（$X_1$，$X_2$）的协方差矩阵为

$$C=\begin{pmatrix} \sigma_1^2 & \rho\sigma_1\sigma_2 \\ \rho\sigma_1\sigma_2 & \sigma_2^2 \end{pmatrix},$$

$|C|=\sigma_1^2\sigma_2^2(1-\rho^2)$，当 $|\rho|<1$时，C 的逆矩阵为

$$C^{-1}=\frac{1}{|C|}\begin{pmatrix} \sigma_2^2 & -\rho\sigma_1\sigma_2 \\ -\rho\sigma_1\sigma_2 & \sigma_1^2 \end{pmatrix},$$

令 $\boldsymbol{x}=(x_1, x_2)^{\mathrm{T}}$，$\boldsymbol{\mu}=(\mu_1, \mu_2)^{\mathrm{T}}$，因此（$X_1$，$X_2$）的概率密度可以写为

$$f(x_1, x_2)=\frac{1}{2\pi\sqrt{|C|}}\exp\left\{-\frac{1}{2}(\boldsymbol{x}-\boldsymbol{\mu})^{\mathrm{T}}C^{-1}(\boldsymbol{x}-\boldsymbol{\mu})\right\}.$$

将上式推广到 n 维正态分布（X_1，X_2，…，X_n）的情形. 令 $\boldsymbol{x}=(x_1, x_2, \cdots, x_n)^{\mathrm{T}}$，$\boldsymbol{\mu}=(\mu_1, \mu_2, \cdots, \mu_n)^{\mathrm{T}}$，则 n 维正态分布（X_1，X_2，…，X_n）的概率密度为

$$f(x_1, x_2, \cdots, x_n)=\frac{1}{(2\pi)^{\frac{n}{2}}\sqrt{|C|}}\exp\left\{-\frac{1}{2}(\boldsymbol{x}-\boldsymbol{\mu})^{\mathrm{T}}C^{-1}(\boldsymbol{x}-\boldsymbol{\mu})\right\},$$

其中 C 为（X_1，X_2，…，X_n）的协方差矩阵.

习题 4.4

设随机向量（X，Y）的分布律为

Y \ X	−1	0	1
0	0	0.2	0.1
1	0.3	0.4	0

求 X 与 Y 的协方差矩阵.

本章小结

随机变量的数字特征是描述随机变量某一方面特征的常数. 数学期望和方差是两个重

要且经常用到的数字特征. 数学期望描述了随机变量取值的平均大小，方差描述了随机变量与它的数学期望的偏离程度，协方差和相关系数刻画了两个随机变量的线性关联程度. 随机变量的数字特征已被广泛应用于理论和实践. 例如，在投资理财中，投资者希望自己的投资组合在一定的风险下收益最大，或者在一定的收益下风险最小. 这种投资思路在数学上就可以描述为，在投资组合的方差给定的条件下，收益的数学期望最大；或者在投资组合的期望收益给定的条件下，收益的方差最小. 当给定一些假设条件时，这个模型就是现代投资组合理论中的均值—方差模型.

表 4 - 1 给出了常见分布的期望和方差.

表 4 - 1　　几个常见分布的数字特征

分布名称	概率分布	数学期望	方差
0—1 分布	$P\{X=k\}=p^k(1-p)^{1-k}$，$0<p<1$，$k=0$，1	p	$p(1-p)$
二项分布 $b(n,p)$	$P\{X=k\}=C_n^k p^k(1-p)^{n-k}$，$0<p<1$，$k=0,1,2,\cdots,n$	np	$np(1-p)$
泊松分布 $\pi(\lambda)$	$P\{X=k\}=\frac{\lambda^k}{k!}e^{-\lambda}$，$\lambda>0$，$k=0,1,2,\cdots$	λ	λ
均匀分布 $U(a,b)$	$f(x)=\begin{cases}\frac{1}{b-a}, & a<x<b\\ 0, & \text{其他}\end{cases}$,	$\frac{a+b}{2}$	$\frac{(b-a)^2}{12}$
指数分布 $e\left(\frac{1}{\theta}\right)$	$f(x)=\begin{cases}\frac{1}{\theta}e^{-\frac{x}{\theta}}, & x>0\\ 0, & \text{其他}\end{cases}$，$\theta>0$	θ	θ^2
正态分布 $N(\mu,\sigma^2)$	$f(x)=\frac{1}{\sqrt{2\pi}\sigma}e^{-\frac{(x-\mu)^2}{2\sigma^2}}$，$\sigma>0$，$x\in\mathbf{R}$	μ	σ^2

总复习题 4

1. 填空题

(1) 设随机变量 $X\sim\pi(1)$，则 $P\{X=E(X^2)\}=$________.

(2) 设随机变量 X 的概率密度为 $f(x)=\begin{cases}\frac{1}{2}f_1(x), & x\leqslant 0\\ f_2(x), & x>0\end{cases}$，其中 $f_1(x)$ 是标准正态分布的概率密度，$f_2(x)$ 是区间 $[-1,3]$ 上均匀分布的概率密度，则 $E(X)=$________.

(3) 随机将一段 1 米长的木棍截成两节，则这两节木棍长度的相关系数为________.

2. 单项选择题

(1) 设随机变量 X，若 $E(X)=a$，则 $E\{E[E(X)]\}=($　　$)$.

(A) 0；　　(B) X；　　(C) a；　　(D) a^3.

(2) 设随机变量 X 和 X^2 的数学期望均存在，则一定有（　　）.

(A) $E(X^2)\geqslant E(X)$；　　(B) $E(X^2)\geqslant [E(X)]^2$；

(C) $E(X^2)\leqslant E(X)$；　　(D) $E(X^2)\leqslant [E(X)]^2$.

(3) 随机变量 X 与 Y 的方差相等且不为零，则 X 与 Y 的相关系数为 $\rho_{XY}=1$ 的充分必要条件是（　　）.

(A) $\mathrm{Cov}(X+Y, X)=0$；　　(B) $\mathrm{Cov}(X+Y, Y)=0$；

(C) $\mathrm{Cov}(X+Y, X-Y)=0$；　　(D) $\mathrm{Cov}(X-Y, X)=0$.

3. 设随机变量 X 的概率密度为

$$f(x)=\frac{1}{\pi(1+x^2)},\quad -\infty<x<+\infty,$$

求 $Y=\min\{|X|, \sqrt{3}\}$ 的数学期望 $E(Y)$.

4. 设二维随机向量 (X, Y) 在以 $(0, 0)$，$(0, 1)$，$(1, 0)$ 为顶点的三角形区域上服从均匀分布.

求：(1) X 与 Y 的相关系数；(2) $D(X+Y)$.

5. 设随机变量 X 与 Y 相互独立，X 服从参数 $\theta=1$ 的指数分布，Y 的分布律为 $P\{Y=-1\}=p$，$P\{Y=1\}=1-p$，令 $Z=XY$，则 (1) 求 Z 的概率密度 $f_Z(z)$. (2) p 为何值时，X 与 Z 不相关？(3) 判断 X 与 Z 是否相互独立.

6. 设随机向量 (X, Y) 服从二维正态分布 $N\left(1, 0; 9, 16; -\frac{1}{2}\right)$，设 $Z=\frac{X}{3}+\frac{Y}{2}$.

(1) 求 Z 的数学期望 $E(Z)$ 和方差 $D(Z)$；(2) 求 X 与 Z 的相关系数 ρ_{XZ}；(3) 问 X 与 Z 是否相互独立？

7. 设二维随机向量 (X, Y) 的协方差矩阵为 $\begin{pmatrix}5 & 1\\ 1 & 4\end{pmatrix}$. 令 $Z_1=X+Y$，$Z_2=2X-Y$，求 Z_1 与 Z_2 的相关系数 $\rho_{Z_1Z_2}$.

8. 假设一部手机收到的短信中有 2%是广告，问相邻的两次广告短信中平均有多少条不是广告短信？

9. 设随机变量 X，常数 a，b 分别为 X 的所有可能取值中的最小值和最大值，$E(X)$，$D(X)$ 分别为 X 的数学期望和方差. 证明：

(1) $a\leqslant E(X)\leqslant b$；(2) $D(X)\leqslant\left(\frac{b-a}{2}\right)^2$.

第 5 章　大数定律与中心极限定理

由 1.2 节可知，在大量独立重复试验中，随机事件发生的频率具有稳定性，并由此引入了概率的定义．数学上如何描述这种频率的稳定性呢？另外，在现实生活中，有些随机变量可以表示为大量相互独立的随机变量的和（简称**独立和**）．如何刻画这类“独立和”的概率分布呢？本章将以“极限”的思想回答上述问题．

§5.1　切比雪夫不等式

定理 5.1.1（切比雪夫不等式）　设随机变量 X 的数学期望和方差均存在，记 $E(X)=\mu$，$D(X)=\sigma^2$，则对任意的 $\varepsilon>0$，有

$$P\{|X-\mu|\geqslant\varepsilon\}\leqslant\frac{\sigma^2}{\varepsilon^2}.$$

证　仅对离散型的情形给出证明．设随机变量 X 的分布律为

$$P\{X=x_k\}=p_k,\quad k=1,2,\cdots,$$

则

$$\begin{aligned}P\{|X-\mu|\geqslant\varepsilon\}&=\sum_{|x_k-\mu|\geqslant\varepsilon}P\{X=x_k\}\leqslant\sum_{|x_k-\mu|\geqslant\varepsilon}\left(\frac{x_k-\mu}{\varepsilon}\right)^2P\{X=x_k\}\\&\leqslant\frac{1}{\varepsilon^2}\sum_k(x_k-\mu)^2p_k=\frac{\sigma^2}{\varepsilon^2}.\end{aligned}$$

由切比雪夫不等式可以得到

$$P\{|X-\mu|<\varepsilon\}\geqslant1-\frac{\sigma^2}{\varepsilon^2}.\tag{5.1.1}$$

式（5.1.1）显示，当 ε 给定时，$D(X)$ 越小，事件 $\{|X-\mu|<\varepsilon\}$ 的概率越大，即随机变量 X 围绕 $E(X)$ 取值的可能性越大，反之亦然.

例 5.1.1 设某工厂生产某种产品，每周的产量是均值为 50 件、方差为 25 的随机变量. 对某一周产量在 40～60 件之间的概率做出估计.

解 设 X 表示该产品的周产量，则 $E(X)=50$，$D(X)=25$. 因此

$$\begin{aligned}P\{40<X<60\}&=P\{-10<X-50<10\}\\&=P\{-10<X-E(X)<10\}\\&=P\{|X-E(X)|<10\}\\&\geqslant 1-\frac{25}{10^2}=0.75.\end{aligned}$$

故周产量在 40～60 件之间的概率至少为 0.75.

习题 5.1

已知正常男性成人每升血液中白细胞数平均是 73 000 万个，根方差是 7 000 万个. 试估计每升血液中白细胞数在 52 000 万～94 000 万个之间的概率.

§5.2 大数定律

5.2.1 依概率收敛

定义 5.2.1 设 X_1，X_2，…，X_n，…是一个随机变量序列，a 是一个常数. 若对任意 $\varepsilon>0$，有

$$\lim_{n\to\infty}P\{|X_n-a|<\varepsilon\}=1,$$

则称序列 X_1，X_2，…，X_n，…**依概率收敛于 a**，记为 $X_n\xrightarrow{P}a$.

依概率收敛具有以下性质：

设 $X_n\xrightarrow{P}a$，$Y_n\xrightarrow{P}b$，又设函数 $g(x, y)$ 在点 (a, b) 处连续，则有

$$g(X_n, Y_n)\xrightarrow{P}g(a, b).$$

例如，

$$X_n+Y_n\xrightarrow{P}a+b,\quad X_nY_n\xrightarrow{P}ab.$$

定义 5.2.2 设随机变量序列 $\{X_n\}$ 的数学期望均存在，若对任意 $\varepsilon>0$，有

$$\lim_{n\to\infty}P\left\{\left|\frac{1}{n}\sum_{i=1}^{n}X_i-\frac{1}{n}\sum_{i=1}^{n}E(X_i)\right|<\varepsilon\right\}=1,$$

即

$$\frac{1}{n}\sum_{i=1}^{n}X_i \xrightarrow{P} \frac{1}{n}\sum_{i=1}^{n}E(X_i),$$

则称随机变量序列 $\{X_n\}$ 服从**大数定律**.

5.2.2 常见的大数定律

定理 5.2.1（辛钦大数定律） 设 $\{X_n\}$ 是独立同分布的随机变量序列，且

$$E(X_i)=\mu\ (i=1, 2, \cdots),$$

则对任意的 $\varepsilon>0$，有

$$\lim_{n\to\infty}P\left\{\left|\frac{1}{n}\sum_{i=1}^{n}X_i-\mu\right|<\varepsilon\right\}=1,$$

即

$$\frac{1}{n}\sum_{i=1}^{n}X_i \xrightarrow{P} \mu.$$

证 我们只在随机变量的方差 $D(X_i)=\sigma^2$ $(i=1, 2, \cdots)$ 存在的条件下证明该结论. 由期望和方差的性质有

$$E\left(\frac{1}{n}\sum_{i=1}^{n}X_i\right)=\frac{1}{n}\sum_{i=1}^{n}E(X_i)=\mu,$$

$$D\left(\frac{1}{n}\sum_{i=1}^{n}X_i\right)=\frac{1}{n^2}\sum_{i=1}^{n}D(X_i)=\frac{\sigma^2}{n}.$$

因此，由切比雪夫不等式有

$$1\geqslant P\left\{\left|\frac{1}{n}\sum_{i=1}^{n}X_i-\mu\right|<\varepsilon\right\}\geqslant 1-\frac{\frac{\sigma^2}{n}}{\varepsilon^2}.$$

故

$$\lim_{n\to\infty}P\left\{\left|\frac{1}{n}\sum_{i=1}^{n}X_i-\mu\right|<\varepsilon\right\}=1.$$

辛钦大数定律表明，当独立观测次数 n 足够大时，随机变量的观测值的算术平均值稳定在其数学期望周围，因此可以用算术平均值作为数学期望的近似值.

定理 5.2.2（伯努利大数定律） 设 f_A 是 n 次独立重复试验中事件 A 发生的次数，p 是事件 A 在每次试验中发生的概率，则对任意的 $\varepsilon>0$，有

$$\lim_{n\to\infty}P\left\{\left|\frac{f_A}{n}-p\right|<\varepsilon\right\}=1,$$

即

$$\frac{f_A}{n}\xrightarrow{P}p.$$

证　由已知有 $f_A \sim b(n, p)$，因此

$$E(f_A)=np,\quad D(f_A)=np(1-p),$$

从而

$$E\left(\frac{f_A}{n}\right)=p,\quad D\left(\frac{f_A}{n}\right)=\frac{p(1-p)}{n}.$$

由切比雪夫不等式有

$$1\geqslant P\left\{\left|\frac{f_A}{n}-p\right|<\varepsilon\right\}\geqslant 1-\frac{\frac{p(1-p)}{n}}{\varepsilon^2},$$

因此

$$\lim_{n\to\infty}P\left\{\left|\frac{f_A}{n}-p\right|<\varepsilon\right\}=1.$$

伯努利大数定律表明，当独立观测次数 n 足够大时，事件发生的频率稳定在其概率的周围.

习题 5.2

假设某加油站为第 i 个车辆服务的时间 X_i 服从区间 [5，15]（单位：分钟）上的均匀分布，且对每个车辆的服务时间是相互独立的. 试问 $\frac{1}{n}\sum_{i=1}^{n}X_i$ 依概率收敛到何值?

§5.3　中心极限定理

客观现实中有许多随机变量是由大量相互独立的随机因素的综合影响形成的，而其中每个因素在总的影响中所起的作用都是微小的. 这种随机变量往往近似地服从正态分布. 该现象就是中心极限定理的实际背景. 下面介绍中心极限定理最简单的情形.

定理 5.3.1（独立同分布的中心极限定理） 设随机变量序列 $\{X_n\}$ 独立同分布，且

$$E(X_i)=\mu,\ D(X_i)=\sigma^2\ (i=1,\ 2,\ \cdots),$$

则对任意实数 x，有

$$\lim_{n\to\infty}P\left\{\frac{\sum_{i=1}^{n}X_i-n\mu}{\sqrt{n}\sigma}\leqslant x\right\}=\int_{-\infty}^{x}\frac{1}{\sqrt{2\pi}}e^{-\frac{1}{2}t^2}\,dt=\Phi(x),$$

这里 $\Phi(\cdot)$ 是标准正态分布的分布函数.

定理 5.3.1 表明，大量独立同分布的随机变量的累加近似服从正态分布. 在定理 5.3.1 的条件下，当 n 很大时（一般 $n\geqslant 50$），有

$$\sum_{i=1}^{n} X_i \overset{\text{近似}}{\sim} N(n\mu, n\sigma^2), \qquad \frac{1}{n}\sum_{i=1}^{n} X_i \overset{\text{近似}}{\sim} N\left(\mu, \frac{\sigma^2}{n}\right).$$

假设 $\{X_n\}$ 是相互独立的随机变量序列，且均服从 $b(1, p)$，则

$$\sum_{i=1}^{n} X_i \sim b(n, p).$$

因此，由定理 5.3.1 可得到如下定理.

定理 5.3.2（棣莫弗-拉普拉斯中心极限定理） 设随机变量 Y_n 服从 $b(n, p)$（$n=1, 2, \cdots, 0<p<1$），则对任意实数 x，有

$$\lim_{n\to\infty} P\left\{\frac{Y_n - np}{\sqrt{np(1-p)}} \leqslant x\right\} = \int_{-\infty}^{x} \frac{1}{\sqrt{2\pi}} e^{-\frac{1}{2}t^2} dt = \Phi(x).$$

在定理 5.3.2 的条件下，当 n 很大时（一般 $n\geqslant 50$），有

$$Y_n \overset{\text{近似}}{\sim} N(np, np(1-p)).$$

例 5.3.1 某高校规定，在大学二年级的第一学期，每位学生至少提交 1 份暑期社会实践报告. 对于一个学生而言，提交暑期社会实践报告的份数是一个随机变量. 设一个学生提交 1 份、2 份、3 份报告的概率分别为 0.8、0.15、0.05. 若该校二年级共有 400 名学生. 设各学生提交报告的份数相互独立，且服从同一分布. 求：

（1）学生提交报告的总份数超过 520 的概率；

（2）仅提交 1 份报告的学生人数不多于 340 的概率.

解 设第 i 名学生提交报告的份数为 X_i，$i=1, 2, \cdots, 400$，则 X_i 的分布律为

X_i	1	2	3
P	0.8	0.15	0.05

故

$$E(X_i)=1.25, \quad D(X_i)=0.287\,5, \quad i=1, 2, \cdots, 400.$$

利用中心极限定理有

$$(1)\ P\left\{\sum_{i=1}^{400} X_i \geqslant 520\right\} = P\left\{\frac{\sum_{i=1}^{400} X_i - 400\times 1.25}{\sqrt{400\times 0.287\,5}} \geqslant \frac{520-400\times 1.25}{\sqrt{400\times 0.287\,5}}\right\}$$

$$= P\left\{\frac{\sum_{i=1}^{400} X_i - 400\times 1.25}{\sqrt{400\times 0.287\,5}} \geqslant 1.865\,0\right\}$$

$$\approx 1-\Phi(1.865\,0) \approx 0.031\,1,$$

故学生提交报告的总份数超过 520 的概率为 0.031 1.

（2）设仅提交1份报告的学生人数为Y，有

$$Y\sim b(400, 0.8).$$

因此

$$\begin{aligned}P\{0\leqslant Y\leqslant 340\}&=P\left\{\frac{0-400\times0.8}{\sqrt{400\times0.8\times0.2}}\leqslant\frac{Y-400\times0.8}{\sqrt{400\times0.8\times0.2}}\leqslant\frac{340-400\times0.8}{\sqrt{400\times0.8\times0.2}}\right\}\\&=P\left\{-40\leqslant\frac{Y-400\times0.8}{\sqrt{400\times0.8\times0.2}}\leqslant 2.5\right\}\\&\approx\Phi(2.5)-\Phi(-40)\approx 0.9938,\end{aligned}$$

故仅提交1份报告的学生人数不多于340的概率为0.993 8.

例 5.3.2　某地区原有一家小影院，现筹建一家较大的影院．据分析，该地区平均每天约有1 600人看电影，预计新影院开业后约有四分之三的人会去新影院．现计划其座位数，要求尽可能多，但“空座位超过200”的概率要小于0.1．问：设置多少个座位比较好？

解　设新影院设置n个座位．记1 600人中去新影院的人数为X，则

$$X\sim b(1600, 0.75),$$

且

$$E(X)=np=1200,\quad D(X)=np(1-p)=300.$$

故

$$\begin{aligned}P\{n-X>200\}&=P\{X<n-200\}\\&=P\left\{\frac{X-1200}{\sqrt{300}}<\frac{n-200-1200}{\sqrt{300}}\right\}\\&\approx\Phi\left(\frac{n-200-1200}{\sqrt{300}}\right)=\Phi\left(\frac{n-1400}{\sqrt{300}}\right)<0.1,\end{aligned}$$

即

$$1-\Phi\left(\frac{n-1400}{\sqrt{300}}\right)>0.9,\ \Phi\left(-\frac{n-1400}{\sqrt{300}}\right)>0.9,$$

查附表Ⅰ有$\Phi(1.28)\approx0.9$，故有

$$-\frac{n-1400}{\sqrt{300}}>1.28,$$

解得$n<1377.83$，因此新影院应设置1 377个座位.

例 5.3.3　抛一枚质地均匀的硬币1 000次．试用以下两种方法估计国徽面出现次数在460～540之间的概率，（1）利用切比雪夫不等式，（2）利用中心极限定理.

解　设X表示1 000次抛掷中国徽面出现的次数，则

$$X\sim b(1000, 0.5),$$

且

$$E(X)=np=500,\ D(X)=np(1-p)=250.$$

(1) $$\begin{aligned}P\{460<X<540\}&=P\{-40<X-500<40\}\\&=P\{-40<X-E(X)<40\}\\&=P\{|X-E(X)|<40\}\\&\geqslant 1-\frac{D(X)}{40^2}\approx 0.843\,8.\end{aligned}$$

(2) $$\begin{aligned}P\{460<X<540\}&=P\left\{\frac{460-500}{\sqrt{250}}<\frac{X-500}{\sqrt{250}}<\frac{540-500}{\sqrt{250}}\right\}\\&\approx\Phi\left(\frac{540-500}{\sqrt{250}}\right)-\Phi\left(\frac{460-500}{\sqrt{250}}\right)\\&\approx\Phi(2.53)-\Phi(-2.53)=2\Phi(2.53)-1\\&=2\times 0.994\,3-1=0.988\,6.\end{aligned}$$

由例 5.3.3 可以看出，切比雪夫不等式的估计结果还是很粗略的.

习题 5.3

1. 一家食品店有三种蛋糕出售，由于售出哪一种蛋糕是随机的，因而售出一只蛋糕的收入是一个随机变量，它取 10 元、12 元、15 元各个值的概率分别为 0.3、0.2、0.5. 若售出 300 只蛋糕，求：

(1) 收入至少有 3 800 元的概率；(2) 售出价格为 12 元的蛋糕多于 60 只的概率.

2. 报童沿街向行人兜售报纸，假设每位行人买报的概率为 0.2，且他们是否买报是相互独立的. 求报童向 100 位行人兜售之后，卖掉 15～30 份报纸的概率.

3. 一公寓有 200 户住户，每个住户无汽车、拥有 1 辆汽车、拥有 2 辆汽车的概率分别为 0.1、0.6、0.3. 设各户拥有的车辆数相互独立，且服从同一分布. 问：需要多少车位，才能使每辆汽车都有车位的概率至少为 0.95?

本章小结

本章介绍了两个常用的大数定律，即辛钦大数定律和伯努利大数定律. 辛钦大数定律表明，当独立观测次数足够多时，随机变量的观测值的算术平均值稳定在其数学期望周围. 伯努利大数定律表明，当独立观测次数足够多时，事件发生的频率稳定在其概率的周围.

独立同分布的中心极限定理表明，大量独立同分布的随机变量之和近似服从正态分布. 这一事实阐明了正态分布的重要性，也揭示了为什么在实际中服从正态分布的随机变量广泛存在.

总复习题 5

1. 填空题

(1) 设随机变量 X 的数学期望 $E(X)=\mu$ 和方差 $D(X)=\sigma^2$，根据切比雪夫不等式有 $P\{|X-\mu|>3\sigma\}\leqslant$______.

(2) 设随机变量 X 和 Y 的数学期望均为 2，方差分别为 1 和 4，相关系数为 0.5. 利用切比雪夫不等式估计 $P\{|X-Y|\geqslant 6\}\leqslant$______.

(3) 设随机变量序列 $\{X_n\}$ 相互独立，且均服从参数为 2 的泊松分布，则 $Y_n=\frac{1}{n}\sum\limits_{i=1}^{n}X_i$ 依概率收敛于______，$Z_n=\frac{1}{n}\sum\limits_{i=1}^{n}X_i^2$ 依概率收敛于______.

(4) 随机变量序列 $\{X_n\}$ 相互独立，且均服从 $[-1, 1]$ 上的均匀分布，则 $\lim\limits_{n\to\infty}P\left\{\frac{\sum\limits_{i=1}^{n}X_i}{\sqrt{n}}<1\right\}=$______.

2. 某保险公司有 10 000 人参加人寿保险，每人每年付 12 元保费. 在保期内，若参保者死亡，其家属可向保险公司领取 1 000 元赔偿金. 若在一年内一个人死亡的概率为 0.006，求：

(1) 该保险公司没有利润的概率；(2) 该保险公司一年的利润不少于 60 000 元的概率.

3. 独立地测量一个零件，每次测量产生的随机误差均服从 $(-0.5, 0.5)$ 内的均匀分布.

(1) 测量 108 次，问总误差大于 10 的概率是多少？(2) 要使总误差的绝对值小于 5 的概率不大于 0.95，应该至少进行多少次测量？

第 6 章　抽样分布

前五章介绍了概率论的基本内容. 在概率论中，往往假定随机变量的分布是已知的，在此基础上，研究随机变量的性质、数字特征等. 而在现实生活中，要研究的对象的概率分布往往是未知的，或不完全知道. 人们通过对所研究的对象进行多次重复观察，得到了许多观察值，以这些数据为依据，对所考虑的问题进行统计推断或预测，这就是数理统计要研究的内容.

本章介绍数理统计的基本概念并着重介绍几个常用统计量.

§6.1　总体与样本

某灯泡生产厂规定：若灯泡的照明时间小于 1 500 小时，则该灯泡为次品. 某天该厂生产了 10 000 只灯泡，需确定这 10 000 只灯泡的次品率. 理论上讲，将这 10 000 只灯泡都点亮后就可以确定这批灯泡的次品率了. 显然这种做法具有破坏性. 在实际操作中，采取的做法往往是从这批灯泡中随机地抽取若干个，以这些灯泡的次品率代替这 10 000 只灯泡的次品率. 这种以部分替代整体的做法是统计学研究领域获取数据的常用方法. 本节将介绍总体、样本等重要概念.

6.1.1　总体与个体

定义 6.1.1　将试验中所有可能的观察值的全体称为**总体**，总体中的每个元素称为**个体**. 总体中包含的个体的个数称为**总体的容量**.

例如，检验某天生产的 10 000 只灯泡是正品还是次品，此时，这 10 000 只灯泡的检验结果即为总体，每个产品的检验结果即为个体.

再如，测量某一湖泊任一点的水深，则每一点的水深数据的全体为总体，每一点的水深数据即为个体.

从上述例子可以看出，总体的容量可能是有限的，也可能是无限的，容量有限的总体称为**有限总体**，容量无限的总体称为**无限总体**.①

在产品检验的例子中，若产品是次品的概率为常数 p $(0<p<1)$，用 1 表示产品检测结果为次品，用 0 表示产品检测结果为正品，则总体由 10 000 个数组成，其中每个数为 1 或 0，且每个数为 1 的概率为 p. 这意味着，总体中的每一个个体可以看成服从参数为 p 的 0—1 分布的随机变量 X 的观察值. 从而，该总体对应了一个服从 0—1 分布的随机变量 X，称此总体为 0—1 分布总体.

一般地，总体对应于一个随机变量 X，研究一个总体就是研究一个随机变量 X. X 的分布和数字特征也称为总体的分布和数字特征. 后文将不区分总体与相应的随机变量，笼统地称为总体 X.

6.1.2 样本与样本联合分布

从总体中抽取若干个个体，这些个体称为总体的一个**样本**. 从总体 X 中抽取一个样本就是对随机变量 X 进行 n 次独立重复的观察. 将这 n 次观察结果按试验次序分别记为 X_1，X_2，…，X_n. 由于 X_1，X_2，…，X_n 是对随机变量 X 进行观察所得的结果，且各次观察是在相同条件下独立重复完成的，所以有理由认为 X_1，X_2，…，X_n 是相互独立的，且都是与 X 具有相同分布的随机变量. 下面给出简单随机样本的定义.

定义 6.1.2 设随机变量 X 的分布函数为 $F(x)$，若随机变量 X_1，X_2，…，X_n 相互独立，且它们的分布函数均为 $F(x)$，则称 X_1，X_2，…，X_n 为来自总体 X 的一个**简单随机样本**，简称为**样本**，n 称为**样本容量**，样本的观察值 x_1，x_2，…，x_n 称为**样本值**.

样本具有二重性：一方面，样本在随机抽取之前，无法预知其具体数值，因而样本是随机变量，用大写字母 X_1，X_2，…，X_n 表示，样本也可看成是一个随机向量，写成 $(X_1, X_2, \cdots, X_n)$；另一方面，在抽取完样本后，一旦观察到其数值，样本值就是确定的，用小写字母 x_1，x_2，…，x_n 表示.

由定义 6.1.2 可知，若 X_1，X_2，…，X_n 为总体 X 的一个样本，则 X_1，X_2，…，X_n 相互独立，且它们的分布函数均是 $F(x)$，从而，样本 $(X_1, X_2, \cdots, X_n)$ 的分布函数为

$$F(x_1, x_2, \cdots, x_n) = \prod_{i=1}^{n} F(x_i).$$

若总体 X 为连续型随机变量，其概率密度为 $f(x)$，则 $(X_1, X_2, \cdots, X_n)$ 的概率密度为

$$f(x_1, x_2, \cdots, x_n) = \prod_{i=1}^{n} f(x_i).$$

若总体 X 为离散型随机变量，其概率分布为 $p(x)=P\{X=x\}$，则 $(X_1, X_2, \cdots, X_n)$ 的分布律为

① 容量有限但数目很大的总体往往作为无限总体来处理.

$$P\{X_1=x_1, X_2=x_2, \cdots, X_n=x_n\}=\prod_{i=1}^{n} p(x_i).$$

例 6.1.1 设总体 X 服从参数为 p 的 0—1 分布，X_1，X_2，…，X_n 为来自总体 X 的一个样本，试求：

(1)（X_1，X_2，…，X_n）的分布；(2) $Y=\sum_{i=1}^{n} X_i$ 的分布.

解 (1) 由题意，X 的分布律为

$$P\{X=k\}=p^k(1-p)^{1-k},\ k=0,\ 1,$$

而 X_1，X_2，…，X_n 相互独立，且与总体 X 具有相同的分布，因此（X_1，X_2，…，X_n）的分布律为

$$\begin{aligned} P\{X_1=x_1,X_2=x_2,\cdots,X_n=x_n\} &= P\{X_1=x_1\}P\{X_2=x_2\}\cdots P\{X_n=x_n\} \\ &= p^{x_1}(1-p)^{1-x_1}p^{x_2}(1-p)^{1-x_2}\cdots p^{x_n}(1-p)^{1-x_n} \\ &= p^{\sum_{i=1}^{n}x_i}(1-p)^{n-\sum_{i=1}^{n}x_i}, \end{aligned}$$

其中 $x_i=0$，1，$i=1$，2，…，n.

(2) 由于 X_1，X_2，…，X_n 相互独立且均服从参数为 p 的 0—1 分布，因此 $\sum_{i=1}^{n} X_i \sim b(n,\ p)$，即

$$P\{Y=k\}=C_n^k p^k(1-p)^{n-k},\ k=0,\ 1,\ 2,\ \cdots,\ n.$$

例 6.1.2 设总体 X 服从参数为 θ 的指数分布，X_1，X_2，…，X_n 为来自总体 X 的一个样本，试求：

(1)（X_1，X_2，…，X_n）的分布；(2) $\min\{X_1,\ X_2,\ \cdots,\ X_n\}$ 的分布.

解 (1) 由已知条件，总体 X 的概率密度为

$$f(x)=\begin{cases}\dfrac{1}{\theta}e^{-\frac{x}{\theta}}, & x>0 \\ 0, & 其他\end{cases},$$

而 X_1，X_2，…，X_n 相互独立，且与总体 X 同分布，因此（X_1，X_2，…，X_n）的概率密度为

$$\begin{aligned} f(x_1,\ x_2,\ \cdots,\ x_n) &= \prod_{i=1}^{n} f(x_i) \\ &= \begin{cases}\prod_{i=1}^{n}\dfrac{1}{\theta}e^{-\frac{x_i}{\theta}}, & x_i>0,\quad i=1,\ 2,\ \cdots,\ n \\ 0, & 其他\end{cases} \\ &= \begin{cases}\left(\dfrac{1}{\theta}\right)^n e^{-\frac{1}{\theta}\sum_{i=1}^{n}x_i}, & x_i>0,\quad i=1,\ 2,\ \cdots,\ n \\ 0, & 其他\end{cases} \end{aligned}$$

(2) $\min\{X_1, X_2, \cdots, X_n\}$ 的分布函数为

$$\begin{aligned}F_{\min}(x)&=P\{\min\{X_1, X_2, \cdots, X_n\}\leqslant x\}=1-P\{\min\{X_1, X_2, \cdots, X_n\}>x\}\\&=1-P\{X_1>x, X_2>x, \cdots, X_n>x\}.\end{aligned}$$

又由已知条件，X_1，X_2，…，X_n 相互独立且与 X 同分布，故

$$F_{\min}(x)=1-P\{X_1>x\}P\{X_2>x\}\cdots P\{X_n>x\}=1-[1-F(x)]^n,$$

这里，$F(x)$ 为 X 的分布函数. 易知，

$$F(x)=\begin{cases}1-e^{-\frac{x}{\theta}}, & x>0\\0, & \text{其他}\end{cases},$$

故

$$F_{\min}(x)=\begin{cases}1-e^{-\frac{nx}{\theta}}, & x>0\\0, & \text{其他}\end{cases},$$

因此，$\min\{X_1, X_2, \cdots, X_n\}$ 的概率密度为

$$f_{\min}(x)=F'_{\min}(x)=\begin{cases}\dfrac{n}{\theta}e^{-\frac{nx}{\theta}}, & x>0\\0, & \text{其他}\end{cases}.$$

习题 6.1

1. 设总体 $X\sim\pi(\lambda)$，X_1，X_2，…，X_n 为来自总体 X 的样本，试求 $(X_1, X_2, \cdots, X_n)$ 的分布.

2. 设总体 X 的概率密度为

$$f(x)=\begin{cases}\dfrac{2x}{3\theta^2}, & \theta<x<2\theta\\0, & \text{其他}\end{cases},$$

其中常数 $\theta>0$，设 X_1，X_2，…，X_n 为来自总体 X 的样本，试求：

(1) $E\left(\sum\limits_{i=1}^{n}X_i^2\right)$；　(2) $(X_1, X_2, \cdots, X_n)$ 的分布.

3. 设 X_1，X_2，X_3，X_4 为总体 $N(10, 4)$ 的样本，试求 $P\{\max\{X_1, X_2, X_3, X_4\}>12\}$.

§6.2 统计图形

为了研究总体的分布，常常会通过抽样得到许多观察值，在利用这些数据进行统计分析之前，需将它们加以整理，借助表格或图形对数据加以描述. 本节将介绍三种展示数据

的图形：直方图、茎叶图、箱线图.

6.2.1 直方图

直方图是一种较为常用的展示数据分布的图形，下面通过例题来介绍绘制直方图的基本步骤.

例 6.2.1 某县卫生局为了了解该县 4 岁男孩的身高状况，随机选取了 50 名 4 岁男孩，测得他们的身高如下（单位：cm）：

107	103	101	98	93	88	94	107	110	111
90	95	118	89	91	102	106	113	102	100
102	104	100	106	111	112	101	87	95	99
99	102	98	109	106	103	113	97	104	102
116	95	98	105	109	102	103	100	96	97

试绘制这组数据的直方图.

解 题中所列数据杂乱无章，为了方便描述，先将数据按从小到大的顺序排列如下：

87	88	89	90	91	93	94	95	95	95
96	97	97	98	98	98	99	99	100	100
100	101	101	102	102	102	102	102	102	103
103	103	104	104	105	106	106	106	107	107
109	109	110	111	111	112	113	113	116	118

再按如下步骤绘制出直方图.

第一步，确定数据的最小值与最大值. 在 50 个身高数据中，最小的数为 87，最大的数为 118，即所有数据都落在区间［87，118］上.

第二步，选取一个区间将所有数据涵盖其中，并确定组距、组限. 取一个区间将［87，118］覆盖，例如，取［84.5，119.5］，并将其等分为 7 个小区间，小区间的长度记为 Δ，即 $\Delta=(119.5-84.5)/7=5$，Δ 称为**组距**，每个小区间的端点称为**组限**.

第三步，统计落在每个小区间的数据的频数 f_i，算出频率 f_i/n（这里，$n=50$，$i=1, 2, \cdots, 7$），结果如表 6-1 所示.

表 6-1

组限	频数 f_i	频率 f_i/n	累积频率
84.5～89.5	3	0.06	0.06
89.5～94.5	4	0.08	0.14
94.5～99.5	11	0.22	0.36
99.5～104.5	16	0.32	0.68
104.5～109.5	8	0.16	0.84
109.5～114.5	6	0.12	0.96
114.5～119.5	2	0.04	1

第四步，自左至右依次在各个小区间上作出以$\frac{f_i}{n\Delta}$为高的小矩形，如图 6－1 所示，称为**频率直方图**.

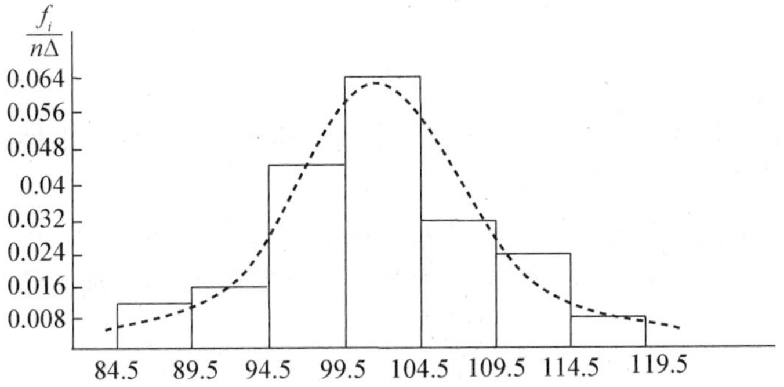

图 6－1

显然，每个小矩形的面积等于落在此小区间的数据的频率 f_i/n. 由伯努利大数定律知，当 n 很大时，频率接近于概率. 因此，以每个小区间为边作成的矩形的面积接近于概率密度曲线下以该小区间为底的曲边梯形的面积. 于是，直方图的外廓曲线接近于总体 X 的概率密度曲线. 在图 6－1 中，它有一个峰，中间高，两边低，比较对称. 总体来看，例 6.2.1 中的样本很像来自某一正态总体 X.

组距、组限的确定对直方图的绘制至关重要. 须先选择一个能包含所有样本数据的区间，其下限比最小的数据稍小，上限比最大的数据稍大. 再将此区间均分为 k 个小区间，通常当样本量 n 较大时，k 取 10～20 间的一个整数，当样本量 $n<50$ 时，k 取 5 或 6. 组限取值通常比所分析的数据的精度高一位，以免数据落在小区间端点处.

6.2.2 茎叶图

茎叶图可以展现数据的分布特征及分散状况，其绘制和使用都非常简单. 绘制茎叶图时，要将数据分成“茎”和“叶”两部分，通常，将一组数据的高位数字作为茎，低位数字作为叶. 将茎按照自小到大的顺序排成一列，放在分界线的一侧；叶按自小到大的顺序写在对应茎的另一侧，同行列出，这样就可以清楚地看出每个茎后有几个数，以及每个数具体是多少.

例如，观察数据 11，21，32，17，35，38，23，35 可发现，数据位于 10～39 之间，将十位数字作为茎，个位数字作为叶，则可绘制出茎叶图，如图 6－2 所示.

1	1　7
2	1　3
3	2　5　5　8

图 6－2

若需绘制数据 0.4，0.8，1.1，1.7，2.3，2.3，2.6，3.3，3.5，3.8 的茎叶图，则需将整数位作为茎，小数位作为叶，如图 6－3 所示.

0	4　8
1	1　7
2	3　3　6
3	3　5　8

图 6－3

绘制茎叶图时，不可遗漏重复的数据．茎、叶的单位的选择要根据实际数据确定．

例 6.2.2　试绘制例 6.2.1 中数据的茎叶图．

解　先将数据按照从小到大的顺序排列．显然，所有数据位于 80～119 之间，将高位数字作为茎，放在竖线左侧，个位数字作为叶，放在竖线右侧，则可绘制出茎叶图，如图 6－4 所示．

8	7　8　9
9	0　1　3　4　5　5　5　6　7　7　8　8　8　9　9
10	0　0　0　1　1　2　2　2　2　2　2　3　3　3　4　4　5　6　6　6　7　7　9　9
11	0　1　1　2　3　3　6　8

图 6－4

图 6－4 是以 10 为组距进行分组构造叶子，如果以 5 为组距，可以得到扩展的茎叶图，如图 6－5 所示．

8	7　8　9
9	0　1　3　4
9	5　5　5　6　7　7　8　8　8　9　9
10	0　0　0　1　1　2　2　2　2　2　2　3　3　3　4　4
10	5　6　6　6　7　7　9　9
11	0　1　1　2　3　3
11	6　8

图 6－5

从图 6－5 可以看出，数据的分布近似对称，且呈现出中间集中、两端分散的特点．相较茎叶图 6－4，图 6－5 能更好地反映出数据的分布特征．在实际应用中，茎叶图中茎的多少要根据数据的分散状况以及数据分布的特征来确定，要充分显示出数据的分布特征．

如果将图 6－5 逆时针旋转 90 度，则所得到的图形与以 5 为组距的直方图非常相似．相较直方图，茎叶图有以下优点：茎叶图保留了所有数据，提供了实际的数据值，因此，茎叶图比直方图能提供更多信息，且图中数据可随时添加、修改或删除．

茎叶图可用于比较和显示两组数据，只需将茎放在中间，其中一组数据的叶列在茎的左侧，另一组数据的叶列在茎的右侧即可．

例 6.2.3　在某高校分别随机挑选 21 名女生和 21 名男生，测得体重如表 6－2 所示（单位：斤）：

表 6-2

女生体重	85　88　90　91　95　96　97　98　100　101　103　104　105　108　109　110　111　114　117　121　123
男生体重	119　121　123　125　126　128　129　130　134　135　135　137　138　141　142　145　148　150　156　163　174

试绘制上述两组数据的茎叶图.

解　将高位数作为茎、个位数作为叶，女生体重数据的叶列在茎的左侧，男生体重数据的叶列在茎的右侧，可绘制出茎叶图，如图 6-6 所示.

女生		男生
5 8	8	
0 1 5 6 7 8	9	
0 1 3 4 5 8 9	10	
0 1 4 7	11	9
1 3	12	1 3 5 6 8 9
	13	0 4 5 5 7 8
	14	1 2 5 8
	15	0 6
	16	3
	17	4

图 6-6

从图 6-6 可以看出，女生体重比男生轻，且女生体重数据较为对称.

6.2.3　箱线图

箱线图是由箱子和直线组成的图形，它是基于以下 5 个数的图形概括：数据的最小值 Min，第一四分位数 Q_1，中位数 M，第三四分位数 Q_3 和数据的最大值 Max.

先介绍分位数的概念.

定义 6.2.1　设 x_1，x_2，…，x_n 为样本观察值，给定 $0<p<1$，若数 x_p 满足如下性质：

(1) 至少有 np 个观察值小于或等于 x_p，

(2) 至少有 $n(1-p)$ 个观察值大于或等于 x_p，

则称 x_p 为**样本 p 分位数**. 0.5 分位数 $x_{0.5}$ 也记为 Q_2 或 M，称为**样本中位数**；0.25 分位数 $x_{0.25}$ 又记为 Q_1，称为**第一四分位数**；0.75 分位数 $x_{0.75}$ 又记为 Q_3，称为**第三四分位数**.

为确定样本 p 分位数，需先将 x_1，x_2，…，x_n 按照从小到大的次序排列，不妨设排序后的样本值为

$$x_{(1)}\leqslant x_{(2)}\leqslant\cdots\leqslant x_{(n)}. \tag{6.2.1}$$

若 np 不是整数，则式 (6.2.1) 可表达为 $x_{(1)}\leqslant\cdots\leqslant x_{([np])}\leqslant x_{([np]+1)}\cdots\leqslant x_{(n)}$，这里，

$[np]$ 表示不大于 np 的最大整数，则数 $x_{([np]+1)}$ 满足定义 6.2.1 的两个要求，故取 $x_{([np]+1)}$ 为样本 p 分位数；若 np 为整数，则式（6.2.1）可表达为 $x_{(1)}\leqslant\cdots\leqslant x_{(np)}\leqslant x_{(np+1)}\cdots\leqslant x_{(n)}$，易知，$x_{(np)}$ 与 $x_{(np+1)}$ 均满足定义 6.2.1 的两个要求，此时，取 $\frac{x_{(np)}+x_{(np+1)}}{2}$ 为样本 p 分位数，即

$$x_p=\begin{cases}x_{([np]+1)}, & np \text{ 不是整数} \\ \frac{1}{2}[x_{(np)}+x_{(np+1)}], & np \text{ 是整数}\end{cases}. \tag{6.2.2}$$

例如，$n=15$，设排序后的样本值为

$$x_{(1)}\leqslant x_{(2)}\leqslant\cdots\leqslant x_{(15)}. \tag{6.2.3}$$

若 $p=0.3$，则 $np=4.5$，从而 $[np]+1=5$，因此，样本 p 分位数 $x_{0.3}=x_{(5)}$ 为式（6.2.3）中位于第 5 个位置的数据；若 $p=0.4$，则 $np=6$，从而，样本 p 分位数 $x_{0.4}=\frac{1}{2}[x_{(6)}+x_{(7)}]$ 为式（6.2.3）中位于第 6 个、第 7 个位置的两个数据的算术平均值.

特别地，对于数据 $x_{(1)}\leqslant x_{(2)}\leqslant\cdots\leqslant x_{(n)}$，若 n 为奇数，则中位数 $x_{0.5}=x_{([n/2]+1)}$ 为数据组最中间的一个数；若 n 为偶数，则中位数 $x_{0.5}=\frac{1}{2}[x_{(n/2)}+x_{(n/2+1)}]$ 为数据组最中间的两个数的算术平均值.

例 6.2.4 设有样本值如下：

121 213 127 135 186 172 198 156 144 201

求样本分位数 $x_{0.25}$，$x_{0.5}$，$x_{0.75}$.

解 将样本值从小到大排序为

121 127 135 144 156 172 186 198 201 213

(1) 因为 $np=10\times0.25=2.5$，故 $x_{0.25}$ 为位于第 $[2.5]+1=3$ 个位置的数，从而 $x_{0.25}=x_{(3)}=135$.

(2) 因为 $np=10\times5=5$，故 $x_{0.5}$ 为位于第 5 个、第 6 个位置的两个数的算术平均值，即

$$x_{0.5}=\frac{1}{2}[x_{(5)}+x_{(6)}]=\frac{1}{2}(156+172)=164.$$

(3) 由于 $np=10\times0.75=7.5$，故 $x_{0.75}$ 为位于第 $[7.5]+1=8$ 个位置的数，从而 $x_{0.75}=x_{(8)}=198$.

下面介绍箱线图的绘制步骤.

(1) 画一条水平数轴，在轴上标上 Min，Q_1，M，Q_3，Max. 在数轴上方画一个矩形箱子，箱子的上、下侧与数轴平行，箱子的左右边界分别为 Q_1，Q_3.

(2) 在箱体上对应于中位数 M 的位置画一条垂线.

(3) 在箱体左侧引一条水平线直至最小值 Min；在同一高度自箱子右侧引一条水平线直至最大值 Max，如图 6－7 所示.

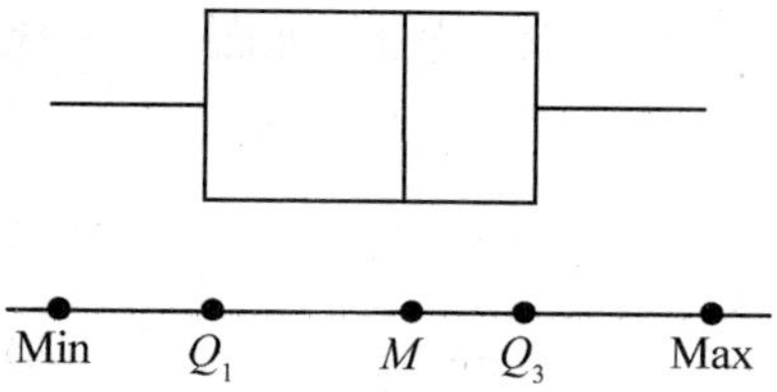

图 6－7

例 6.2.5　试依据例 6.2.1 中所给的数据，绘制箱线图.

解　易知，Min＝87，Max＝118，分别由

$$50\times0.25=12.5，50\times0.5=25，50\times0.75=37.5，$$

可知，

$$Q_1=x_{(13)}=97，M=\frac{1}{2}(x_{(25)}+x_{(26)})=\frac{1}{2}(102+102)=102，Q_3=x_{(38)}=106.$$

从而可绘制箱线图，如图 6－8 所示.

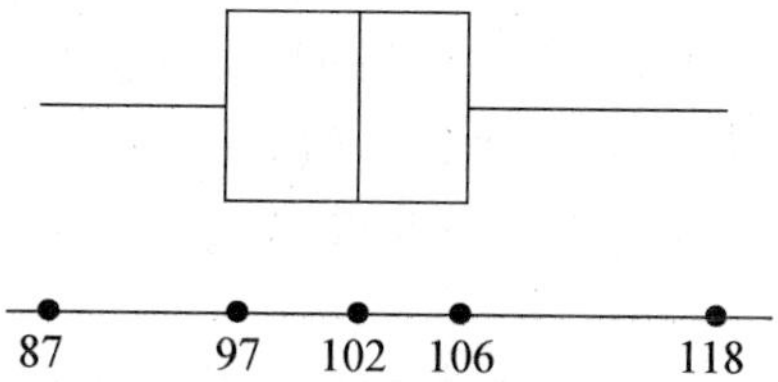

图 6－8

箱线图是基于五数概括法的数据图形汇总方法. Min，Q_1，M，Q_3，Max 这五个数将数据划分成 4 个部分，每个部分包含约$\frac{1}{4}$的数据. 箱体用来描述两个四分位数之间一半数据的分布，箱体左侧的线段代表小于第一四分位数的那$\frac{1}{4}$的数据，箱体右侧的线段代表大于第三四分位数的那$\frac{1}{4}$的数据. 箱线图可以很形象地反映数据的重要性质.

(1) 中心位置：中位数所在的位置是数据的中心.

(2) 分散程度：当区间长度较短时，表示落在该区间的点较为集中，反之较为分散.

(3) 对称性：若中位数位于箱子的中间位置，则数据分布较为对称. 若 Min 到 M 的距离较 Max 到 M 的距离大，表明数据分布向左倾斜，反之表明数据向右倾斜.

对于多个数据组，可以将各个数据组的箱线图并列起来画在同一个图中，以便对比不同数据组的分布特征.

例 6.2.6　试绘制例 6.2.3 中两个数据组的箱线图.

解　在 21 个女生的体重数据中，Min＝85，Max＝123，分别由 $21\times0.25=5.25$，$21\times0.5=10.5$，$21\times0.75=15.75$ 可知，$Q_1=x_6=96$，$M=x_{11}=103$，$Q_3=x_{16}=110$.

在 21 个男生的体重数据中，Min＝119，Max＝174，$Q_1=x_6=128$，$M=x_{11}=135$，$Q_3=x_{16}=145$.

根据以上分析，可对两个数据组作箱线图，如图 6-9 所示.

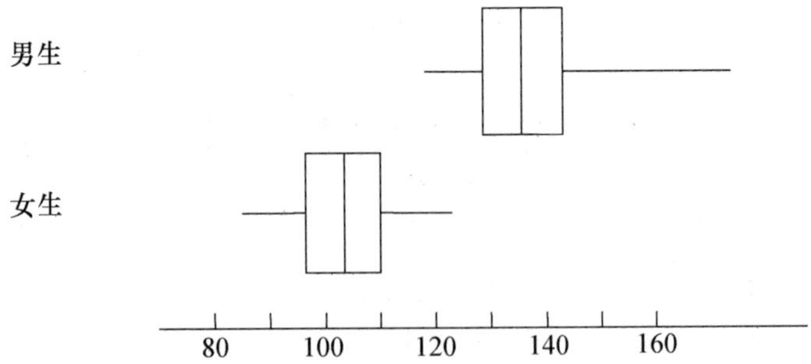

图 6-9

从图 6-9 可以看出，21 名女生的体重分布较为对称，且较为集中；21 名男生的体重分布向右倾斜，在中位数的右边较为分散，且 21 名男生的体重明显比 21 名女生的体重大. 箱线图特别适用于多组数据的比较.

若数据组中的某个观察值不寻常地大于或小于该数据组中的其他数据，则称此观察值为**疑似异常值**. 疑似异常值的存在可能会给后续的研究带来较大的误差，因此，在应用数据进行推断前，检查疑似异常值并进行恰当处理是非常必要的. 疑似异常值的检查方法和判别标准很多，本节将基于如下判别标准对疑似异常值进行识别：记 $IQR=Q_3-Q_1$，称为**四分位数间距**，若某观察值小于 $Q_1-1.5IQR$ 或者大于 $Q_3+1.5IQR$，则认为此观察值为疑似异常值.

在箱线图中标记出疑似异常值，对箱线图进行修正可更直观、更准确地描述数据集的分布特征. 修正箱线图的绘制步骤如下.

(1) 画一条水平数轴，在轴上标出 Min，Q_1，M，Q_3，Max. 在数轴上方画一个矩形箱子，箱子的上、下侧与数轴平行，箱子的左右边界分别为 Q_1，Q_3.

(2) 在箱体上对应于中位数 M 的位置画一条垂线.

(3) 检查并标记疑似异常值：计算 IQR、$Q_1-1.5IQR$ 及 $Q_3+1.5IQR$，当观察值小于 $Q_1-1.5IQR$ 或者大于 $Q_3+1.5IQR$ 时，则认为它是一个疑似异常值，在箱线图中画出疑似异常值，并用 * 标记.

(4) 确定除疑似异常值之外的其他数据的最小值 Min 及最大值 Max，从箱子右侧向右引一水平线至新的最大值，从箱子左侧向左引一水平线至新的最小值，则可得到**修正箱线图**.

例 6.2.7 判断例 6.2.3 中 21 名男生的体重数据中是否存在疑似异常值，并画出修正箱线图.

解 在例 6.2.6 中已知，$Q_1=x_6=128$，$M=135$，$Q_3=x_{16}=145$，故四分位数间距 $IQR=Q_3-Q_1=17$. 因此，

$$Q_1-1.5IQR=102.5,\ Q_3+1.5IQR=170.5.$$

由于 $174>170.5$，故 174 为疑似异常值.

修正箱线图如图 6-10 所示.

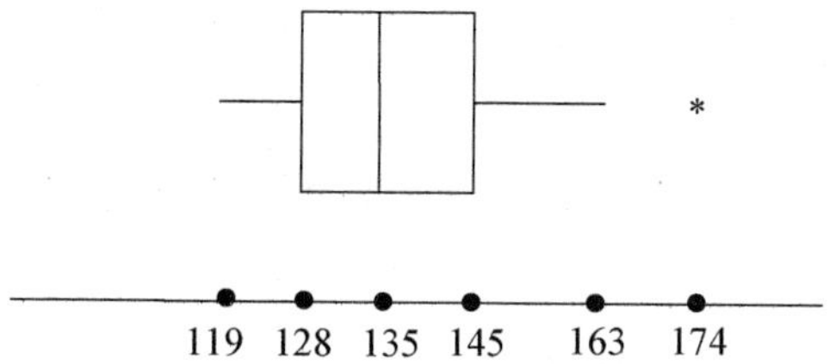

图 6-10

由此可见，不考虑疑似异常值，数据分布略微向右倾斜.

习题 6.2

1. 为了解某高校大二学生的概率论课程的考试成绩，随机抽查 30 名学生，成绩如下：

74	96	76	88	76	67	69	75	86	56
62	93	84	79	65	78	91	63	55	83
68	72	66	73	82	71	79	90	77	57

试画出上述数据的频率直方图.

2. 画出第 1 题中数据的茎叶图.
3. 画出第 1 题中数据的箱线图，并判断是否有疑似异常值点.
4. 在某校两个毕业班中各随机抽查 11 名学生的毕业论文成绩，记录如下：

1 班：60　71　76　78　80　81　83　85　86　93　97

2 班：69　73　76　78　79　81　81　83　84　92　94

(1) 试绘制上述两组数据的茎叶图；

(2) 判断上述两组数据中是否存在疑似异常值，并绘制箱线图.

§6.3　统计量与抽样分布

样本是进行统计推断的重要依据，但在实际问题中，往往不会直接使用这些样本进行推断，因为样本数据比较零乱，信息比较分散，通常需要适当地构造样本的函数来进行统计推断.

定义 6.3.1　设 X_1，X_2，…，X_n 为来自总体 X 的样本，若 X_1，X_2，…，X_n 的函数 $g(X_1, X_2, \cdots, X_n)$ 中不含有任何未知参数，则称 $g(X_1, X_2, \cdots, X_n)$ 为**统计量**.

例如，$\frac{1}{n}(X_1+X_2+\cdots+X_n)$，$\max\{X_1, X_2, \cdots, X_n\}$ 都是统计量.

由于 X_1，X_2，…，X_n 是随机变量，因此统计量 $g(X_1, X_2, \cdots, X_n)$ 作为随机变量的函数也是随机变量. 假设 x_1，x_2，…，x_n 是样本值，则称 $g(x_1, x_2, \cdots, x_n)$ 为统计量 $g(X_1, X_2, \cdots, X_n)$ 的观察值.

下面列出一些常用的统计量.

6.3.1 常用统计量

设 X_1，X_2，…，X_n 为来自总体 X 的样本，可定义如下统计量.

(1) 样本均值.

记 $\overline{X}=\frac{1}{n}\sum_{i=1}^{n}X_i$，称 $\overline{X}$ 为**样本均值**.

定理 6.3.1 设总体 X 的期望 μ 和方差 σ^2 均存在，X_1，X_2，…，X_n 为来自总体 X 的样本，则 $E(\overline{X})=\mu$，$D(\overline{X})=\frac{\sigma^2}{n}$.

证 由已知条件，随机变量 X_1，X_2，…，X_n 相互独立且均与 X 具有相同的分布，因此，$E(X_i)=\mu$，$D(X_i)=\sigma^2$ ($i=1$，2，…，n). 故

$$E(\overline{X})=E\left(\frac{1}{n}\sum_{i=1}^{n}X_i\right)=\frac{1}{n}\sum_{i=1}^{n}E(X_i)=\frac{1}{n}\cdot n\mu=\mu,$$

$$D(\overline{X})=D\left(\frac{1}{n}\sum_{i=1}^{n}X_i\right)=\frac{1}{n^2}\sum_{i=1}^{n}D(X_i)=\frac{1}{n^2}\cdot n\sigma^2=\frac{\sigma^2}{n}.$$

由于 X_1，X_2，…，X_n 相互独立，且与总体 X 同分布，故由辛钦大数定律可知，

$$\overline{X}=\frac{1}{n}\sum_{i=1}^{n}X_i\xrightarrow{P}E(X),$$

从而，样本均值 $\overline{X}$ 常用于估计总体均值 $E(X)$.

(2) 样本方差.

记 $S^2=\frac{1}{n-1}\sum_{i=1}^{n}(X_i-\overline{X})^2=\frac{1}{n-1}\left(\sum_{i=1}^{n}X_i^2-n\overline{X}^2\right)$ ①，称 S^2 为**样本方差**.

定理 6.3.2 设总体 X 的期望 μ 和方差 σ^2 均存在，X_1，X_2，…，X_n 为来自总体 X 的样本，则 $E(S^2)=\sigma^2$.

证 由于

$$S^2=\frac{1}{n-1}\left(\sum_{i=1}^{n}X_i^2-n\overline{X}^2\right),$$

故

$$E(S^2)=\frac{1}{n-1}\left[\sum_{i=1}^{n}E(X_i^2)-nE(\overline{X}^2)\right].$$

---

① $$S^2=\frac{1}{n-1}\sum_{i=1}^{n}(X_i-\overline{X})^2=\frac{1}{n-1}\sum_{i=1}^{n}(X_i^2-2\overline{X}X_i+\overline{X}^2)$$
$$=\frac{1}{n-1}\left[\sum_{i=1}^{n}X_i^2-2\overline{X}\sum_{i=1}^{n}X_i+n\overline{X}^2\right],$$

注意到，$\sum_{i=1}^{n}X_i=n\overline{X}$，故 $S^2=\frac{1}{n-1}\left[\sum_{i=1}^{n}X_i^2-2\overline{X}\cdot n\overline{X}+n\overline{X}^2\right]=\frac{1}{n-1}\left(\sum_{i=1}^{n}X_i^2-n\overline{X}^2\right)$.

又

$$E(X_i^2)=E(X^2)=D(X)+[E(X)]^2=\sigma^2+\mu^2,$$
$$E(\overline{X}^2)=D(\overline{X})+[E(\overline{X})]^2=\frac{\sigma^2}{n}+\mu^2,$$

因此

$$E(S^2)=\frac{1}{n-1}\Big[\sum_{i=1}^{n}(\sigma^2+\mu^2)-n\Big(\frac{\sigma^2}{n}+\mu^2\Big)\Big]=\frac{1}{n-1}\cdot(n-1)\sigma^2=\sigma^2.$$

样本方差 S^2 刻画的是样本相对于样本均值的平均离散程度，常用于估计总体方差 $D(X)$.

$S=\sqrt{S^2}=\sqrt{\frac{1}{n-1}\sum\limits_{i=1}^{n}(X_i-\overline{X})^2}$ 称为**样本标准差**，也是常用的统计量.

(3) 样本 k 阶原点矩.

记 $A_k=\frac{1}{n}\sum\limits_{i=1}^{n}X_i^k$，$k=1, 2, \cdots$，称 A_k 为**样本 k 阶原点矩（或样本 k 阶矩）**.

不难看出，当 $k=1$ 时，$A_1=\frac{1}{n}\sum\limits_{i=1}^{n}X_i=\overline{X}$，即样本均值 $\overline{X}$ 为样本1阶原点矩.

若总体 X 的 k 阶矩 $E(X^k)$ 存在，记 $\mu_k=E(X^k)$，由辛钦大数定律可知，

$$A_k=\frac{1}{n}\sum_{i=1}^{n}X_i^k\xrightarrow{P}\mu_k,\ k=1, 2, \cdots.$$

从而，样本的 k 阶原点矩 $A_k=\frac{1}{n}\sum\limits_{i=1}^{n}X_i^k$ 常用于估计总体的 k 阶矩 μ_k.

(4) 样本 k 阶中心矩.

记 $B_k=\frac{1}{n}\sum\limits_{i=1}^{n}(X_i-\overline{X})^k$，$k=2, 3, \cdots$，称 B_k 为**样本 k 阶中心矩**.

易知，

$$B_2=\frac{1}{n}\sum_{i=1}^{n}(X_i-\overline{X})^2=\frac{1}{n}\Big(\sum_{i=1}^{n}X_i^2-n\overline{X}^2\Big)=\frac{1}{n}\sum_{i=1}^{n}X_i^2-\overline{X}^2=A_2-A_1^2.$$

(5) 经验分布函数.

设 X_1，X_2，$\cdots$，X_n 是总体 X 的样本，记 $S(x)$ $(-\infty<x<+\infty)$ 为 X_1，X_2，$\cdots$，X_n 中不大于 x 的随机变量的个数. **经验分布函数 $F_n(x)$** 定义为

$$F_n(x)=\frac{S(x)}{n},\quad -\infty<x<+\infty.$$

给定样本值 x_1，x_2，$\cdots$，x_n，容易算得经验分布函数 $F_n(x)$ 的观察值，其观察值仍用 $F_n(x)$ 表示.

设 x_1，x_2，$\cdots$，x_n 是总体 X 的样本值. 一般地，先将 x_1，x_2，$\cdots$，x_n 按从小到大的次序排列，并重新编号，记为

$$x_{(1)} \leqslant x_{(2)} \leqslant \cdots \leqslant x_{(n)},$$

则经验分布函数 $F_n(x)$ 的观察值为

$$F_n(x)=\begin{cases}0, & x<x_{(1)} \\ \dfrac{k}{n}, & x_{(k)} \leqslant x<x_{(k+1)}, \quad k=1, 2, \cdots, n-1. \\ 1, & x \geqslant x_{(n)}\end{cases}$$

例 6.3.1 从总体 X 中抽取一个容量为 8 的样本，设其样本值为 1，2，3，1，3，2，1，1，试求经验分布函数 $F_8(x)$ 的观察值.

解 首先将样本值从小到大排列为 1，1，1，1，2，2，3，3，则经验分布函数的观察值为

$$F_8(x)=\begin{cases}0, & x<1 \\ 0.5, & 1 \leqslant x<2 \\ 0.75, & 2 \leqslant x<3 \\ 1, & x \geqslant 3\end{cases}.$$

对于任意给定的 $x \in(-\infty,+\infty)$，$F(x)=P\{X \leqslant x\}$ 表示随机变量 X 落在区间 $(-\infty, x]$ 上的概率，而 $S(x)$ 表示 n 个随机变量 X_1，X_2，…，X_n 中落在区间 $(-\infty, x]$ 上的随机变量的个数，因此 $F_n(x)$ 表示 n 个随机变量 X_1，X_2，…，X_n 落在区间 $(-\infty, x]$ 上的频率. 由于 X_1，X_2，…，X_n 相互独立且与 X 同分布，故由伯努利大数定律可知，当 $n \rightarrow \infty$ 时，有

$$F_n(x) \xrightarrow{P} F(x).$$

事实上，对 $F_n(x)$ 与 $F(x)$ 之间的关系还有更好的刻画，即格里汶科定理.

定理 6.3.3（格里汶科定理） 对于任意实数 x，经验分布函数 $F_n(x)$ 以概率 1 一致收敛于分布函数 $F(x)$，即

$$P\{\lim_{n \rightarrow \infty} \sup_{-\infty<x<+\infty}|F_n(x)-F(x)|=0\}=1.$$

定理 6.3.3 表明，对于任意实数 x，当 n 充分大时，经验分布函数的任意一个观察值 $F_n(x)$ 与总体 X 的分布函数 $F(x)$ 只有微小的差别，从而在实际问题中，常用 $F_n(x)$ 估计 $F(x)$.

由于统计量是随机变量，因此，在使用统计量进行统计推断时，需要预先知道所采用的统计量的概率分布. 统计量的分布称为**抽样分布**. 下面介绍来自正态总体的几个常用的抽样分布，正态总体是指总体 X 服从正态分布.

6.3.2 常用抽样分布

（1）χ^2 分布.

定义 6.3.2 设 X_1，X_2，…，X_n 是来自总体 $N(0, 1)$ 的样本，记

$$\chi^2=X_1^2+X_2^2+\cdots+X_n^2, \tag{6.3.1}$$

则 χ^2 服从**自由度为 n 的 χ^2 分布**，记为 $\chi^2 \sim \chi^2(n)$. 这里，自由度是指式（6.3.1）右端包

含的独立变量的个数.

$\chi^2(n)$ 分布的概率密度为

$$f(y)=\begin{cases}\dfrac{1}{2^{\frac{n}{2}}\Gamma(\frac{n}{2})}y^{\frac{n}{2}-1}\mathrm{e}^{-\frac{y}{2}}, & y>0\\ 0, & \text{其他}\end{cases}, \tag{6.3.2}$$

其中，$\Gamma(t)=\int_0^{+\infty}x^{t-1}\mathrm{e}^{-x}\mathrm{d}x(t>0)$.

$\chi^2(n)$ 分布的概率密度 $f(y)$ 的图像如图 6-11 所示.

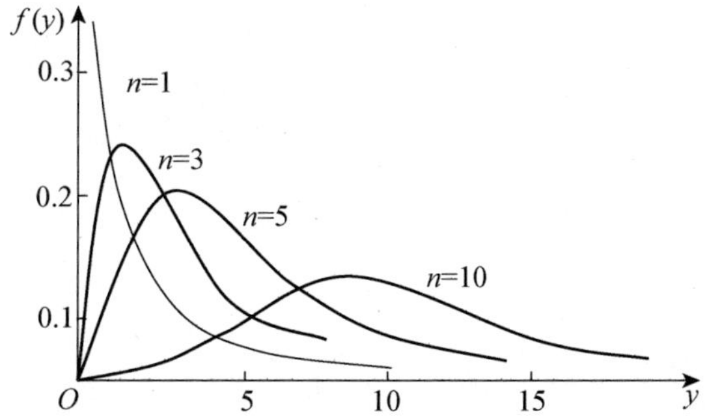

图 6-11

例 6.3.2 设 X_1，X_2，X_3，X_4 是来自总体 $X\sim N(0,4)$ 的样本，已知 $a(X_1-2X_2)^2+b(3X_3-4X_4)^2$ 服从自由度为 n 的 χ^2 分布，其中 a，b 均为不等于 0 的常数，试求常数 a，b 以及自由度 n.

解 由已知条件，X_1，X_2，X_3，X_4 相互独立且均服从正态分布 $N(0,4)$，因此 X_1-2X_2，$3X_3-4X_4$ 均服从正态分布. 又

$$E(X_1-2X_2)=E(X_1)-2E(X_2)=0-2\times0=0,$$
$$D(X_1-2X_2)=D(X_1)+4D(X_2)=4+4\times4=20,$$

故 $X_1-2X_2\sim N(0,20)$，即有

$$\frac{X_1-2X_2}{\sqrt{20}}\sim N(0,1).$$

同理，$3X_3-4X_4\sim N(0,100)$，即

$$\frac{3X_3-4X_4}{\sqrt{100}}\sim N(0,1).$$

显然，$\dfrac{X_1-2X_2}{\sqrt{20}}$与$\dfrac{3X_3-4X_4}{\sqrt{100}}$相互独立，由定义 6.3.2 有

$$\frac{(X_1-2X_2)^2}{20}+\frac{(3X_3-4X_4)^2}{100}\sim\chi^2(2).$$

而由题设，$a(X_1-2X_2)^2+b(3X_3-4X_4)^2$ 服从自由度为 n 的 χ^2 分布，因此

$$a=\frac{1}{20},\ b=\frac{1}{100},\ n=2.$$

χ^2 分布具有以下性质.

1）**（χ^2 分布的可加性）** 若 $\chi_1^2\sim\chi^2(m)$，$\chi_2^2\sim\chi^2(n)$，且 χ_1^2 与 χ_2^2 相互独立，则有 $\chi_1^2+\chi_2^2\sim\chi^2(m+n)$.

2）若 $\chi^2\sim\chi^2(n)$，则 $E(\chi^2)=n$，$D(\chi^2)=2n$.

证 1）显然成立.

2）设 X_1，X_2，…，X_n 相互独立且 $X_i\sim N(0,1)$（$i=1,2,\cdots,n$），则

$$\chi^2\overset{d}{=}X_1^2+X_2^2+\cdots+X_n^2\text{①},$$

由 $X_i\sim N(0,1)$ 可知，

$$E(X_i^2)=[E(X_i)]^2+D(X_i)=0^2+1=1.$$

因此

$$E(\chi^2)=E\Big(\sum_{i=1}^{n}X_i^2\Big)=\sum_{i=1}^{n}E(X_i^2)=n.$$

由于

$$\begin{aligned}E(X_i^4)&=\int_{-\infty}^{+\infty}x^4\cdot\frac{1}{\sqrt{2\pi}}\mathrm{e}^{-\frac{x^2}{2}}\mathrm{d}x=-\frac{1}{\sqrt{2\pi}}\int_{-\infty}^{+\infty}x^3\mathrm{d}(\mathrm{e}^{-\frac{x^2}{2}})\\&=\frac{3}{\sqrt{2\pi}}\int_{-\infty}^{+\infty}x^2\mathrm{e}^{-\frac{x^2}{2}}\mathrm{d}x=3\int_{-\infty}^{+\infty}x^2\cdot\frac{1}{\sqrt{2\pi}}\mathrm{e}^{-\frac{x^2}{2}}\mathrm{d}x\\&=3E(X_i^2)=3,\end{aligned}$$

因此

$$D(X_i^2)=E(X_i^4)-[E(X_i^2)]^2=3-1=2.$$

由 X_1，X_2，…，X_n 相互独立可知，X_1^2，X_2^2，…，X_n^2 相互独立，于是

$$D(\chi^2)=D\Big(\sum_{i=1}^{n}X_i^2\Big)=\sum_{i=1}^{n}D(X_i^2)=2n.$$

定义 6.3.3 设 $\chi^2\sim\chi^2(n)$，对于给定的 α（$0<\alpha<1$），称满足

$$P\{\chi^2>\chi_\alpha^2(n)\}=\int_{\chi_\alpha^2(n)}^{+\infty}f(y)\mathrm{d}y=\alpha$$

的点 $\chi_\alpha^2(n)$ 为 **χ^2 分布的上 α 分位点**（如图 6－12 所示）.

χ^2 分布的上 α 分位点可以通过查附表Ⅳ得到．例如，$\alpha=0.05$，$n=16$，查附表Ⅳ可知，$\chi_{0.05}^2(16)=26.296$. 但该表只详列到 $n=40$. 费希尔（R. A. Fisher）证明了，当 n 充

---

① $X\overset{d}{=}Y$ 表示随机变量 X，Y 服从相同的分布.

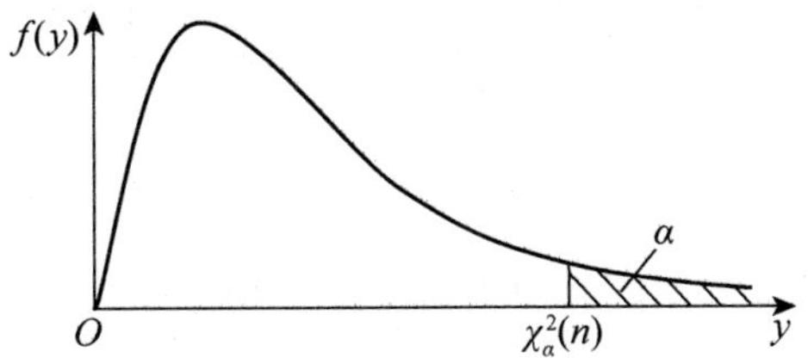

图 6-12

分大时，近似地有

$$\chi_\alpha^2(n)\approx\frac{1}{2}(z_\alpha+\sqrt{2n-1})^2, \tag{6.3.3}$$

其中 z_α 是标准正态分布的上 α 分位点. 因此，当 $n>40$ 时，可近似利用式（6.3.3）求出 $\chi_\alpha^2(n)$.

例如，由式（6.3.3）可得，

$$\chi_{0.025}^2(80)\approx\frac{1}{2}(z_{0.025}+\sqrt{159})^2\approx106.136,$$

而实际上，$\chi_{0.025}^2(80)=106.629$，二者差距比较小.

（2）t 分布.

定义 6.3.4 设随机变量 X 与 Y 相互独立，且 $X\sim N(0,1)$，$Y\sim\chi^2(n)$，记

$$t=\frac{X}{\sqrt{Y/n}},$$

则 t 服从自由度为 n 的 **t 分布**（又称**学生氏分布**），记为 $t\sim t(n)$.

$t(n)$ 分布的概率密度为

$$h_n(t)=\frac{\Gamma[(n+1)/2]}{\Gamma(n/2)\sqrt{n\pi}}\left(1+\frac{t^2}{n}\right)^{-(n+1)/2},\quad -\infty<t<+\infty.$$

t 分布的概率密度 $h_n(t)$ 的图像如图 6-13 所示.

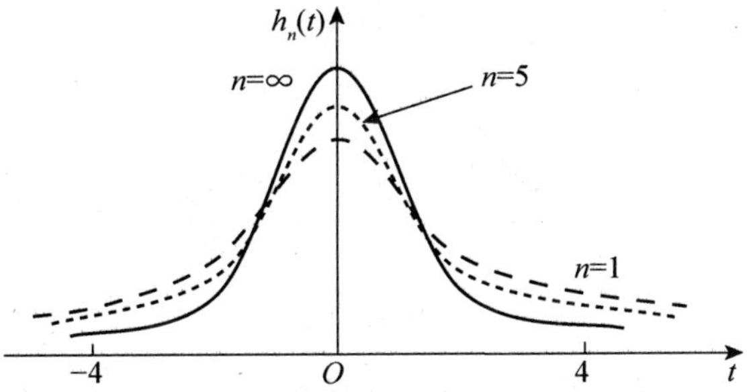

图 6-13

t 分布具有如下性质：

1）t 分布的概率密度曲线关于直线 $t=0$ 对称；

2）由 Γ 函数的性质可得，

$$\lim_{n\to\infty}h_n(t)=\frac{1}{\sqrt{2\pi}}e^{-\frac{t^2}{2}},$$

即当自由度 n 充分大时，$t(n)$ 分布近似于标准正态分布.

例 6.3.3 设 X_1，X_2，X_3，X_4 是来自标准正态总体的样本，试证明 $Y=\frac{X_1+X_2}{\sqrt{X_3^2+X_4^2}}\sim t(2)$.

证 由已知条件，X_1，X_2，X_3，X_4 相互独立且均服从 $N(0, 1)$ 分布，故

$$X_3^2+X_4^2\sim\chi^2(2), \quad X_1+X_2\sim N(0, 2).$$

于是，

$$\frac{X_1+X_2}{\sqrt{2}}\sim N(0, 1).$$

显然，$\frac{X_1+X_2}{\sqrt{2}}$ 与 $X_3^2+X_4^2$ 相互独立，由 t 分布的定义可知，

$$\frac{(X_1+X_2)/\sqrt{2}}{\sqrt{(X_3^2+X_4^2)/2}}\sim t(2),$$

即 $Y=\frac{X_1+X_2}{\sqrt{X_3^2+X_4^2}}\sim t(2)$.

定义 6.3.5 设 $t\sim t(n)$，对于给定的 α（$0<\alpha<1$），称满足条件

$$P\{t>t_\alpha(n)\}=\int_{t_\alpha(n)}^{+\infty}h_n(t)\mathrm{d}t=\alpha$$

的点 $t_\alpha(n)$ 为 **$t(n)$ 分布的上 α 分位点**（如图 6-14 所示）.

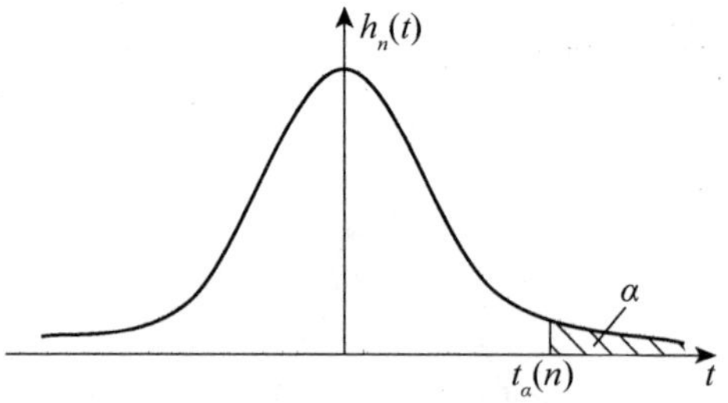

图 6-14

对部分常用的较小的 α 值及自由度 $n\leqslant45$ 的情况，附表Ⅲ中列出了 t 分布的上 α 分位点. 例如，查附表Ⅲ可知，$t_{0.025}(20)=2.0860$.

当 $n\leqslant45$ 且 α 较大时，由于分布的概率密度函数是偶函数，因此其上 α 分位点 $t_\alpha(n)$ 满足

$$t_{1-\alpha}(n)=-t_\alpha(n).$$

例如，

$$t_{0.85}(12)=-t_{0.15}(12)=-1.083.$$

当自由度 $n>45$ 时，$t_\alpha(n)$ 可以用标准正态分布的上 α 分位点 z_α 来近似，即有 $t_\alpha(n)\approx z_\alpha$. 例如，

$$t_{0.025}(90)\approx z_{0.025}=1.96.$$

(3) F 分布.

定义 6.3.6 设随机变量 X 与 Y 相互独立，且 $X\sim\chi^2(m)$，$Y\sim\chi^2(n)$，记

$$F=\frac{X/m}{Y/n},$$

则 F 服从**自由度为 (m, n) 的 F 分布**，记为 $F\sim F(m, n)$.

$F(m, n)$ 分布的概率密度为

$$\psi(y)=\begin{cases}\dfrac{\Gamma[(m+n)/2](m/n)^{m/2}y^{m/2-1}}{\Gamma(m/2)\Gamma(n/2)[1+my/n]^{(m+n)/2}}, & y>0,\\ 0, & \text{其他}\end{cases}$$

$F(m, n)$ 分布的概率密度 $\psi(y)$ 的图像如图 6-15 所示.

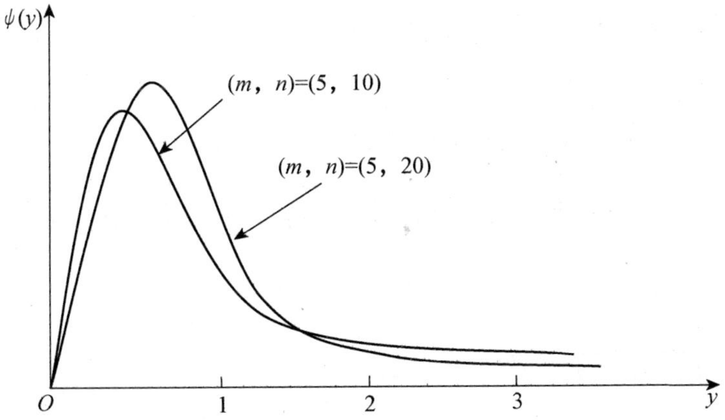

图 6-15

由定义 6.3.6 易知，若 $F\sim F(m, n)$，则 $\frac{1}{F}\sim F(n, m)$.

例 6.3.4 设 $X\sim t(n)$，试求 X^2 的概率分布.

解 设 $Y\sim N(0, 1)$，$Z\sim\chi^2(n)$ 且 Y，Z 相互独立，则依题意，有

$$X\overset{d}{=}\frac{Y}{\sqrt{Z/n}}.$$

从而

$$X^2 \stackrel{d}{=} \frac{Y^2}{Z/n} = \frac{Y^2/1}{Z/n} \sim F(1, n),$$

即 X^2 服从自由度为（1，n）的 F 分布.

定义 6.3.7 设 $F \sim F(m, n)$，对于给定的 α（$0<\alpha<1$），称满足条件

$$P\{F > F_\alpha(m, n)\} = \int_{F_\alpha(m, n)}^{+\infty} \psi(y)\mathrm{d}y = \alpha$$

的点 $F_\alpha(m, n)$ 为 **$F(m, n)$ 分布的上 α 分位点**（如图 6－16 所示）.

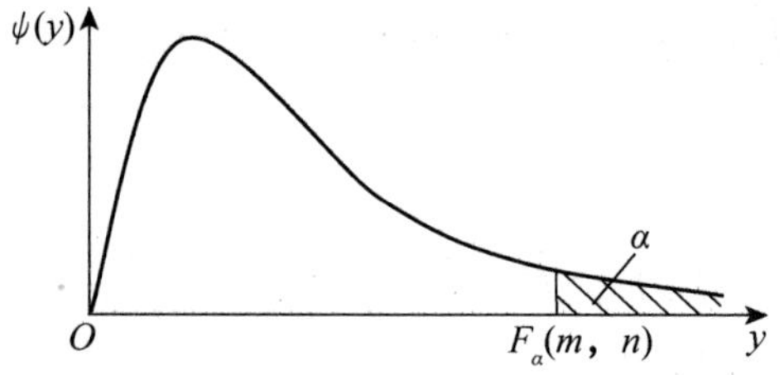

图 6－16

对于常用的较小的 α 值，$F(m, n)$ 分布的上 α 分位点可由附表Ⅴ查得. 例如，$F_{0.05}(20, 15)=2.20$. 对于较大的 α 值，附表Ⅴ没有直接列出 $F(m, n)$ 分布的上 α 分位点，但可以借助以下性质求得.

F 分布的性质：$F_{1-\alpha}(m, n)=\dfrac{1}{F_\alpha(n, m)}$.

证 设 $F \sim F(m, n)$，则由定义 6.3.7 可知，

$$\begin{aligned} 1-\alpha &= P\{F>F_{1-\alpha}(m, n)\}=1-P\{F\leqslant F_{1-\alpha}(m, n)\} \\ &=1-P\left\{\frac{1}{F}\geqslant\frac{1}{F_{1-\alpha}(m, n)}\right\}=1-P\left\{\frac{1}{F}>\frac{1}{F_{1-\alpha}(m, n)}\right\}, \end{aligned}$$

故

$$P\left\{\frac{1}{F}>\frac{1}{F_{1-\alpha}(m, n)}\right\}=\alpha.$$

而$\dfrac{1}{F}\sim F(n, m)$，因此，由定义 6.3.7 可知，$\dfrac{1}{F_{1-\alpha}(m, n)}$即为 $F(n, m)$ 分布的上 α 分位点，即

$$\frac{1}{F_{1-\alpha}(m, n)}=F_\alpha(n, m),$$

从而

$$F_{1-\alpha}(m, n)=\frac{1}{F_\alpha(n, m)}.$$

例如，

$$F_{0.95}(20, 12)=\frac{1}{F_{0.05}(12, 20)}=\frac{1}{2.54}\approx 0.394.$$

6.3.3 正态总体的样本均值与样本方差的分布

正态总体的样本均值 $\overline{X}$ 、样本方差 S^2 除分别满足定理 6.3.1、定理 6.3.2 外，它们的分布还有精确的刻画和描述. 下面探讨正态总体 X 的样本均值与样本方差的分布.

定理 6.3.4 设 $X_1, X_2, \cdots, X_n$ 为来自总体 $N(\mu, \sigma^2)$ 的样本，$\overline{X}$ 为样本均值，则有 $\overline{X}\sim N\left(\mu, \frac{\sigma^2}{n}\right)$，即 $\frac{\overline{X}-\mu}{\sigma/\sqrt{n}}\sim N(0, 1)$.

证 由已知条件，随机变量 $X_1, X_2, \cdots, X_n$ 相互独立且均服从 $N(\mu, \sigma^2)$ 分布，因此，$\overline{X}=\frac{1}{n}\sum_{i=1}^{n}X_i$ 服从正态分布. 又由定理 6.3.1 可知，$E(\overline{X})=\mu$，$D(\overline{X})=\frac{\sigma^2}{n}$. 从而，$\overline{X}\sim N\left(\mu, \frac{\sigma^2}{n}\right)$.

定理 6.3.5 设 $X_1, X_2, \cdots, X_n$ 为来自总体 $N(\mu, \sigma^2)$ 的样本，$\overline{X}$ 为样本均值，$S^2=\frac{1}{n-1}\sum_{i=1}^{n}(X_i-\overline{X})^2$ 为样本方差，则有

(1) $\frac{(n-1)S^2}{\sigma^2}\sim\chi^2(n-1)$；　(2) $\overline{X}$ 与 S^2 相互独立.

定理 6.3.5 的证明见本章附录.

定理 6.3.6 设 $X_1, X_2, \cdots, X_n$ 为来自总体 $N(\mu, \sigma^2)$ 的样本，$\overline{X}$ 与 S^2 分别为样本均值与样本方差，则 $\frac{\overline{X}-\mu}{S/\sqrt{n}}\sim t(n-1)$.

证 由定理 6.3.4 与定理 6.3.5 可知，

$$\frac{\overline{X}-\mu}{\sigma/\sqrt{n}}\sim N(0, 1),\quad \frac{(n-1)S^2}{\sigma^2}\sim\chi^2(n-1),$$

且 $\frac{\overline{X}-\mu}{\sigma/\sqrt{n}}$ 与 $\frac{(n-1)S^2}{\sigma^2}$ 相互独立. 由 t 分布的定义 6.3.4 知，

$$\frac{\overline{X}-\mu}{\sigma/\sqrt{n}}\Bigg/\sqrt{\frac{(n-1)S^2}{\sigma^2(n-1)}}\sim t(n-1),$$

化简后即得

$$\frac{\overline{X}-\mu}{S/\sqrt{n}}\sim t(n-1).$$

例 6.3.5 设 $X_1, X_2, \cdots, X_{13}$ 为来自总体 $N(\mu, \sigma^2)$ 的样本，S^2 为样本方差，试计算 $P\left\{\frac{S^2}{\sigma^2}\geqslant 0.367\right\}$.

解 由定理 6.3.5 知，$\frac{12S^2}{\sigma^2}\sim\chi^2(12)$，故

$$P\left\{\frac{S^2}{\sigma^2}\geqslant 0.367\right\}=P\left\{\frac{12S^2}{\sigma^2}\geqslant 4.404\right\}=P\left\{\frac{12S^2}{\sigma^2}>4.404\right\}.$$

而由附表Ⅳ可知，$\chi^2_{0.975}(12)=4.404$，这意味着

$$P\left\{\frac{S^2}{\sigma^2}\geqslant 0.367\right\}=0.975.$$

下面的定理给出了两个正态总体的样本均值之差以及样本方差之比的分布.

定理 6.3.7 设 $X\sim N(\mu_1, \sigma_1^2)$，$Y\sim N(\mu_2, \sigma_2^2)$，且 X 与 Y 相互独立，$X_1, X_2, \cdots, X_{n_1}$ 和 $Y_1, Y_2, \cdots, Y_{n_2}$ 分别为来自 X 与 Y 的样本，$\overline{X}$，$\overline{Y}$ 分别是这两个样本的样本均值，$S_1^2=\frac{1}{n_1-1}\sum\limits_{i=1}^{n_1}(X_i-\overline{X})^2$，$S_2^2=\frac{1}{n_2-1}\sum\limits_{i=1}^{n_2}(Y_i-\overline{Y})^2$ 分别是这两个样本的样本方差，则

(1) $\dfrac{(\overline{X}-\overline{Y})-(\mu_1-\mu_2)}{\sqrt{\dfrac{\sigma_1^2}{n_1}+\dfrac{\sigma_2^2}{n_2}}}\sim N(0, 1)$；

(2) 当 $\sigma_1^2=\sigma_2^2=\sigma^2$ 时，则有

$$\frac{(\overline{X}-\overline{Y})-(\mu_1-\mu_2)}{S_w\sqrt{\dfrac{1}{n_1}+\dfrac{1}{n_2}}}\sim t(n_1+n_2-2),$$

其中

$$S_w=\sqrt{\frac{(n_1-1)S_1^2+(n_2-1)S_2^2}{n_1+n_2-2}};$$

(3) $\dfrac{S_1^2/\sigma_1^2}{S_2^2/\sigma_2^2}\sim F(n_1-1, n_2-1)$.

证 (1) 由定理 6.3.4 知，

$$\overline{X}\sim N\left(\mu_1, \frac{\sigma_1^2}{n_1}\right),\quad \overline{Y}\sim N\left(\mu_2, \frac{\sigma_2^2}{n_2}\right).$$

由于总体 X 与 Y 相互独立，故 $\overline{X}$，$\overline{Y}$ 相互独立，因此 $\overline{X}-\overline{Y}$ 服从正态分布，且

$$E(\overline{X}-\overline{Y})=E(\overline{X})-E(\overline{Y})=\mu_1-\mu_2,$$

$$D(\overline{X}-\overline{Y})=D(\overline{X})+D(\overline{Y})=\frac{\sigma_1^2}{n_1}+\frac{\sigma_2^2}{n_2},$$

即

$$\overline{X}-\overline{Y}\sim N\left(\mu_1-\mu_2, \frac{\sigma_1^2}{n_1}+\frac{\sigma_2^2}{n_2}\right),$$

从而

$$\frac{(\overline{X}-\overline{Y})-(\mu_1-\mu_2)}{\sqrt{\dfrac{\sigma_1^2}{n_1}+\dfrac{\sigma_2^2}{n_2}}}\sim N(0, 1).$$

(2) 当 $\sigma_1^2=\sigma_2^2=\sigma^2$ 时，由定理 6.3.5 可知，

$$\frac{(n_1-1)S_1^2}{\sigma^2}\sim\chi^2(n_1-1),\quad \frac{(n_2-1)S_2^2}{\sigma^2}\sim\chi^2(n_2-1),$$

由于 X 与 Y 相互独立，因此 $\frac{(n_1-1)S_1^2}{\sigma^2}$，$\frac{(n_2-1)S_2^2}{\sigma^2}$ 相互独立，故由 χ^2 分布的可加性知，

$$V=\frac{(n_1-1)S_1^2}{\sigma^2}+\frac{(n_2-1)S_2^2}{\sigma^2}\sim\chi^2(n_1+n_2-2).$$

由定理 6.3.7 (1) 知，

$$U=\frac{(\overline{X}-\overline{Y})-(\mu_1-\mu_2)}{\sqrt{\frac{\sigma^2}{n_1}+\frac{\sigma^2}{n_2}}}\sim N(0,\ 1).$$

由于 U 与 V 相互独立，由 t 分布的定义 6.3.4 可知，

$$\frac{U}{\sqrt{V/(n_1+n_2-2)}}=\frac{(\overline{X}-\overline{Y})-(\mu_1-\mu_2)}{S_w\sqrt{\frac{1}{n_1}+\frac{1}{n_2}}}\sim t(n_1+n_2-2).$$

(3) 由定理 6.3.5 知，

$$\frac{(n_1-1)S_1^2}{\sigma_1^2}\sim\chi^2(n_1-1),\ \frac{(n_2-1)S_2^2}{\sigma_2^2}\sim\chi^2(n_2-1),$$

因此，由 F 分布的定义 6.3.6 可知，

$$\frac{(n_1-1)S_1^2}{\sigma_1^2(n_1-1)}\Big/\frac{(n_2-1)S_2^2}{\sigma_2^2(n_2-1)}\sim F(n_1-1,\ n_2-1),$$

整理即得

$$\frac{S_1^2/\sigma_1^2}{S_2^2/\sigma_2^2}\sim F(n_1-1,\ n_2-1).$$

附录

*** 定理 6.3.5 的证明**

(1) 由于

$$\frac{(n-1)S^2}{\sigma^2}=\frac{\sum_{i=1}^{n}(X_i-\overline{X})^2}{\sigma^2}=\frac{\sum_{i=1}^{n}[(X_i-\mu)-(\overline{X}-\mu)]^2}{\sigma^2}$$

$$=\frac{\sum_{i=1}^{n}(X_i-\mu)^2-2(\overline{X}-\mu)\sum_{i=1}^{n}(X_i-\mu)+n(\overline{X}-\mu)^2}{\sigma^2}$$

$$=\frac{\sum_{i=1}^{n}(X_i-\mu)^2-n(\overline{X}-\mu)^2}{\sigma^2}$$

$$= \sum_{i=1}^{n}\left(\frac{X_i-\mu}{\sigma}\right)^2 - n\left(\frac{\overline{X}-\mu}{\sigma}\right)^2,$$

令 $Z_i=\frac{X_i-\mu}{\sigma}$，$\overline{Z}=\frac{\overline{X}-\mu}{\sigma}$，则 $Z_i\sim N(0,\ 1)$.

设 $\boldsymbol{A}=(a_{ij})_{n\times n}$ 为正交矩阵（即 $\boldsymbol{A}^{\mathrm{T}}\boldsymbol{A}=\boldsymbol{E}$，这里，$\boldsymbol{E}$ 为 n 阶单位矩阵），且设 $a_{11}=a_{12}=\cdots=a_{1n}=\frac{1}{\sqrt{n}}$. 令 $\boldsymbol{Y}=\boldsymbol{AZ}$，其中，

$$\boldsymbol{Y}=\begin{pmatrix}Y_1\\Y_2\\\vdots\\Y_n\end{pmatrix},\quad \boldsymbol{Z}=\begin{pmatrix}Z_1\\Z_2\\\vdots\\Z_n\end{pmatrix}.$$

由于 $Y_i=\sum_{j=1}^{n}a_{ij}Z_j(i=1,\ 2,\ \cdots,\ n)$，而 Z_1，Z_2，…，Z_n 相互独立且均服从 $N(0,\ 1)$ 分布，因此，Y_i 服从正态分布，且

$$E(Y_i)=E(\sum_{j=1}^{n}a_{ij}Z_j)=\sum_{j=1}^{n}a_{ij}E(Z_j)=0,$$

$$D(Y_i)=D(\sum_{j=1}^{n}a_{ij}Z_j)=\sum_{j=1}^{n}a_{ij}^2D(Z_j)=\sum_{j=1}^{n}a_{ij}^2=1,$$

故 $Y_i\sim N(0,\ 1)$（$i=1,\ 2,\ \cdots,\ n$）.

另一方面，由于 Z_1，Z_2，…，Z_n 相互独立，且 $Z_i\sim N(0,\ 1)$，故有

$$\mathrm{Cov}(Z_i,\ Z_j)=\begin{cases}0, & i\neq j\\ D(Z_i)=1, & i=j\end{cases},$$

因此，当 $i\neq k$ 时，

$$\mathrm{Cov}(Y_i,\ Y_k)=\mathrm{Cov}(\sum_{j=1}^{n}a_{ij}Z_j,\sum_{l=1}^{n}a_{kl}Z_l)=\sum_{j=1}^{n}\sum_{l=1}^{n}a_{ij}a_{kl}\mathrm{Cov}(Z_j,\ Z_l)=\sum_{j=1}^{n}a_{ij}a_{kj}=0,$$

即 Y_1，Y_2，…，Y_n 两两不相关. 又由于 n 维随机向量（Y_1，Y_2，…，Y_n）是由 n 维随机向量（Z_1，Z_2，…，Z_n）经线性变换得到的，因此，（Y_1，Y_2，…，Y_n）为 n 维正态随机变量. 于是由 Y_1，Y_2，…，Y_n 两两不相关可推得 Y_1，Y_2，…，Y_n 相互独立. 又

$$Y_1=\sum_{j=1}^{n}a_{1j}Z_j=\sum_{j=1}^{n}\frac{1}{\sqrt{n}}Z_j=\frac{1}{\sqrt{n}}\sum_{j=1}^{n}Z_j=\sqrt{n}\overline{Z};$$

$$\sum_{i=1}^{n}Y_i^2=\boldsymbol{Y}^{\mathrm{T}}\boldsymbol{Y}=(\boldsymbol{AZ})^{\mathrm{T}}(\boldsymbol{AZ})=\boldsymbol{Z}^{\mathrm{T}}(\boldsymbol{A}^{\mathrm{T}}\boldsymbol{A})\boldsymbol{Z}=\boldsymbol{Z}^{\mathrm{T}}\boldsymbol{Z}=\sum_{i=1}^{n}Z_i^2,$$

因此

$$\frac{(n-1)S^2}{\sigma^2}=\sum_{i=1}^{n}Z_i^2-n\overline{Z}^2=\sum_{i=1}^{n}Y_i^2-Y_1^2=\sum_{i=2}^{n}Y_i^2.$$

注意到，Y_2，Y_3，…，Y_n 相互独立，且 $Y_i \sim N(0, 1)$，$i=2, 3, \cdots, n$，因此，$\sum_{i=2}^{n} Y_i^2 \sim \chi^2(n-1)$. 故

$$\frac{(n-1)S^2}{\sigma^2} \sim \chi^2(n-1).$$

(2) $\overline{X}=\sigma\overline{Z}+\mu=\frac{\sigma}{\sqrt{n}}Y_1+\mu$ 仅依赖于 Y_1，$S^2=\frac{\sigma^2}{n-1}\sum_{i=2}^{n}Y_i^2$ 仅依赖于 Y_2，Y_3，…，Y_n，由 Y_1，Y_2，…，Y_n 相互独立可知，$\overline{X}$ 与 S^2 相互独立.

习题 6.3

1. 从某机器生产的圆柱形金属片中抽取一个样本，测得直径（单位：cm）分别为

10.1　9.7　10.3　10.5　9.9　9.8　10.2　10.1　10.3

求样本均值 $\bar{x}$ 与样本方差 s^2.

2. 设总体 $X \sim \chi^2(n)$，X_1，X_2，…，X_{16} 为总体 X 的样本，记 $\overline{X}$ 与 S^2 分别为样本均值与样本方差，求 $E(\overline{X})$，$D(\overline{X})$，$E(S^2)$.

3. (1) 设 X_1，X_2，X_3，X_4 是来自总体 $N(0, 1)$ 的样本，记 $Y=(X_1+X_2)^2+(X_3+X_4)^2$，试确定常数 C，使得 CY 服从 χ^2 分布.

(2) 设 X_1，X_2，X_3，X_4，X_5 是来自总体 $N(0, \sigma^2)$ 的样本，$Y=\frac{C(X_1+X_2+X_3)}{\sqrt{X_4^2+X_5^2}}$，试确定常数 C，使得 Y 服从 t 分布.

(3) 设 X_1，X_2，…，X_{15} 是来自总体 $N(0, \sigma^2)$ 的样本，试确定 $Y=\frac{2(X_1^2+X_2^2+\cdots+X_5^2)}{X_6^2+X_7^2+\cdots+X_{15}^2}$ 的概率分布.

4. 设 X_1，X_2，…，X_{10} 为来自总体 $N(3, 1.6)$ 的样本，$\overline{X}$ 为样本均值，试求 $P\{2.6<\overline{X}<3.4\}$.

5. X_1，X_2，…，X_{16} 为来自总体 $X \sim N(\mu, 2^2)$ 的样本，记 $Q=\sum_{i=1}^{16}(X_i-\overline{X})^2$，求 $Z=\frac{4\sqrt{15}(\overline{X}-\mu)}{\sqrt{Q}}$ 的概率分布.

6. 设 X_1，X_2，…，X_{21} 为来自总体 $N(\mu, \sigma^2)$ 的样本，S^2 为样本方差，试求：

(1) $D(S^2)$；　　(2) $P\left\{\frac{S^2}{\sigma^2} \leqslant 1.7085\right\}$.

本章小结

本章主要介绍了数理统计的一些基本概念，例如总体、样本、样本容量、统计量以及抽样分布等. 重点介绍了几个常用统计量：样本均值，样本方差，样本 k 阶矩，样本 k 阶

中心矩，经验分布函数等．本章给出了三大抽样分布，即 χ^2 分布，t 分布，F 分布，并讨论了正态总体的样本均值 $\overline{X}$ 与样本方差 S^2 的概率分布．

为了更好地对数据进行直观的描述和刻画，本章还介绍了三种常用的统计图形，即频率直方图、茎叶图和箱线图．

总复习题 6

1．填空题

(1) 设 X，Y 相互独立且均服从 $N(0, 1)$ 分布，则 $\dfrac{X^2}{Y^2}$ 服从________分布．

(2) 设 $X \sim t(n)$，若 $P\{|X|<x\}=\alpha$ $(0<\alpha<1)$，则 $x=$________．

(3) 设 X_1，X_2，X_3 为来自正态总体 $N(0, \sigma^2)$ 的样本，则统计量 $\dfrac{X_1-X_2}{\sqrt{2}\,|X_3|}$ 服从________分布．

(4) 设 X_1，X_2，…，X_n 为来自总体 $b(n, p)$ 的样本，$\overline{X}$ 和 S^2 分别为样本均值和样本方差，记 $T=\overline{X}-S^2$，则 $E(T)=$________．

2．单项选择题

(1) 设 X_1，X_2，…，$X_n (n\geqslant 2)$ 为来自总体 $N(\mu, \sigma^2)$ 的简单随机样本，$\overline{X}$ 为样本均值，记 $S_1^2=\dfrac{1}{n-1}\sum\limits_{i=1}^{n}(X_i-\overline{X})^2$，$S_2^2=\dfrac{1}{n}\sum\limits_{i=1}^{n}(X_i-\overline{X})^2$，$S_3^2=\dfrac{1}{n-1}\sum\limits_{i=1}^{n}(X_i-\mu)^2$，$S_4^2=\dfrac{1}{n}\sum\limits_{i=1}^{n}(X_i-\mu)^2$，则下列选项中服从 $t(n-1)$ 分布的是（　　）．

(A) $\dfrac{\overline{X}-\mu}{S_1/\sqrt{n-1}}$；　(B) $\dfrac{\overline{X}-\mu}{S_2/\sqrt{n-1}}$；　(C) $\dfrac{\overline{X}-\mu}{S_3/\sqrt{n}}$；　(D) $\dfrac{\overline{X}-\mu}{S_4/\sqrt{n}}$．

(2) 设 X_1，X_2，…，X_n $(n\geqslant 2)$ 为来自总体 $N(\mu, 1)$ 的样本，记 $\overline{X}=\dfrac{1}{n}\sum\limits_{i=1}^{n}X_i$，则下列结论不正确的是（　　）．

(A) $\sum\limits_{i=1}^{n}(X_i-\mu)^2$ 服从 χ^2 分布；　(B) $2(X_n-X_1)^2$ 服从 χ^2 分布；

(C) $\sum\limits_{i=1}^{n}(X_i-\overline{X})^2$ 服从 χ^2 分布；　(D) $n(\overline{X}-\mu)^2$ 服从 χ^2 分布．

(3) 设 X_1，X_2，…，X_n $(n\geqslant 2)$ 为来自总体 $N(0, 1)$ 的样本，$\overline{X}$ 为样本均值，S^2 为样本方差，则下列结论正确的是（　　）．

(A) $n\overline{X}\sim N(0, 1)$；　(B) $nS^2\sim\chi^2(n)$；

(C) $\dfrac{(n-1)\overline{X}}{S}\sim t(n-1)$；　(D) $\dfrac{(n-1)X_1^2}{\sum\limits_{i=2}^{n}X_i^2}\sim F(1, n-1)$．

3. 设总体 X 的概率密度为 $f(x,\theta)=\begin{cases}\dfrac{3x^2}{\theta^3}, & 0<x<\theta\\ 0, & \text{其他}\end{cases}$，其中常数 $\theta>0$，X_1，X_2，X_3 为来自总体 X 的样本，令 $T=\max\{X_1, X_2, X_3\}$.

(1) 求 T 的概率密度；(2) 确定 a 的值，使得 $E(aT)=\theta$.

4. 设 X_1，X_2，X_3，X_4，X_5 为来自总体 $N(0, \sigma_0^2)$ 的样本，其中 $\sigma_0>0$，若 $Y=C_1(X_1+X_2)^2+C_2(X_3+X_4+X_5)^2$ 服从 χ^2 分布，试求常数 C_1，C_2 的值.

5. 设 X_1，X_2，X_3 是来自总体 $N(0, \sigma^2)$ 的样本，其中 $\sigma>0$，已知统计量 $T=a\dfrac{X_1+X_2+X_3}{|X_2-X_3|}$ 服从 t 分布，试求常数 a 的值.

6. 设 X_1，X_2，X_3，X_4，X_5 为来自正态总体 $N(\mu, \sigma^2)$ 的样本，其中 $\sigma>0$，记 $Y=\dfrac{1}{3}(X_3+X_4+X_5)$，$Q=\sum\limits_{i=3}^{5}(X_i-Y)^2$，试求统计量 $T=\dfrac{X_1-X_2}{\sqrt{Q}}$ 的概率分布.

7. 设 $X\sim N(\mu, \sigma^2)$，其中 $\sigma>0$，X_1，X_2，…，X_n 是来自总体 X 的样本，$\overline{X}$ 与 S^2 分别为样本均值与样本方差，试分别确定 $\dfrac{1}{\sigma^2}\sum\limits_{i=1}^{n}(X_i-\mu)^2$ 与 $\dfrac{1}{\sigma^2}\sum\limits_{i=1}^{n}(X_i-\overline{X})^2$ 的概率分布.

8. 在天平上重复称量一质量为 a 的物品，假设每次称量结果相互独立，且服从正态分布 $N(a, 0.3^2)$. 用 $\overline{X}$ 表示 n 次称量结果的平均值，为使 $P\{|\overline{X}-a|<0.1\}\geqslant 0.95$，则 n 至少为多少？

9. 某幼儿园孩子的身高近似服从正态分布，均值 $\mu=99$cm，标准差 $\sigma=6$cm. 从该幼儿园随机挑选 30 个孩子，求他们的平均身高在 96～102cm 的概率.

10. 设 X_1，X_2，…，X_8 与 Y_1，Y_2，…，Y_{10} 是来自正态总体 $N(10, 6)$ 的两个独立样本，记 $\overline{X}=\dfrac{1}{8}\sum\limits_{i=1}^{8}X_i$，$\overline{Y}=\dfrac{1}{10}\sum\limits_{i=1}^{10}Y_i$，求 $P\{|\overline{X}-\overline{Y}|<0.3\}$.

11. 设 X_1，X_2，…，X_7 为来自正态总体 $N(0, 0.5^2)$ 的样本，试求 $P\{\sum\limits_{i=1}^{7}X_i^2>4\}$.

第 7 章　参数估计

在实际问题中，所研究的对象或总体的分布往往无法完全获知，统计推断的一个任务是对总体进行估计．估计分为两类：第一类是参数估计，即总体 X 的分布形式已知，但含有一个或多个未知参数，从总体中抽取一个样本，借助样本的信息对这些参数进行估计，常用的估计方法包括点估计和区间估计；第二类是非参数估计，即总体 X 的分布形式完全未知．本章只讨论参数估计．

§7.1　点估计

假设总体 X 的分布形式已知，但含有一个或多个未知参数，现从总体中抽取一个样本，依据该样本对未知参数 θ（可以是向量）作出估计，或对 θ 的某一函数 $g(\theta)$ 作出估计，这类问题称为**参数估计**．参数估计的方法主要有两种：**点估计**与**区间估计**．本节主要研究点估计．

设 θ 为总体 X 的一个未知参数，现从总体中抽取样本 $X_1, X_2, \cdots, X_n$，其观察值为 $x_1, x_2, \cdots, x_n$．点估计问题就是要建立一个适当的统计量 $\hat{\theta}(X_1, X_2, \cdots, X_n)$，用它的观察值 $\hat{\theta}(x_1, x_2, \cdots, x_n)$ 作为 θ 的近似值，称 $\hat{\theta}(x_1, x_2, \cdots, x_n)$ 为 θ 的点估计值，称 $\hat{\theta}(X_1, X_2, \cdots, X_n)$ 为 θ 的点估计量．在不致混淆的情况下，θ 的点估计值和点估计量统称为点估计，简记为 $\hat{\theta}$．

若 θ 为多维未知参数，例如 $\boldsymbol{\theta}=(\theta_1, \theta_2, \cdots, \theta_m)^{\mathrm{T}}$，只需建立一个 m 维统计量 $\hat{\boldsymbol{\theta}}=(\hat{\theta}_1, \hat{\theta}_2, \cdots, \hat{\theta}_m)^{\mathrm{T}}$，其中 $\hat{\theta}_i (i=1, 2, \cdots, m)$ 为参数 θ_i 的点估计，则称 $\hat{\theta}$ 为 θ 的点估计．

由于点估计量是样本的函数，因此，对于不同的样本值，θ 的点估计值一般不同．

点估计量的构造方法很多，例如矩估计法、最大似然估计法、最小二乘法等. 下面介绍两种常用的构造点估计量的方法：矩估计法和最大似然估计法.

7.1.1 矩估计法

若总体 X 的 k 阶矩 $\mu_k=E(X^k)$ $(k=1, 2, \cdots, m)$ 存在，这里，m 为正整数. 设 X_1，X_2，…，X_n 为来自总体 X 的样本，记 $A_k=\frac{1}{n}\sum_{i=1}^{n}X_i^k$ $(k=1, 2, \cdots, m)$ 为样本 k 阶矩. 由辛钦大数定律可知，

$$A_k=\frac{1}{n}\sum_{i=1}^{n}X_i^k \xrightarrow{P} \mu_k,\quad k=1, 2, \cdots, m.$$

进一步，

$$g(A_1, A_2, \cdots, A_m)\xrightarrow{P} g(\mu_1, \mu_2, \cdots, \mu_m),$$

其中，g 为连续函数. 因此，若总体 X 的分布中含未知参数，则 μ_k 未知，但可以用样本矩 A_k 近似估计总体矩 μ_k，用 $g(A_1, A_2, \cdots, A_m)$ 近似估计 $g(\mu_1, \mu_2, \cdots, \mu_m)$. 由于这种估计方法用到了原点矩的近似替代，故称为**矩估计法**.

定义 7.1.1 设 X_1，X_2，…，X_n 为总体 X 的样本，且 X 的 k 阶矩 $\mu_k=E(X^k)$ $(k=1, 2, \cdots, m)$ 存在，这里，m 为正整数. 设 θ 为总体 X 的分布中的某个未知参数，若 θ 可表示为 $\theta=g(\mu_1, \mu_2, \cdots, \mu_m)$（$g$ 为连续函数），则称

$$\hat{\theta}=g(A_1, A_2, \cdots, A_m)$$

为参数 θ 的**矩估计量**，矩估计量的观察值称为 θ 的**矩估计值**.

设总体 X 的分布函数为 $F(x; \theta_1, \theta_2, \cdots, \theta_m)$，其中 θ_1，θ_2，…，θ_m 为未知参数. 一般来说，这 m 个参数的矩估计量可按如下步骤构造：

(1) 求总体 X 的前 m 阶矩，

$$\begin{cases}\mu_1=E(X)=\mu_1(\theta_1, \theta_2, \cdots, \theta_m)\\ \mu_2=E(X^2)=\mu_2(\theta_1, \theta_2, \cdots, \theta_m)\\ \qquad\vdots\\ \mu_m=E(X^m)=\mu_m(\theta_1, \theta_2, \cdots, \theta_m)\end{cases}. \tag{7.1.1}$$

一般来说，$\mu_k=E(X^k)$ $(k=1, 2, \cdots, m)$ 是参数 θ_1，θ_2，…，θ_m 的函数. 因此，式(7.1.1) 为包含 m 个未知参数 θ_1，θ_2，…，θ_m 的方程组.

(2) 对方程组 (7.1.1) 进行求解，一般可以解出 θ_1，θ_2，…，θ_m，得到

$$\begin{cases}\theta_1=\theta_1(\mu_1, \mu_2, \cdots, \mu_m)\\ \theta_2=\theta_2(\mu_1, \mu_2, \cdots, \mu_m)\\ \qquad\vdots\\ \theta_m=\theta_m(\mu_1, \mu_2, \cdots, \mu_m)\end{cases}. \tag{7.1.2}$$

（3）将式（7.1.2）中的 μ_k 分别用 $A_k=\frac{1}{n}\sum_{i=1}^{n}X_i^k$ $(k=1,2,\cdots,m)$ 替代，即可得到参数 θ_1，θ_2，…，θ_m 的矩估计量为

$$\hat{\theta}_k=\theta_k(A_1,A_2,\cdots,A_m)\quad(k=1,2,\cdots,m).$$

例 7.1.1 设总体 X 的分布律为

X	0	1	2	3
P	θ^2	$2\theta(1-\theta)$	θ^2	$1-2\theta$

其中未知参数 $\theta\in\left(0,\frac{1}{2}\right)$.

（1）设 X_1，X_2，…，X_n 为来自总体 X 的样本，试求参数 θ 的矩估计量；

（2）若已取得样本值 3，1，3，0，3，1，2，3，试求 θ 的矩估计值.

解 （1）由于

$$\mu_1=E(X)=0\times\theta^2+1\times2\theta(1-\theta)+2\times\theta^2+3\times(1-2\theta)=3-4\theta,$$

故 $\theta=\frac{3-\mu_1}{4}$. 因此参数 θ 的矩估计量为

$$\hat{\theta}=\frac{3-A_1}{4}=\frac{3-\overline{X}}{4}.$$

（2）由于

$$\bar{x}=\frac{1}{8}(3+1+3+0+3+1+2+3)=2,$$

因此参数 θ 的矩估计值为

$$\hat{\theta}=\frac{3-2}{4}=\frac{1}{4}.$$

例 7.1.2 设总体 X 服从参数为 p 的 0－1 分布，其中 p 未知，设 X_1，X_2，…，X_n 为来自总体 X 的样本，求参数 p 的矩估计量.

解 由 $\mu_1=E(X)=p$，可解得 $p=\mu_1$，因此，参数 p 的矩估计量为

$$\hat{p}=A_1=\overline{X}.$$

例 7.1.3 设总体 $X\sim\pi(\lambda)$，其中参数 λ 未知，设 X_1，X_2，…，X_n 为来自总体 X 的样本，求参数 λ 的矩估计量.

解 由 $\mu_1=E(X)=\lambda$，可解得 $\lambda=\mu_1$，因此，参数 λ 的矩估计量为

$$\hat{\lambda}=A_1=\overline{X}.$$

例 7.1.4 设总体 $X\sim e\left(\frac{1}{\theta}\right)$，其中参数 θ 未知，设 X_1，X_2，…，X_n 为来自总体 X

的样本，求参数 θ 的矩估计量及 $Y=3\theta-2$ 的矩估计量.

解 由 $\mu_1=E(X)=\theta$，可解得 $\theta=\mu_1$，因此，参数 θ 的矩估计量为

$$\hat{\theta}=A_1=\overline{X}.$$

由于 $Y=3\theta-2=3\mu_1-2$，故 Y 的矩估计量为

$$\hat{Y}=3A_1-2=3\overline{X}-2.$$

例 7.1.5 设总体 X 的概率密度为

$$f(x;\theta)=\begin{cases}\dfrac{6x(\theta-x)}{\theta^3}, & 0<x<\theta,\\ 0, & \text{其他}\end{cases}$$

其中未知参数 $\theta>0$，X_1，X_2，…，X_n 为来自总体 X 的样本，试求 θ 的矩估计量 $\hat{\theta}$，并求 $D(\hat{\theta})$.

解 由于

$$\begin{aligned}\mu_1=E(X)&=\int_{-\infty}^{+\infty}xf(x;\theta)\mathrm{d}x=\int_0^\theta x\cdot\frac{6x(\theta-x)}{\theta^3}\mathrm{d}x\\&=\frac{6}{\theta^3}\int_0^\theta(\theta x^2-x^3)\mathrm{d}x=\frac{6}{\theta^3}\left(\theta\cdot\frac{1}{3}x^3-\frac{1}{4}x^4\right)\Big|_0^\theta=\frac{\theta}{2},\end{aligned}$$

因此 $\theta=2\mu_1$，故参数 θ 的矩估计量为

$$\hat{\theta}=2A_1=2\overline{X}.$$

又因为

$$\begin{aligned}E(X^2)&=\int_{-\infty}^{+\infty}x^2f(x;\theta)\mathrm{d}x=\int_0^\theta x^2\cdot\frac{6x(\theta-x)}{\theta^3}\mathrm{d}x\\&=\frac{6}{\theta^3}\int_0^\theta(\theta x^3-x^4)\mathrm{d}x=\frac{6}{\theta^3}\left(\theta\cdot\frac{1}{4}x^4-\frac{1}{5}x^5\right)\Big|_0^\theta=\frac{3\theta^2}{10},\end{aligned}$$

因此

$$D(X)=E(X^2)-[E(X)]^2=\frac{3\theta^2}{10}-\left(\frac{\theta}{2}\right)^2=\frac{\theta^2}{20},$$

故

$$D(\hat{\theta})=D(2\overline{X})=4D(\overline{X})=\frac{4}{n}D(X)=\frac{\theta^2}{5n}.$$

例 7.1.6 设总体 $X\sim U[a,b]$，参数 a，b 未知，设 X_1，X_2，…，X_n 为来自总体 X 的样本，求参数 a，b 的矩估计量.

解 由

$$\mu_1=E(X)=\frac{a+b}{2},$$

$$\mu_2=E(X^2)=D(X)+[E(X)]^2=\frac{(b-a)^2}{12}+\left(\frac{a+b}{2}\right)^2,$$

化简得

$$\begin{cases}a+b=2\mu_1\\ b-a=2\sqrt{3(\mu_2-\mu_1^2)}\end{cases},$$

解得

$$\begin{cases}a=\mu_1-\sqrt{3(\mu_2-\mu_1^2)}\\ b=\mu_1+\sqrt{3(\mu_2-\mu_1^2)}\end{cases},$$

因此，a，b 的矩估计量分别为

$$\hat{a}=A_1-\sqrt{3(A_2-A_1^2)}=\overline{X}-\sqrt{\frac{3}{n}\sum_{i=1}^{n}(X_i-\overline{X})^2},$$

$$\hat{b}=A_1+\sqrt{3(A_2-A_1^2)}=\overline{X}+\sqrt{\frac{3}{n}\sum_{i=1}^{n}(X_i-\overline{X})^2}.$$

例 7.1.7 设总体 X 的均值 μ 及方差 σ^2 都存在，且 μ，σ^2（$\sigma>0$）均未知. 设 X_1，X_2，…，X_n 为来自总体 X 的样本，试求 μ，σ^2 的矩估计量.

解 由于

$$\mu_1=E(X)=\mu,$$
$$\mu_2=E(X^2)=D(X)+[E(X)]^2=\sigma^2+\mu^2,$$

联立上述两式可解得：

$$\begin{cases}\mu=\mu_1\\ \sigma^2=\mu_2-\mu_1^2\end{cases},$$

分别用 A_1，A_2 替代 μ_1，μ_2，即得到 μ，σ^2 的矩估计量分别为

$$\hat{\mu}=A_1=\overline{X},$$

$$\hat{\sigma}^2=A_2-A_1^2=\frac{1}{n}\sum_{i=1}^{n}(X_i-\overline{X})^2.$$

用矩估计法对参数进行估计时，估计量可能不唯一。例如，若总体 $X\sim\pi(\lambda)$，λ 未知，由 $\mu_1=E(X)=\lambda$ 可解得 $\lambda=\mu_1$，从而得到其矩估计量为 $\hat{\lambda}=A_1=\overline{X}$；另一方面，$D(X)=\lambda$，由于

$$\mu_2=E(X^2)=D(X)+[E(X)]^2=\lambda+\mu_1^2,$$

解得 $\lambda=\mu_2-\mu_1^2$，从而用矩估计法可以得到 λ 的矩估计量为

$$\hat{\lambda}=A_2-A_1^2=\frac{1}{n}\sum_{i=1}^{n}(X_i-\overline{X})^2.$$

一般而言，选择矩估计时涉及矩的阶数要尽量小.

7.1.2 最大似然估计法

最大似然估计法最早是由高斯于1821年针对正态分布提出的一种参数估计方法，之后英国统计学家R. A. 费希尔于1922年针对一般分布再次提出，使之成为一种普遍使用的构造点估计量的方法. 最大似然估计法也称为**极大似然估计法**.

定义 7.1.2 设 X_1，X_2，…，X_n 为来自总体 X 的样本，其观察值为 x_1，x_2，…，x_n. 若总体 X 为离散型随机变量，设其分布律为 $P\{X=x\}=p(x;\theta)$，$\theta\in\Theta$（这里，Θ 表示 θ 的取值范围），则称

$$L(\theta)=\prod_{i=1}^{n}p(x_i;\theta),\quad \theta\in\Theta$$

为**样本似然函数**. 若总体 X 为连续型随机变量，设其概率密度为 $f(x;\theta)$，$\theta\in\Theta$，则称

$$L(\theta)=\prod_{i=1}^{n}f(x_i;\theta),\quad \theta\in\Theta$$

为**样本似然函数**.

由定义7.1.2可知，对于离散型总体 X 而言，样本似然函数 $L(\theta)$ 实际为随机事件

$$A=\{X_1=x_1,\ X_2=x_2,\ \cdots,\ X_n=x_n\}$$

发生的概率；而对连续型总体 X 而言，随机事件

$$B=\{x_1\leqslant X_1<x_1+\Delta x_1,\ x_2\leqslant X_2<x_2+\Delta x_2,\ \cdots,\ x_n\leqslant X_n<x_n+\Delta x_n\}$$

发生的概率近似等于

$$\left(\prod_{i=1}^{n}f(x_i;\theta)\right)\Delta x_1\Delta x_2\cdots\Delta x_n=L(\theta)\Delta x_1\Delta x_2\cdots\Delta x_n,$$

这里，Δx_1，Δx_2，…，Δx_n 为给定的一组比较小的正数，且与未知参数 θ 无关，故 $P(B)$ 的大小完全由 $L(\theta)$ 决定，且随着 $L(\theta)$ 的增大而增大. 因此，样本似然函数 $L(\theta)$ 反映的是样本值 x_1，x_2，…，x_n 在一次试验中出现的可能性大小. $L(\theta)$ 作为未知参数 θ 的函数，随着 θ 在 Θ 中取值的变化而变化.

最大似然估计法的基本思想是：概率大的事件比概率小的事件更容易在一次试验中发生. 当样本值为 x_1，x_2，…，x_n 时，就有理由相信 x_1，x_2，…，x_n 在一次试验中出现的可能性最大，故估计 θ 时，理应在 Θ 中取 $\hat{\theta}$，使得样本值 x_1，x_2，…，x_n 出现的可能性最大，即 $L(\hat{\theta})$ 取得最大值. 最大似然估计法因此而得名.

定义 7.1.3 对样本值 x_1，x_2，…，x_n，若存在 $\hat{\theta}$ 使得

$$L(\hat{\theta})=\max_{\theta\in\Theta}L(\theta),$$

则称 $\hat{\theta}$ 为参数 θ 的最大似然估计.

注意到，在定义7.1.3中，$\hat{\theta}$ 与样本值 x_1，x_2，…，x_n 有关，即 $\hat{\theta}=\hat{\theta}(x_1$，$x_2$，…，

x_n)，称 $\hat{\theta}=\hat{\theta}(x_1, x_2, \cdots, x_n)$ 为参数 θ 的**最大似然估计值**，相应地，$\hat{\theta}=\hat{\theta}(X_1, X_2, \cdots, X_n)$ 称为参数 θ 的**最大似然估计量**. 在不引起歧义的情况下，将 $\hat{\theta}=\hat{\theta}(x_1, x_2, \cdots, x_n)$ 和 $\hat{\theta}=\hat{\theta}(X_1, X_2, \cdots, X_n)$ 统称为 θ 的**最大似然估计**.

一般情况下，$p(x;\theta)$ 和 $f(x;\theta)$ 关于 θ 可微，由于 $L(\theta)$ 与 $\ln L(\theta)$ 的单调性一致，因此 $L(\theta)$ 最大化的问题可转化为对数似然函数 $\ln L(\theta)$ 最大化的问题. 参数 θ 的最大似然估计 $\hat{\theta}$ 通常可由方程

$$\frac{\mathrm{d}}{\mathrm{d}\theta}\ln L(\theta)=0$$

求得. 需要注意的是，上述方程的解仅仅是 $\ln L(\theta)$ 的驻点，有些时候驻点不一定是极大值点或最大值点，最大值点也可能为导数不存在的点或者闭区间的端点，这时就需要考虑其他方法求解似然函数的最大值点.

类似地，若总体分布中包含多个参数，例如 $\boldsymbol{\theta}=(\theta_1, \theta_2, \cdots, \theta_m)^{\mathrm{T}}$，通常令

$$\frac{\partial \ln L(\boldsymbol{\theta})}{\partial \theta_i}=0,\ i=1, 2, \cdots, m,$$

一般可求得 $\theta_1, \theta_2, \cdots, \theta_m$ 的最大似然估计值 $\hat{\theta}_1, \hat{\theta}_2, \cdots, \hat{\theta}_m$.

例 7.1.8 设总体 X 的分布律为

X	-1	0	1	2
P	θ	$1-4\theta$	2θ	θ

其中未知参数 $\theta\in\left(0, \frac{1}{4}\right)$. 若取得的样本值为 $-1, 1, -1, 2, 0, 1, 1, 2$. 试求 θ 的最大似然估计值.

解 由于所取得的样本值为 $-1, 1, -1, 2, 0, 1, 1, 2$，故样本似然函数

$$\begin{aligned}L(\theta)&=P\{X=-1\}P\{X=1\}P\{X=-1\}P\{X=2\}P\{X=0\}P\{X=1\}P\{X=1\}P\{X=2\}\\&=\theta\cdot 2\theta\cdot\theta\cdot\theta\cdot(1-4\theta)\cdot 2\theta\cdot 2\theta\cdot\theta=8(\theta^7-4\theta^8).\end{aligned}$$

令

$$\frac{\mathrm{d}L(\theta)}{\mathrm{d}\theta}=8(7\theta^6-32\theta^7)=0,$$

可解得 $\theta=\frac{7}{32}$. 又

$$\left.\frac{\mathrm{d}^2L(\theta)}{\mathrm{d}\theta^2}\right|_{\theta=\frac{7}{32}}=-56\times\left(\frac{7}{32}\right)^5<0,$$

故 $L(\theta)$ 在 $\theta=\frac{7}{32}$ 处取得最大值，因此，$\hat{\theta}=\frac{7}{32}$ 为 θ 的最大似然估计值.

例 7.1.9 设总体 X 服从参数为 p 的 0—1 分布，其中 p 未知，设 $X_1, X_2, \cdots, X_n$ 为来自总体 X 的样本，求参数 p 的最大似然估计量.

解　X 的分布律为

$$P\{X=x\}=p^x(1-p)^{1-x}\quad (x=0,1),$$

设 x_1，x_2，…，x_n 为样本值，则

$$L(p)=\prod_{i=1}^{n}P\{X=x_i\}=\prod_{i=1}^{n}p^{x_i}(1-p)^{1-x_i}=p^{\sum\limits_{i=1}^{n}x_i}(1-p)^{n-\sum\limits_{i=1}^{n}x_i}.$$

因此，对数似然函数为

$$\ln L(p)=\sum_{i=1}^{n}x_i\cdot\ln p+(n-\sum_{i=1}^{n}x_i)\cdot\ln(1-p).$$

令

$$\frac{\mathrm{d}\ln L(p)}{\mathrm{d}p}=\frac{1}{p}\cdot\sum_{i=1}^{n}x_i+\frac{-1}{1-p}(n-\sum_{i=1}^{n}x_i)=0,$$

解得 $p=\frac{1}{n}\sum\limits_{i=1}^{n}x_i=\bar{x}$．又

$$\left.\frac{\mathrm{d}^2\ln L(p)}{\mathrm{d}p^2}\right|_{p=\bar{x}}=-\frac{n}{\bar{x}(1-\bar{x})}<0,$$

因此，参数 p 的最大似然估计值为

$$\hat{p}=\frac{1}{n}\sum_{i=1}^{n}x_i=\bar{x}.$$

故参数 p 的最大似然估计量为

$$\hat{p}=\frac{1}{n}\sum_{i=1}^{n}X_i=\bar{X}.$$

例 7.1.10　设总体 $X\sim\pi(\lambda)$，参数 λ 未知，设 X_1，X_2，…，X_n 为来自总体 X 的样本，求参数 λ 的最大似然估计量.

解　由于 X 的分布律为

$$P\{X=x\}=\frac{\lambda^x}{x!}\mathrm{e}^{-\lambda}(x=0,1,2,\cdots),$$

设 x_1，x_2，…，x_n 为样本值，则

$$L(\lambda)=\prod_{i=1}^{n}P\{X=x_i\}=\prod_{i=1}^{n}\frac{\lambda^{x_i}}{x_i!}\mathrm{e}^{-\lambda}=\left(\prod_{i=1}^{n}\frac{1}{x_i!}\right)\cdot\lambda^{\sum\limits_{i=1}^{n}x_i}\mathrm{e}^{-n\lambda},$$

因此，对数似然函数为

$$\ln L(\lambda)=\sum_{i=1}^{n}x_i\cdot\ln\lambda-n\lambda-\sum_{i=1}^{n}\ln(x_i!).$$

令

$$\frac{\mathrm{d}\ln L(\lambda)}{\mathrm{d}\lambda}=\frac{1}{\lambda}\sum_{i=1}^{n}x_i-n=0.$$

解得 $\lambda=\frac{1}{n}\sum_{i=1}^{n}x_i=\bar{x}$，又

$$\left.\frac{\mathrm{d}^2\ln L(\lambda)}{\mathrm{d}\lambda^2}\right|_{\lambda=\bar{x}}=-\frac{n}{\bar{x}}<0,$$

因此参数 λ 的最大似然估计值为

$$\hat{\lambda}=\frac{1}{n}\sum_{i=1}^{n}x_i=\bar{x},$$

从而，参数 λ 的最大似然估计量为

$$\hat{\lambda}=\frac{1}{n}\sum_{i=1}^{n}X_i=\bar{X}.$$

例 7.1.11 设总体 X 服从参数为 θ 的指数分布，其中 θ 未知，设 X_1，X_2，…，X_n 为来自总体 X 的样本，求参数 θ 的最大似然估计量.

解 设 x_1，x_2，…，x_n 为样本值，由于 X 的概率密度为

$$f(x;\theta)=\begin{cases}\frac{1}{\theta}\mathrm{e}^{-\frac{x}{\theta}}, & x>0\\ 0, & \text{其他}\end{cases},$$

所以

$$L(\theta)=\prod_{i=1}^{n}f(x_i;\theta)=\begin{cases}\frac{1}{\theta^n}\mathrm{e}^{-\frac{1}{\theta}\sum\limits_{i=1}^{n}x_i}, x_i>0, & i=1,2,\cdots,n\\ 0, & \text{其他}\end{cases},$$

则当 $x_i>0$（$i=1$，2，…，n）时，

$$\ln L(\theta)=-n\ln\theta-\frac{1}{\theta}\sum_{i=1}^{n}x_i,$$

令

$$\frac{\mathrm{d}\ln L(\theta)}{\mathrm{d}\theta}=-\frac{n}{\theta}+\frac{1}{\theta^2}\sum_{i=1}^{n}x_i=0,$$

解得 $\theta=\frac{1}{n}\sum_{i=1}^{n}x_i=\bar{x}$. 因此，参数 θ 的最大似然估计值为

$$\hat{\theta}=\frac{1}{n}\sum_{i=1}^{n}x_i=\bar{x},$$

从而，参数 θ 的最大似然估计量为

$$\hat{\theta}=\frac{1}{n}\sum_{i=1}^{n}X_i=\overline{X}.$$

例 7.1.12 设总体 $X\sim U[a,\ b]$，参数 a，b 未知，设 X_1，X_2，…，X_n 为来自总体 X 的样本，求参数 a，b 的最大似然估计量.

解 设 x_1，x_2，…，x_n 为样本值，由于 X 的概率密度为

$$f(x;\ a,\ b)=\begin{cases}\dfrac{1}{b-a}, & a\leqslant x\leqslant b\\ 0, & \text{其他}\end{cases},$$

所以

$$L(a,\ b)=\prod_{i=1}^{n}f(x_i;\ a,b)=\begin{cases}\dfrac{1}{(b-a)^n}, & a\leqslant x_i\leqslant b,\ i=1,\ 2,\ \cdots,\ n\\ 0, & \text{其他}\end{cases}.$$

显然，$L(a,\ b)$ 随着 $b-a$ 的减小而增大，为使似然函数 $L(a,\ b)$ 取得最大值，则必须要求 $b-a$ 取得最小值. 注意到，样本值 x_1，x_2，…，x_n 满足 $a\leqslant x_i\leqslant b$（$i=1$，$2$，…，$n$），所以，参数 a，b 满足 $a\leqslant\min\limits_{1\leqslant i\leqslant n}x_i$，$b\geqslant\max\limits_{1\leqslant i\leqslant n}x_i$. 因此，当 $a=\min\limits_{1\leqslant i\leqslant n}x_i$ 且 $b=\max\limits_{1\leqslant i\leqslant n}x_i$ 时，$b-a$ 取得最小值. 所以，a，b 的最大似然估计值分别为

$$\hat{a}=\min_{1\leqslant i\leqslant n}x_i,\ \hat{b}=\max_{1\leqslant i\leqslant n}x_i,$$

从而，a，b 的最大似然估计量分别为

$$\hat{a}=\min_{1\leqslant i\leqslant n}X_i,\ \hat{b}=\max_{1\leqslant i\leqslant n}X_i.$$

例 7.1.13 设 X_1，X_2，…，X_n 为来自总体 $X\sim N(\mu,\ \sigma^2)$ 的样本，参数 μ，σ^2 均未知，试求 μ，σ^2 的最大似然估计量.

解 设 x_1，x_2，…，x_n 为相应的样本值，由于 X 的概率密度为

$$f(x;\ \mu,\ \sigma^2)=\frac{1}{\sqrt{2\pi}\sigma}\mathrm{e}^{-\frac{(x-\mu)^2}{2\sigma^2}}\quad(-\infty<x<+\infty),$$

所以

$$L(\mu,\ \sigma^2)=\prod_{i=1}^{n}f(x_i;\ \mu,\ \sigma^2)=\prod_{i=1}^{n}\frac{1}{\sqrt{2\pi}\sigma}\mathrm{e}^{-\frac{(x_i-\mu)^2}{2\sigma^2}}=\left(\frac{1}{\sqrt{2\pi}\sigma}\right)^n\mathrm{e}^{-\frac{1}{2\sigma^2}\sum\limits_{i=1}^{n}(x_i-\mu)^2},$$

则

$$\begin{aligned}\ln L(\mu,\ \sigma^2)&=-n\ln(\sqrt{2\pi})-n\ln\sigma-\frac{1}{2\sigma^2}\sum_{i=1}^{n}(x_i-\mu)^2\\&=-n\ln(\sqrt{2\pi})-\frac{n}{2}\ln\sigma^2-\frac{1}{2\sigma^2}\sum_{i=1}^{n}(x_i-\mu)^2.\end{aligned}$$

令

$$\begin{cases}\dfrac{\partial \ln L(\mu, \sigma^2)}{\partial \mu} = \dfrac{1}{2\sigma^2}\sum\limits_{i=1}^{n} 2(x_i-\mu) = \dfrac{1}{\sigma^2}\left(\sum\limits_{i=1}^{n} x_i - n\mu\right) = 0 \\ \dfrac{\partial \ln L(\mu, \sigma^2)}{\partial \sigma^2} = -\dfrac{n}{2}\cdot\dfrac{1}{\sigma^2} + \dfrac{1}{2(\sigma^2)^2}\sum\limits_{i=1}^{n}(x_i-\mu)^2 = 0\end{cases},$$

解得

$$\hat{\mu} = \frac{1}{n}\sum_{i=1}^{n} x_i = \bar{x}, \quad \hat{\sigma}^2 = \frac{1}{n}\sum_{i=1}^{n}(x_i-\bar{x})^2.$$

因此，μ，σ^2 的最大似然估计量分别为

$$\hat{\mu} = \bar{X}, \quad \hat{\sigma}^2 = \frac{1}{n}\sum_{i=1}^{n}(X_i-\bar{X})^2.$$

最大似然估计具有一个很好的性质，即**最大似然估计的不变性**：设 $g(\theta)$ 具有单值反函数，若 $\hat{\theta}$ 为 θ 的最大似然估计，则 $g(\hat{\theta})$ 为 $g(\theta)$ 的最大似然估计. 例如，在正态总体 $N(\mu, \sigma^2)$ 中，由于 $\hat{\sigma}^2 = \dfrac{1}{n}\sum\limits_{i=1}^{n}(X_i-\bar{X})^2$ 为 σ^2 的最大似然估计，而 $\sigma=\sqrt{\sigma^2}$ 具有单值反函数，因此，$\hat{\sigma} = \sqrt{\dfrac{1}{n}\sum\limits_{i=1}^{n}(X_i-\bar{X})^2}$ 为标准差 σ 的最大似然估计.

习题 7.1

1. 设总体 X 的数学期望 μ 和方差 σ^2 均存在，设 X_1，X_2，…，X_n 为来自总体 X 的样本，$\bar{X}$ 为样本均值，在下列 4 个论断中，一定正确的有______.

①$\bar{X}$ 为 μ 的矩估计量；②$\bar{X}$ 为 μ 的最大似然估计量；

③ $\dfrac{1}{n}\sum\limits_{i=1}^{n}(X_i-\bar{X})^2$ 为 σ^2 的矩估计量；④ $\dfrac{1}{n}\sum\limits_{i=1}^{n}(X_i-\bar{X})^2$ 为 σ^2 的最大似然估计量.

2. 设总体 X 的概率密度为

$$f(x; \theta) = \begin{cases}\theta x^{\theta-1}, & 0<x<1 \\ 0, & \text{其他}\end{cases},$$

其中 $\theta>0$ 为未知参数，X_1，X_2，…，X_n 为来自总体 X 的样本，试求参数 θ 的矩估计量.

3. 设总体 X 的分布律为

X	1	2	3
P	$1-2\theta$	θ	θ

其中 θ $\left(0<\theta<\dfrac{1}{2}\right)$ 为未知参数，已知样本值 $x_1=1$，$x_2=1$，$x_3=2$，求参数 θ 的矩估计值.

4. 试求第 2 题中参数 θ 的最大似然估计量.

5. 试求第 3 题中参数 θ 的最大似然估计值.

6. 设总体 X 的分布函数为

$$F(x;\theta)=\begin{cases}1-e^{-\frac{x^2}{\theta}}, & x>0\\ 0, & x\leqslant 0\end{cases},$$

其中 $\theta>0$ 为未知参数，X_1，X_2，…，X_n 为来自总体 X 的样本，试求 θ 的最大似然估计量.

7. 设总体 $X\sim U[0,\theta]$，其中 $\theta>0$ 为未知参数，X_1，X_2，…，X_n 为来自总体 X 的样本，试求：

(1) θ 的矩估计量与最大似然估计量；

(2) $Y=2\theta+1$ 的矩估计量与最大似然估计量；

(3) $Z=e^{\theta}$ 的最大似然估计量.

§7.2 估计量的评选标准

7.1 节介绍了点估计的构造方法，同一个参数在采用不同的构造方法后，可能会得到不同的点估计，例如，在 7.1 节中，估计均匀分布总体 $X\sim U[a,b]$ 的未知参数 a，b 时，用矩估计法和极大似然估计法得到了表达形式截然不同的估计量. 当参数存在多个点估计时，如何选择才能使所选的点估计最贴切地估计出未知参数呢？这就需要确定评选估计量的标准和原则. 本节讨论估计量的三个评选标准，即无偏性、有效性、相合性.

7.2.1 无偏性

定义 7.2.1 设 X_1，X_2，…，X_n 为来自总体 X 的样本，$\hat{\theta}$ 为未知参数 θ 的点估计量，若对任意的 $\theta\in\Theta$，均有 $E(\hat{\theta})=\theta$，则称 $\hat{\theta}$ 为 θ 的**无偏估计量**.

假定 $\hat{\theta}$ 为 θ 的无偏估计量，对于某些样本值，由这个估计量所得到的估计值相对于真值 θ 来说，可能偏大，也可能偏小，反复将这一个估计量使用多次，就“平均”效果来说，其偏差几乎为零. 称 $E(\hat{\theta})-\theta$ 为以 $\hat{\theta}$ 作为 θ 的估计的**系统误差**. 无偏估计是指无系统误差.

例 7.2.1 设总体 X 的概率密度为

$$f(x;\theta)=\begin{cases}\dfrac{2x}{3\theta^2}, & \theta<x<2\theta\\ 0, & \text{其他}\end{cases},$$

其中 $\theta>0$ 为未知参数，X_1，X_2，…，X_n 为来自总体 X 的样本，

(1) 试求 θ 的矩估计量；(2) 判断该矩估计量是否为参数 θ 的无偏估计量.

解 (1) 由于

$$\mu_1 = E(X) = \int_{-\infty}^{+\infty} xf(x)\mathrm{d}x = \int_{\theta}^{2\theta} x \cdot \frac{2x}{3\theta^2}\mathrm{d}x = \left[\frac{2}{3\theta^2} \cdot \frac{1}{3}x^3\right]_{\theta}^{2\theta} = \frac{14}{9}\theta,$$

故 $\theta=\frac{9}{14}\mu_1$. 因此，θ 的矩估计量为

$$\hat{\theta}=\frac{9}{14}A_1=\frac{9}{14}\overline{X}.$$

(2) 由于 X_1，X_2，…，X_n 独立且与 X 同分布，故 $E(\overline{X})=E(X)=\frac{14}{9}\theta$，从而，

$$E(\hat{\theta})=E\left(\frac{9}{14}\overline{X}\right)=\frac{9}{14}E(\overline{X})=\frac{9}{14}\cdot\frac{14}{9}\theta=\theta,$$

故估计量 $\hat{\theta}$ 是参数 θ 的无偏估计量.

例 7.2.2 设总体 X 的 k 阶矩 $\mu_k=E(X^k)$ 存在，X_1，X_2，…，X_n 为来自总体 X 的样本. 证明：样本 k 阶矩 $A_k=\frac{1}{n}\sum_{i=1}^{n}X_i^k$ 是 μ_k 的无偏估计量.

证 由已知条件，X_1，X_2，…，X_n 与 X 服从相同的分布，因此，$E(X_i^k)=E(X^k)=\mu_k(i=1, 2, \cdots, n)$. 从而，

$$E(A_k) = E\left(\frac{1}{n}\sum_{i=1}^{n}X_i^k\right)=\frac{1}{n}\sum_{i=1}^{n}E(X_i^k) = \frac{1}{n}\cdot n\mu_k = \mu_k,$$

因此，$A_k=\frac{1}{n}\sum_{i=1}^{n}X_i^k$ 是 μ_k 的无偏估计量.

特别地，令 $k=1$，则得到 $A_1=\overline{X}$ 为总体均值 $\mu=E(X)$ 的无偏估计量.

由定理 6.3.1 和定理 6.3.2 可知，如果总体 X 的均值 μ 和方差 σ^2 均未知，不论总体 X 服从什么分布，样本均值 $\overline{X}$ 都为总体均值 μ 的无偏估计量，样本方差 $S^2=\frac{1}{n-1}\sum_{i=1}^{n}(X_i-\overline{X})^2$ 都为总体方差的无偏估计量. 而估计量 $\frac{1}{n}\sum_{i=1}^{n}(X_i-\overline{X})^2$ 不是 σ^2 的无偏估计量，因此，一般将 $S^2=\frac{1}{n-1}\sum_{i=1}^{n}(X_i-\overline{X})^2$ 作为 σ^2 的估计量，$\overline{X}$ 作为 μ 的估计量.

总体 X 的某个参数 θ 的无偏估计量 $\hat{\theta}$ 往往不止一个. 例如，设总体 X 的期望 $E(X)=\mu$ 存在，设 X_1，X_2，…，X_n 为来自总体 X 的样本，则形如 $\sum_{i=1}^{n}c_iX_i(\sum_{i=1}^{n}c_i=1)$ 的统计量均可作为 μ 的无偏估计量.

无偏性仅仅表明参数 θ 的估计量 $\hat{\theta}$ 的所有可能取值按概率加权平均之后等于真值 θ，随着样本值的不同，$\hat{\theta}$ 的观察值可能大部分都与 θ 有较大的偏差. 在实际应用中，一般会倾向于在无偏估计量中选用“平均”误差较小的估计量，使用这样的估计量时，估计值虽也会随机变化，但能更好地集中在参数 θ 的附近，与参数 θ 更接近，从而，误差较小的点估计量有更好的效率. 这就引出了估计量的第二个评选标准——有效性.

7.2.2　有效性

定义 7.2.2　设 $\hat{\theta}_1=\hat{\theta}_1(X_1, X_2, \cdots, X_n)$ 与 $\hat{\theta}_2=\hat{\theta}_2(X_1, X_2, \cdots, X_n)$ 都是未知参数 θ 的无偏估计量，若对任意 $\theta\in\Theta$，有

$$D(\hat{\theta}_1)\leqslant D(\hat{\theta}_2),$$

且至少对某一个 $\theta\in\Theta$，有 $D(\hat{\theta}_1)<D(\hat{\theta}_2)$，则称 $\hat{\theta}_1$ 比 $\hat{\theta}_2$ 有效.

例 7.2.3　设 X_1，X_2，X_3，X_4 为来自总体 X 的样本，总体期望 μ 和总体方差 σ^2 均存在，且 μ 未知. 已知 $\hat{\mu}_1=\frac{1}{6}X_1+\frac{1}{3}X_2+\frac{1}{2}X_3$ 与 $\hat{\mu}_2=\frac{1}{4}\sum_{i=1}^{4}X_i$ 均为 μ 的无偏估计量. 试问 $\hat{\mu}_2$ 与 $\hat{\mu}_1$ 哪个有效?

解　由于

$$D(\hat{\mu}_1)=\frac{1}{36}D(X_1)+\frac{1}{9}D(X_2)+\frac{1}{4}D(X_3)=\frac{7}{18}\sigma^2,$$

$$D(\hat{\mu}_2)=\frac{1}{16}D(X_1)+\frac{1}{16}D(X_2)+\frac{1}{16}D(X_3)+\frac{1}{16}D(X_4)=\frac{1}{4}\sigma^2,$$

因此，$D(\hat{\mu}_2)<D(\hat{\mu}_1)$，故 $\hat{\mu}_2$ 比 $\hat{\mu}_1$ 有效.

例 7.2.4　设 X_1，X_2，…，X_n（$n\geqslant 2$）为总体 $X\sim b(m, p)$ 的样本，参数 p 未知，证明：(1) $\hat{p}_1=\frac{X_i}{m}$（$i=1, 2, \cdots, n$），$\hat{p}_2=\frac{\overline{X}}{m}$ 均为 p 的无偏估计量；

(2) $\hat{p}_2$ 比 $\hat{p}_1$ 有效.

证　(1) 依题意，$E(X_i)=E(X)=mp$（$i=1, 2, \cdots, n$），$E(\overline{X})=E(X)=mp$，故

$$E(\hat{p}_1)=E\left(\frac{X_i}{m}\right)=\frac{1}{m}E(X_i)=p,$$

$$E(\hat{p}_2)=E\left(\frac{\overline{X}}{m}\right)=\frac{1}{m}E(\overline{X})=p,$$

因此，$\hat{p}_1$，$\hat{p}_2$ 均为 p 的无偏估计量.

(2) 由于

$$D(X_i)=D(X)=mp(1-p)\quad (i=1, 2, \cdots, n),$$

$$D(\overline{X})=\frac{1}{n}D(X)=\frac{1}{n}mp(1-p),$$

故

$$D(\hat{p}_1)=D\left(\frac{X_i}{m}\right)=\frac{1}{m^2}D(X_i)=\frac{1}{m^2}\cdot mp(1-p)=\frac{1}{m}p(1-p),$$

$$D(\hat{p}_2)=D\left(\frac{\overline{X}}{m}\right)=\frac{1}{m^2}D(\overline{X})=\frac{1}{m^2}\cdot\frac{1}{n}mp(1-p)=\frac{1}{mn}p(1-p).$$

又因为 $n\geqslant 2$，于是，$D(\hat{p}_2)<D(\hat{p}_1)$，因此，$\hat{p}_2$ 比 $\hat{p}_1$ 有效.

7.2.3 相合性

定义 7.2.3 设 $\hat{\theta}=\hat{\theta}(X_1, X_2, \cdots, X_n)$ 是未知参数 θ 的点估计量，若对任意 $\theta\in\Theta$，都满足，$\forall\varepsilon>0$，有

$$\lim_{n\to\infty}P\{|\hat{\theta}-\theta|<\varepsilon\}=1,$$

即 $\hat{\theta}\xrightarrow{P}\theta$，则称 $\hat{\theta}$ 是参数 θ 的**相合估计量**.

设 $X_1, X_2, \cdots, X_n$ 为来自总体 X 的样本，由辛钦大数定律可知，样本均值 $\overline{X}$ 依概率收敛于总体均值 μ，即 $\overline{X}$ 为 μ 的相合估计量. 事实上，更一般地，若总体 X 的 k 阶矩存在，则 $A_k=\frac{1}{n}\sum_{i=1}^{n}X_i^k$ 是 μ_k 的相合估计量.

例 7.2.5 设 $X_1, X_2, \cdots, X_n$ 为来自总体 $N(\mu, \sigma^2)$ 的样本，σ^2 未知，试证明 $S^2=\frac{1}{n-1}\sum_{i=1}^{n}(X_i-\overline{X})^2$ 为 σ^2 的相合估计量.

证 由定理 6.3.5 可知，

$$\frac{(n-1)S^2}{\sigma^2}\sim\chi^2(n-1),$$

因此

$$E\left[\frac{(n-1)S^2}{\sigma^2}\right]=n-1,\ D\left[\frac{(n-1)S^2}{\sigma^2}\right]=2(n-1),$$

从而

$$E(S^2)=\sigma^2,\ D(S^2)=2(n-1)\cdot\frac{\sigma^4}{(n-1)^2}=\frac{2\sigma^4}{n-1}.$$

由式（5.1.1）可知，对于任意的 $\varepsilon>0$，有

$$1\geqslant P\{|S^2-\sigma^2|<\varepsilon\}\geqslant 1-\frac{D(S^2)}{\varepsilon^2}=1-\frac{2\sigma^4}{\varepsilon^2(n-1)},$$

因此

$$\lim_{n\to\infty}P\{|S^2-\sigma^2|<\varepsilon\}=1,$$

故 S^2 为 σ^2 的相合估计量.

习题 7.2

1. 设 $X_1, X_2, \cdots, X_n$ 为来自总体 X 的样本，总体方差 σ^2 存在（σ 未知），下列选项中，（　　）是 σ^2 的无偏估计量.

(A) $\frac{1}{n}\sum_{i=1}^{n}(X_i-\overline{X})^2$；　　(B) $\frac{1}{n-1}\sum_{i=1}^{n-1}(X_i-\overline{X})^2$；

(C) $\frac{1}{n}\sum_{i=1}^{n-1}(X_i-\overline{X})^2$；　　　　(D) $\frac{1}{n-1}\sum_{i=1}^{n}(X_i-\overline{X})^2$.

2. 设 X_1，X_2，…，X_n 为来自总体 X 的样本，总体 X 的期望 $\mu(\mu\neq0)$ 存在.

(1) 当 a 为何值时，$\hat{\mu}=\frac{1}{2\,017}X_1+aX_2$ 为 μ 的无偏估计量？

(2) 若 $\hat{\mu}=\frac{1}{n}\sum_{i=1}^{n}a_iX_i$ 为 μ 的无偏估计量，则 $a_i(i=1,2,\cdots,n)$ 应满足什么关系？

3. 试判断习题7.1第7题中参数 θ 的矩估计量以及最大似然估计量是否为 θ 的无偏估计量.

4. 设总体 X 的概率密度为

$$f(x;\sigma)=\begin{cases}\frac{1}{\sigma}e^{-\frac{x-\mu}{\sigma}}, & x>\mu,\\ 0, & \text{其他}\end{cases}$$

其中，μ 已知，参数 $\sigma>0$ 未知，试求 σ 的最大似然估计量，并判断它是否为 σ 的无偏估计量.

5. 设 X_1，X_2，X_3，X_4 为来自总体 X 的样本，在 $\mu=E(X)$ 的无偏估计量 $\hat{\mu}_1=\frac{1}{3}\sum_{i=1}^{3}X_i$，$\hat{\mu}_2=\frac{1}{4}\sum_{i=1}^{4}X_i$，$\hat{\mu}_3=\frac{1}{5}X_1+\frac{1}{5}X_2+\frac{2}{5}X_3+\frac{1}{5}X_4$ 中哪个最有效？

6. 设从总体 X 中抽取样本容量分别为 m，n 的两个独立样本，$\overline{X}_1$ 和 $\overline{X}_2$ 分别为这两个样本的样本均值，已知 $E(X)=\mu$，$D(X)=\sigma^2$，

(1) 试证明：对于任意常数 t，$\hat{\mu}(t)=t\overline{X}_1+(1-t)\overline{X}_2$ 为 μ 的无偏估计量；

(2) 试确定常数 t_0，使得 $\hat{\mu}(t_0)$ 在 $\hat{\mu}(t)$ 中是最有效的估计量.

§7.3　区间估计

7.1节给出了未知参数的点估计量的构造，本节将构造随机区间来估计未知参数.

7.3.1　区间估计的定义

定义7.3.1　设 θ 为总体 X 的未知参数，$\theta\in\Theta$，X_1，X_2，…，X_n 为来自总体 X 的样本，$\underline{\theta}=\underline{\theta}(X_1,X_2,\cdots,X_n)$ 与 $\bar{\theta}=\bar{\theta}(X_1,X_2,\cdots,X_n)$ 为两个统计量，若对于给定的常数 α $(0<\alpha<1)$ 和任意的 $\theta\in\Theta$，有

$$P\{\underline{\theta}<\theta<\bar{\theta}\}\geqslant1-\alpha,$$

则称随机区间 $(\underline{\theta},\bar{\theta})$ 为参数 θ 的置信水平为 $1-\alpha$ 的**置信区间**，$\underline{\theta}$ 和 $\bar{\theta}$ 分别称为置信水平为 $1-\alpha$ 的**置信下限**和**置信上限**，$1-\alpha$ 称为**置信水平**. 通过构造一个置信区间对未知参数进行估计的方法称为**区间估计**.

置信区间 $(\underline{\theta}, \bar{\theta})$ 是随机区间，其统计含义为：在相同条件下抽样 M 次（每次抽样的样本容量均为 n），由于每次得到的样本值不同，故每次得到的区间也可能不同，这样就得到了 M 个区间. 对每个区间而言，它要么包含 θ 的真值，要么不包含 θ 的真值，根据伯努利大数定律，在这 M 个区间中，包含 θ 真值的区间约占 $100(1-\alpha)\%$，不包含 θ 真值的区间约占 $100\alpha\%$. 例如，$M=1\,000$，$1-\alpha=0.9$，则 1 000 个区间中，包含 θ 真值的区间约有 900 个.

当 X 为连续型随机变量时，对于给定的 α $(0<\alpha<1)$，总可以按照 $P\{\underline{\theta}<\theta<\bar{\theta}\}=1-\alpha$ 求得置信区间 $(\underline{\theta}, \bar{\theta})$；当 X 为离散型随机变量时，常常找不到区间 $(\underline{\theta}, \bar{\theta})$，使得 $P\{\underline{\theta}<\theta<\bar{\theta}\}=1-\alpha$，这时需要寻找区间 $(\underline{\theta}, \bar{\theta})$ 使得 $P\{\underline{\theta}<\theta<\bar{\theta}\}$ 至少为 $1-\alpha$，且尽量接近 $1-\alpha$.

7.3.2 置信区间的构造——枢轴量法

例 7.3.1 设总体 $X\sim N(\mu, \sigma^2)$，σ^2 已知，μ 未知，设 $X_1, X_2, \cdots, X_n$ 为来自总体 X 的样本，求 μ 的置信水平为 $1-\alpha$ 的置信区间.

解 由于 $\overline{X}$ 是 μ 的无偏估计量，又

$$\frac{\overline{X}-\mu}{\sigma/\sqrt{n}}\sim N(0, 1).$$

由于 $P\left\{-z_{\alpha/2}<\frac{\overline{X}-\mu}{\sigma/\sqrt{n}}<z_{\alpha/2}\right\}=1-\alpha$（如图 7-1 所示），故

$$P\left\{\overline{X}-\frac{\sigma}{\sqrt{n}}z_{\alpha/2}<\mu<\overline{X}+\frac{\sigma}{\sqrt{n}}z_{\alpha/2}\right\}=1-\alpha.$$

从而，μ 的置信水平为 $1-\alpha$ 的置信区间为

$$\left(\overline{X}-\frac{\sigma}{\sqrt{n}}z_{\alpha/2},\quad \overline{X}+\frac{\sigma}{\sqrt{n}}z_{\alpha/2}\right). \tag{7.3.1}$$

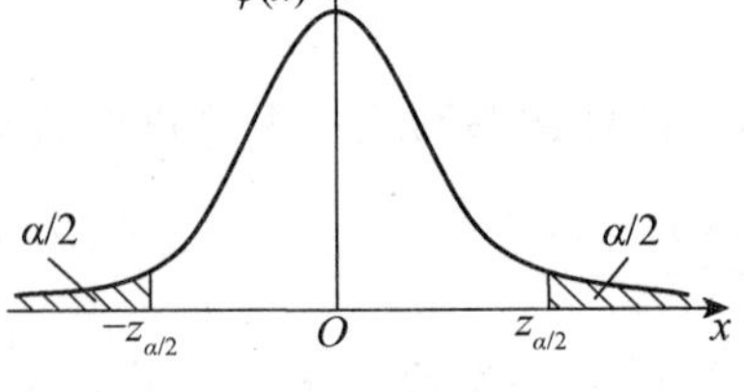

图 7-1

由式 (7.3.1) 确定的区间为随机区间，但当样本取定后，代入样本值，则可由式 (7.3.1) 唯一地计算出一个区间. 例如，$\bar{x}=11.8$，$\sigma=6$，$n=9$，$1-\alpha=0.95$，则由式 (7.3.1) 算得 μ 的置信水平为 0.95 的置信区间为 (7.88, 15.72).

在例 7.3.1 中，置信区间的取法并不唯一. 例如，给定 $\alpha=0.05$，由

$$P\left\{-z_{0.01}<\frac{\overline{X}-\mu}{\sigma/\sqrt{n}}<z_{0.04}\right\}=0.95$$

可得，

$$P\left\{\overline{X}-\frac{\sigma}{\sqrt{n}}z_{0.04}<\mu<\overline{X}+\frac{\sigma}{\sqrt{n}}z_{0.01}\right\}=0.95,$$

这意味着，

$$\left(\overline{X}-\frac{\sigma}{\sqrt{n}}z_{0.04},\quad \overline{X}+\frac{\sigma}{\sqrt{n}}z_{0.01}\right) \tag{7.3.2}$$

也是 μ 的置信水平为 0.95 的置信区间. 而式（7.3.1）给出 μ 的置信水平为 $1-\alpha=0.95$ 的置信区间为

$$\left(\overline{X}-\frac{\sigma}{\sqrt{n}}z_{0.025},\quad \overline{X}+\frac{\sigma}{\sqrt{n}}z_{0.025}\right). \tag{7.3.3}$$

注意到，式（7.3.3）中，置信区间的长度为 $2\times\frac{\sigma}{\sqrt{n}}z_{0.025}=3.92\times\frac{\sigma}{\sqrt{n}}$，这一长度比由式（7.3.2）确定的置信区间的长度$\frac{\sigma}{\sqrt{n}}z_{0.01}+\frac{\sigma}{\sqrt{n}}z_{0.04}=4.08\times\frac{\sigma}{\sqrt{n}}$要短，这表明，式（7.3.3）确定的置信区间的精度高一些. 通常，对概率密度图像是单峰且对称的情形，形如式（7.3.1）的区间，其长度最短，精度最高，故常用作未知参数的置信区间.

构造未知参数 θ 的置信区间的一般步骤如下：

（1）选取枢轴量 $W=W(X_1, X_2, \cdots, X_n; \theta)$，这里，$W$ 的分布已知，且不依赖于 θ 以及其他未知参数，X_1，X_2，…，X_n 为来自总体的样本.

（2）对于给定的置信水平 $1-\alpha$，确定常数 a，b，使得

$$P\{a<W(X_1, X_2, \cdots, X_n; \theta)<b\}=1-\alpha. \tag{7.3.4}$$

（3）由式（7.3.4）变形得到

$$P\{\underline{\theta}=\underline{\theta}(X_1, X_2, \cdots, X_n)<\theta<\bar{\theta}(X_1, X_2, \cdots, X_n)=\bar{\theta}\}=1-\alpha,$$

则（$\underline{\theta}$，$\bar{\theta}$）是参数 θ 的置信水平为 $1-\alpha$ 的置信区间.

枢轴量的选取是构造置信区间的关键一环，一般而言，枢轴量 $W=W(X_1, X_2, \cdots, X_n; \theta)$ 的构造可以从未知参数 θ 的点估计入手.

习题 7.3

1. 设某食品加工厂生产的某批次的袋装奶糖的质量 $X\sim N(\mu, 1.2^2)$，现从该批次袋装奶糖中抽取 10 袋，测得质量（单位：克）如下：

102　101.8　100.5　98.3　101.2　99.8　97.9　100.3　99.4　98.9

试依据式（7.3.1）求 μ 的置信水平为 0.95 的置信区间.

2. 假设总体 $X\sim N(\mu, 0.5^2)$，以式（7.3.1）作为均值 μ 的置信区间，试求当样本容量 n 满足什么条件时，μ 的置信水平为 0.95 的置信区间的长度不超过 L?

§7.4 单个正态总体均值与方差的区间估计

假定总体 X 服从正态分布 $N(\mu, \sigma^2)$，X_1，X_2，…，X_n 为来自总体 X 的样本. 下面分别讨论 μ 与 σ^2 的区间估计.

7.4.1 均值 μ 的区间估计

(1) 方差 σ^2 已知时，均值 μ 的区间估计.

由于 $\frac{\overline{X}-\mu}{\sigma/\sqrt{n}} \sim N(0, 1)$，故可取 $\frac{\overline{X}-\mu}{\sigma/\sqrt{n}}$ 为枢轴量，在例 7.3.1 中已得到 μ 的置信水平为 $1-\alpha$ 的置信区间为

$$\left(\overline{X}-\frac{\sigma}{\sqrt{n}}z_{\alpha/2},\ \overline{X}+\frac{\sigma}{\sqrt{n}}z_{\alpha/2}\right). \tag{7.4.1}$$

(2) 方差 σ^2 未知时，均值 μ 的区间估计.

由定理 6.3.6 可知，

$$\frac{\overline{X}-\mu}{S/\sqrt{n}} \sim t(n-1),$$

因此，可将 $\frac{\overline{X}-\mu}{S/\sqrt{n}}$ 作为枢轴量.

如图 7-2 所示，易知，

$$P\left\{-t_{\alpha/2}(n-1)<\frac{\overline{X}-\mu}{S/\sqrt{n}}<t_{\alpha/2}(n-1)\right\}=1-\alpha,$$

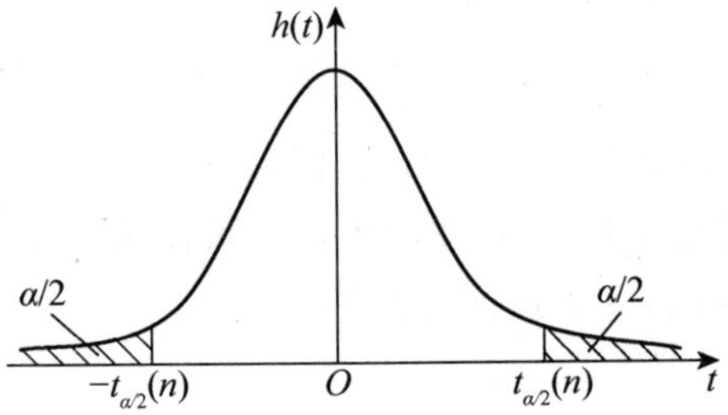

图 7-2

等价地，

$$P\left\{\overline{X}-\frac{S}{\sqrt{n}}\cdot t_{\alpha/2}(n-1)<\mu<\overline{X}+\frac{S}{\sqrt{n}}\cdot t_{\alpha/2}(n-1)\right\}=1-\alpha.$$

因此，μ 的置信水平为 $1-\alpha$ 的置信区间为

$$\left(\overline{X}-\frac{S}{\sqrt{n}}t_{\alpha/2}(n-1),\ \overline{X}+\frac{S}{\sqrt{n}}t_{\alpha/2}(n-1)\right). \tag{7.4.2}$$

例 7.4.1 设机器零件的长度 $X\sim N(\mu,\ \sigma^2)$，现从中随机抽取 9 个零件，测得长度（单位：cm）如下：

7.3　7.1　6.6　6.2　6.8　7.2　7.1　6.5　6.4

(1) 根据以往经验知，$\sigma=0.6$（单位：cm），试求 μ 的置信水平为 0.95 的置信区间；

(2) 若 σ^2 未知，试求 μ 的置信水平为 0.95 的置信区间.

解 (1) 依题意，$\sigma^2=0.36$，因此 μ 的置信水平为 $1-\alpha$ 的置信区间为式（7.4.1).

由已知条件，$n=9$，$\sigma=0.6$，且由 $1-\alpha=0.95$ 可知，$\alpha=0.05$，从而 $\frac{\alpha}{2}=0.025$，查附表Ⅰ知，$z_{0.025}=1.96$. 由题中数据可算得，$\overline{x}=6.8$. 故 μ 的置信水平为 0.95 的置信区间为（6.408，7.192).

(2) 由于 σ^2 未知，故 μ 的置信水平为 $1-\alpha$ 的置信区间为式（7.4.2).

由已知条件，$1-\alpha=0.95$，故 $\frac{\alpha}{2}=0.025$，查附表Ⅲ知，$t_{0.025}(8)=2.306$. 又由题中数据可算得，$\overline{x}=6.8$，$s=0.393\,7$. 因此 μ 的置信水平为 0.95 的置信区间为（6.497，7.103).

在解决实际问题时，总体方差 σ^2 未知的情况居多，故由式（7.4.2）给出的置信区间较由式（7.4.1）给出的置信区间更有实用价值.

7.4.2 方差 σ^2 的区间估计

根据实际需要，只介绍 μ 未知的情形.

由定理 6.3.5 知，

$$\frac{(n-1)S^2}{\sigma^2}\sim\chi^2(n-1),$$

故 $\frac{(n-1)S^2}{\sigma^2}$ 可作为枢轴量.

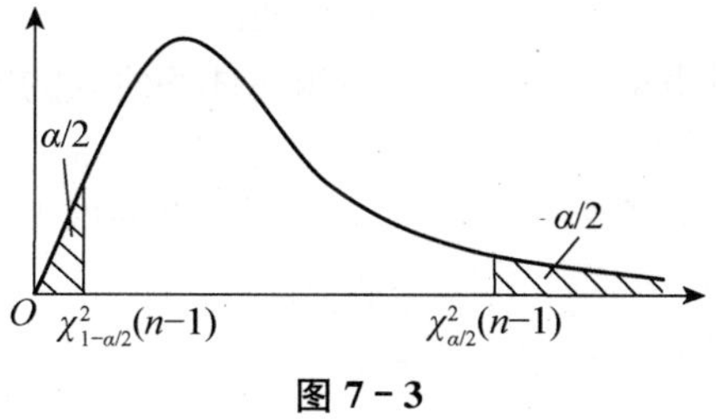

图 7-3

如图 7-3 所示，由

$$P\left\{\chi^2_{1-\alpha/2}(n-1)<\frac{(n-1)S^2}{\sigma^2}<\chi^2_{\alpha/2}(n-1)\right\}=1-\alpha$$

可得

$$P\left\{\frac{(n-1)S^2}{\chi^2_{\alpha/2}(n-1)}<\sigma^2<\frac{(n-1)S^2}{\chi^2_{1-\alpha/2}(n-1)}\right\}=1-\alpha. \tag{7.4.3}$$

因此，方差 σ^2 的置信水平为 $1-\alpha$ 的置信区间为

$$\left(\frac{(n-1)S^2}{\chi^2_{\alpha/2}(n-1)}, \frac{(n-1)S^2}{\chi^2_{1-\alpha/2}(n-1)}\right). \tag{7.4.4}$$

由式（7.4.3）也可得到标准差 σ 的置信水平为 $1-\alpha$ 的置信区间为

$$\left(\sqrt{\frac{(n-1)S^2}{\chi^2_{\alpha/2}(n-1)}}, \sqrt{\frac{(n-1)S^2}{\chi^2_{1-\alpha/2}(n-1)}}\right). \tag{7.4.5}$$

例 7.4.2 求例 7.4.1 中总体方差 σ^2 的置信水平为 0.95 的置信区间.

解 方差 σ^2 的一个置信水平为 $1-\alpha$ 的置信区间为式（7.4.4）. 由已知条件，$n=9$. 由于 $1-\alpha=0.95$，故 $\frac{\alpha}{2}=0.025$，$1-\frac{\alpha}{2}=0.975$. 查附表Ⅳ可知，$\chi^2_{0.025}(8)=17.535$，$\chi^2_{0.975}(8)=2.180$. 又 $s=0.3937$，故 σ^2 的置信水平为 0.95 的置信区间为（0.070 7，0.568 8）.

习题 7.4

1. 设总体 $X\sim N(\mu, \sigma^2)$，现从 X 中抽取样本容量为 16 的样本，测得样本均值 $\bar{x}=4.5$.

（1）若 $\sigma=1$，则 μ 的置信水平为 0.95 的置信区间为______；

（2）若测得样本标准差 $s=1$，则 μ 的置信水平为 0.95 的置信区间为______，σ^2 的置信水平为 0.95 的置信区间为______.

2. 设某校初一女生的身高服从 $N(\mu, \sigma^2)$，现从该校随机挑选 6 名初一女生，测得她们的身高如下（单位：cm）：

149　158.5　152.5　165　157　142

（1）若 $\sigma=6$，求 μ 的置信水平为 0.95 的置信区间；

（2）若 σ 未知，求 μ 的置信水平为 0.95 的置信区间；

（3）求 σ 的置信水平为 0.95 的置信区间.

3. 从某个批次的袋装食盐中随机抽取 16 袋，测得它们的质量（单位：克）为

252　256　253　255　253　252　253　254

251　252　254　250　253　251　254　256

假设该批次的袋装食盐的质量服从 $N(\mu, \sigma^2)$，试求总体均值 μ 的置信水平为 0.95 的置信区间：

（1）$\sigma=1$（克）；（2）σ 未知.

4. 某专业的研究生面试成绩服从 $N(\mu, \sigma^2)$，随机抽取 9 名考生，观察到他们的面试成绩为：

77　78　88　81　77　76　80　75　79

试求：

（1）μ 的矩估计值；　（2）μ 的置信水平为 0.95 的置信区间.

*§7.5　两个正态总体参数的区间估计

在生产领域中常遇到这样的问题：评价产品质量的某一指标服从正态分布，但由于工

艺过程等因素改变，导致总体均值和总体方差有所改变. 要知道这些变化有多大，就需要考虑两个正态总体的均值差或方差比的估计问题.

设 X_1，X_2，…，X_{n_1} 为来自总体 $X\sim N(\mu_1, \sigma_1^2)$ 的样本，Y_1，Y_2，…，Y_{n_2} 为来自总体 $Y\sim N(\mu_2, \sigma_2^2)$ 的样本，X 与 Y 独立，且设 $\overline{X}$，$\overline{Y}$ 分别为 X，Y 的样本均值，S_1^2，S_2^2 分别为 X，Y 的样本方差. 下面讨论 $\mu_1-\mu_2$，σ_1^2/σ_2^2 的置信区间.

7.5.1 两个正态总体均值差 $\mu_1-\mu_2$ 的置信区间

(1) 当方差 σ_1^2，σ_2^2 均已知时，总体均值差 $\mu_1-\mu_2$ 的置信区间.

由定理 6.3.7 知，

$$U=\frac{(\overline{X}-\overline{Y})-(\mu_1-\mu_2)}{\sqrt{\dfrac{\sigma_1^2}{n_1}+\dfrac{\sigma_2^2}{n_2}}}\sim N(0, 1). \tag{7.5.1}$$

因此，可选 U 作为枢轴量. 由

$$P\left\{-z_{\alpha/2}<\frac{(\overline{X}-\overline{Y})-(\mu_1-\mu_2)}{\sqrt{\dfrac{\sigma_1^2}{n_1}+\dfrac{\sigma_2^2}{n_2}}}<z_{\alpha/2}\right\}=1-\alpha$$

可等价得到

$$P\left\{(\overline{X}-\overline{Y})-z_{\alpha/2}\sqrt{\frac{\sigma_1^2}{n_1}+\frac{\sigma_2^2}{n_2}}<\mu_1-\mu_2<(\overline{X}-\overline{Y})+z_{\alpha/2}\sqrt{\frac{\sigma_1^2}{n_1}+\frac{\sigma_2^2}{n_2}}\right\}=1-\alpha.$$

由此给出 $\mu_1-\mu_2$ 的置信水平为 $1-\alpha$ 的置信区间为

$$\left((\overline{X}-\overline{Y})-z_{\alpha/2}\sqrt{\frac{\sigma_1^2}{n_1}+\frac{\sigma_2^2}{n_2}},\ (\overline{X}-\overline{Y})+z_{\alpha/2}\sqrt{\frac{\sigma_1^2}{n_1}+\frac{\sigma_2^2}{n_2}}\right). \tag{7.5.2}$$

例 7.5.1 假设某校男生的身高 X 服从 $N(\mu_1, 8^2)$，女生的身高 Y 服从 $N(\mu_2, 6^2)$，现从该校随机挑选 20 名男生和 30 名女生，测得身高的平均值分别为 $\bar{x}=172.5$cm，$\bar{y}=163.2$cm，试求 $\mu_1-\mu_2$ 的置信水平为 0.95 的置信区间.

解 由已知条件，$\mu_1-\mu_2$ 的置信水平为 $1-\alpha$ 的置信区间为式 (7.5.2). 依题意，$n_1=20$，$n_2=30$，$\alpha=0.05$，查附表Ⅰ得 $z_{0.025}=1.96$. 故 $\mu_1-\mu_2$ 的置信水平为 0.95 的置信区间为 (5.188 7，13.411 3).

(2) 当 $\sigma_1^2=\sigma_2^2=\sigma^2$ (σ^2 未知) 时，总体均值差 $\mu_1-\mu_2$ 的置信区间.

由定理 6.3.7 可知，

$$T=\frac{(\overline{X}-\overline{Y})-(\mu_1-\mu_2)}{S_w\sqrt{\dfrac{1}{n_1}+\dfrac{1}{n_2}}}\sim t(n_1+n_2-2), \tag{7.5.3}$$

其中

$$S_w=\sqrt{\frac{(n_1-1)S_1^2+(n_2-1)S_2^2}{n_1+n_2-2}}.$$

取 T 作为枢轴量. 由

$$P\left\{-t_{\alpha/2}(n_1+n_2-2)<\frac{(\overline{X}-\overline{Y})-(\mu_1-\mu_2)}{S_w\sqrt{\dfrac{1}{n_1}+\dfrac{1}{n_2}}}<t_{\alpha/2}(n_1+n_2-2)\right\}=1-\alpha$$

可得 $\mu_1-\mu_2$ 的置信水平为 $1-\alpha$ 的置信区间为

$$\left((\overline{X}-\overline{Y})\pm t_{\alpha/2}(n_1+n_2-2)\cdot S_w\cdot\sqrt{\frac{1}{n_1}+\frac{1}{n_2}}\right). \tag{7.5.4}$$

例 7.5.2 为了对比两种不同品种小麦的产量，课题组选择了 17 块面积相同的区域种植小麦，其中随机抽取了 8 块区域种植 A 品种，剩余的 9 块区域种植 B 品种. 测得 A 品种产量的样本均值 $\overline{X}=1\,080$（单位：斤），标准差 $s_1=4.6$（斤）；B 品种产量的样本均值 $\overline{Y}=980$（单位：斤），标准差 $s_2=4.0$（斤）. 假设 A，B 品种的产量分别服从正态分布 $N(\mu_1,\sigma^2)$，$N(\mu_2,\sigma^2)$，其中 σ^2 未知，试求 $\mu_1-\mu_2$ 的置信水平为 90%的置信区间.

解 依题意，$\mu_1-\mu_2$ 的置信水平为 $1-\alpha$ 的置信区间为式（7.5.4).

由已知条件，$n_1=8$，$n_2=9$，$\bar{x}=1\,080$，$s_1=4.6$，$\bar{y}=980$，$s_2=4.0$，$\alpha=0.1$，查附表Ⅲ知，$t_{0.05}(15)=1.753\,1$，因此 $\mu_1-\mu_2$ 的置信水平为 0.90 的置信区间为（96.35，103.65).

7.5.2 两个正态总体方差比 σ_1^2/σ_2^2 的置信区间

仅讨论总体均值 μ_1，μ_2 均未知的情形. 由定理 6.3.7 知，

$$\frac{S_1^2/S_2^2}{\sigma_1^2/\sigma_2^2}\sim F(n_1-1,\ n_2-1), \tag{7.5.5}$$

故可取$\dfrac{S_1^2/S_2^2}{\sigma_1^2/\sigma_2^2}$为枢轴量. 由

$$P\left\{F_{1-\alpha/2}(n_1-1,\ n_2-1)<\frac{S_1^2/S_2^2}{\sigma_1^2/\sigma_2^2}<F_{\alpha/2}(n_1-1,\ n_2-1)\right\}=1-\alpha$$

可得

$$P\left\{\frac{S_1^2}{S_2^2}\frac{1}{F_{\alpha/2}(n_1-1,\ n_2-1)}<\frac{\sigma_1^2}{\sigma_2^2}<\frac{S_1^2}{S_2^2}\frac{1}{F_{1-\alpha/2}(n_1-1,\ n_2-1)}\right\}=1-\alpha,$$

即 σ_1^2/σ_2^2 的置信水平为 $1-\alpha$ 的置信区间为

$$\left(\frac{S_1^2}{S_2^2}\frac{1}{F_{\alpha/2}(n_1-1,\ n_2-1)},\ \frac{S_1^2}{S_2^2}\frac{1}{F_{1-\alpha/2}(n_1-1,\ n_2-1)}\right). \tag{7.5.6}$$

例 7.5.3 设总体 $X\sim N(\mu_1,\sigma_1^2)$，$Y\sim N(\mu_2,\sigma_2^2)$，且 X 和 Y 相互独立，现从两个总体中分别抽取容量为 9 和 16 的两个样本，测得样本标准差分别为 $s_1=6.28$，$s_2=7.06$，试求 σ_1^2/σ_2^2 的置信水平为 90%的置信区间.

解 σ_1^2/σ_2^2 的置信水平为 $1-\alpha$ 的置信区间为式（7.5.6). 由题意，$n_1=9$，$n_2=16$，$s_1=6.28$，$s_2=7.06$，$\alpha=0.1$，查附表Ⅴ知，

$$F_{0.05}(8, 15)=2.64, F_{0.95}(8, 15)=\frac{1}{F_{0.05}(15, 8)}=\frac{1}{3.22}\approx 0.31,$$

因此 σ_1^2/σ_2^2 的置信水平为 0.90 的置信区间为（0.30，2.55）.

习题 7.5

1. 甲、乙两台机床独立地加工同一种型号的机器零件，假设两台机床所加工的零件的长度分别服从 $N(\mu_1, \sigma_1^2)$，$N(\mu_2, \sigma_2^2)$，现从甲、乙机床加工的零件中分别随机抽取样本容量为 9 和 13 的样本，测得样本均值分别为 $\bar{x}=20.93$mm，$\bar{y}=21.2$ mm，样本方差分别为 $s_1^2=0.221$，$s_2^2=0.342$.

（1）若 $\sigma_1^2=\sigma_2^2=\sigma^2$，但 σ^2 未知，求 $\mu_1-\mu_2$ 的置信水平为 0.95 的置信区间；

（2）求 σ_1^2/σ_2^2 的置信水平为 0.95 的置信区间.

2. 为了比较两种安眠药 A，B 的疗效，随机挑选 18 名测试者均分成两组，第一小组的测试者服用安眠药 A，第二小组的测试者服用安眠药 B，测得他们服药后的睡眠延长时间（单位：小时）如下：

第一组：0.8　1.2　0.1　0.6　2.6　4.3　1.3　3.4　1.9

第二组：1.0　1.2　0.2　1.8　3.8　2.8　1.6　1.2　−0.1

假设服药物 A，B 后的睡眠延长时间分别服从 $N(\mu_1, \sigma_1^2)$，$N(\mu_2, \sigma_2^2)$，

（1）若 $\sigma_1^2=\sigma_2^2=\sigma^2$，但 σ^2 未知，求 $\mu_1-\mu_2$ 的置信水平为 0.95 的置信区间；

（2）求 σ_1^2/σ_2^2 的置信水平为 0.95 的置信区间.

本章小结

参数估计包括点估计和区间估计两大类，其中点估计部分主要介绍了矩估计法和最大似然估计法两种方法. 由于未知参数的点估计量往往不唯一，本章还介绍了估计量的三种评选标准，即无偏性、有效性、相合性.

对于区间估计，本章着重介绍了单个正态总体的均值和方差的区间估计、两个正态总体的均值差和方差比的区间估计。

表 7-1 给出了正态总体的均值、方差的置信区间.

表 7-1

	待估参数	其他参数	枢轴量的分布	置信区间
单个正态总体	μ	σ^2 已知	$\frac{\overline{X}-\mu}{\sigma/\sqrt{n}}\sim N(0, 1)$	$\left(\overline{X}\pm\frac{\sigma}{\sqrt{n}}z_{\alpha/2}\right)$
	μ	σ^2 未知	$\frac{\overline{X}-\mu}{S/\sqrt{n}}\sim t(n-1)$	$\left(\overline{X}\pm\frac{S}{\sqrt{n}}t_{\alpha/2}(n-1)\right)$
	σ^2	μ 未知	$\frac{(n-1)S^2}{\sigma^2}\sim\chi^2(n-1)$	$\left(\frac{(n-1)S^2}{\chi^2_{\alpha/2}(n-1)}, \frac{(n-1)S^2}{\chi^2_{1-\alpha/2}(n-1)}\right)$

续前表

	待估参数	其他参数	枢轴量的分布	置信区间
两个正态总体	$\mu_1-\mu_2$	σ_1^2，σ_2^2 均已知	$U=\dfrac{(\overline{X}-\overline{Y})-(\mu_1-\mu_2)}{\sqrt{\dfrac{\sigma_1^2}{n_1}+\dfrac{\sigma_2^2}{n_2}}}\sim N(0,1)$	$\left((\overline{X}-\overline{Y})\pm z_{\alpha/2}\sqrt{\dfrac{\sigma_1^2}{n_1}+\dfrac{\sigma_2^2}{n_2}}\right)$
	$\mu_1-\mu_2$	$\sigma_1^2=\sigma_2^2=\sigma^2$（$\sigma^2$ 未知）	$T=\dfrac{(\overline{X}-\overline{Y})-(\mu_1-\mu_2)}{S_w\sqrt{\dfrac{1}{n_1}+\dfrac{1}{n_2}}}\sim t(n_1+n_2-2)$ 其中 $S_w=\sqrt{\dfrac{(n_1-1)S_1^2+(n_2-1)S_2^2}{n_1+n_2-2}}$	$\left((\overline{X}-\overline{Y})\pm t_{\alpha/2}(n_1+n_2-2)\cdot S_w\cdot\sqrt{\dfrac{1}{n_1}+\dfrac{1}{n_2}}\right)$
	σ_1^2/σ_2^2	μ_1，μ_2 均未知	$\dfrac{S_1^2/S_2^2}{\sigma_1^2/\sigma_2^2}\sim F(n_1-1,n_2-1)$	$\left(\dfrac{S_1^2}{S_2^2}\dfrac{1}{F_{\alpha/2}(n_1-1,n_2-1)},\dfrac{S_1^2}{S_2^2}\dfrac{1}{F_{1-\alpha/2}(n_1-1,n_2-1)}\right)$

总复习题 7

1. 设总体 X 的分布律为

X	-1	0	1	2
P	$(1-\theta)^2$	$\theta-\theta^2$	θ^2	$\theta-\theta^2$

其中未知参数 $0<\theta<1$，若已取得样本值 -1，1，-1，2，0，2，试求：

(1) θ 的矩估计值；(2) θ 的最大似然估计值.

2. 设总体 X 的分布律为

$$P\{X=x\}=C_m^x\theta^x(1-\theta)^{m-x},\quad x=0,1,\cdots,m,$$

其中未知参数 $\theta\in(0,1)$，X_1，X_2，$\cdots$，X_n 是来自总体 X 的样本.

试求：(1) 参数 θ 的矩估计量与最大似然估计量；(2) $P\{X=1\}$ 的最大似然估计量.

3. 设总体 $X\sim U[\theta,1]$，其中未知参数 $\theta<1$，设 X_1，X_2，$\cdots$，X_n 为来自总体 X 的样本. 试求：(1) θ 的矩估计量；(2) θ 的最大似然估计量.

4. 设 X 的分布函数为

$$F(x;\alpha,\beta)=\begin{cases}1-\left(\dfrac{\alpha}{x}\right)^{\beta}, & x>\alpha,\\ 0, & \text{其他}\end{cases}$$

其中，$\alpha>0$，$\beta>1$，X_1，X_2，$\cdots$，X_n 为来自总体 X 的样本.

（1）当 $\alpha=1$ 时，求 β 的矩估计量与最大似然估计量；

（2）当 $\beta=2$ 时，求 α 的最大似然估计量.

5. 设总体 X 的概率密度为

$$f(x;\sigma^2)=\begin{cases}\dfrac{A}{\sigma}\mathrm{e}^{-\frac{(x-\mu)^2}{2\sigma^2}} & x\geqslant\mu\\ 0 & x<\mu\end{cases},$$

μ 为已知参数，$\sigma>0$ 为未知参数，A 是常数，X_1，X_2，…，X_n 为来自总体 X 的一个样本. 求：（1）常数 A 的值；（2）σ^2 的最大似然估计量.

6. 设总体 X 的方差 $D(X)=\sigma^2$ 存在，X_1，X_2，…，X_{n_1} 与 Y_1，Y_2，…，Y_{n_2} 分别为来自总体 X 的两个独立样本，记 $\overline{X}=\dfrac{1}{n_1}\sum\limits_{i=1}^{n_1}X_i$，$\overline{Y}=\dfrac{1}{n_2}\sum\limits_{j=1}^{n_2}Y_j$ 分别为两个样本的样本均值.

试证明

$$S_w^2=\frac{\sum\limits_{i=1}^{n_1}(X_i-\overline{X})^2+\sum\limits_{j=1}^{n_2}(Y_j-\overline{Y})^2}{n_1+n_2-2}$$

是 σ^2 的无偏估计量.

7. 设 X_1，X_2，…，X_n（$n\geqslant2$）为来自总体 X 的样本，$E(X)=\mu$，$D(X)=\sigma^2$，试确定常数 c，使得 $\overline{X}^2-c\sum\limits_{i=1}^{n-1}(X_{i+1}-X_i)^2$ 为 μ^2 的无偏估计量.

8. 设随机变量 X 与 Y 相互独立，且分别服从正态分布 $N(\mu,\sigma^2)$ 与 $N(\mu,2\sigma^2)$，其中 σ 是未知参数. 记 $Z=X-Y$.

（1）求 Z 的概率密度 $f(z;\sigma^2)$；

（2）设 Z_1，Z_2，…，Z_n 为来自总体 Z 的样本，试由 Z 的样本 Z_1，Z_2，…，Z_n 确定 σ^2 的最大似然估计量 $\hat{\sigma}^2$，并证明 $\hat{\sigma}^2$ 为 σ^2 的无偏估计量.

9. 设总体 $X\sim N(\mu,\sigma^2)$，现从 X 中抽取容量为 9 的样本，样本值 x_1，x_2，…，x_9 满足 $\sum\limits_{i=1}^{9}x_i=16.2$，$\sum\limits_{i=1}^{9}x_i^2=40.32$，试求 μ 的置信水平为 90%的置信区间.

10. 设总体 X 的分布函数为 $F(x)$，经验分布函数为 $F_n(x)$. 证明：$F_n(x)$ 为 $F(x)$ 的无偏估计量.

第 8 章　假设检验

第 7 章讨论了统计推断中的参数估计问题，本章将讨论统计推断中的另一类重要问题，即假设检验. 在总体分布函数完全未知或只知其形式但不知其参数的情况下，为了推断总体的某些性质，提出某些关于总体的论断或猜测，这些论断或猜测称为**统计假设**，人们根据样本所提供的信息对所提出的假设作出接受或拒绝的决策的过程称为**假设检验**.

§8.1　假设检验的概念与类型

8.1.1　假设检验的基本概念

假设检验问题在实际生活中有很多应用，在介绍基本概念之前，先看一个例子.

例 8.1.1　某食品加工厂生产一种盒装的奶油蛋糕，为检验产品的质量是否符合要求，现从某个批次的奶油蛋糕中随机抽取了 9 盒，测得 $\bar{x}=426.1$ 克，假设盒装蛋糕的质量服从正态分布，且标准差 $\sigma_0=4$ 克，则

(1) 若厂家规定每个盒装蛋糕的标准质量为 428 克，试问这批食品是否符合生产标准?

(2) 若厂家规定每个盒装蛋糕的标准质量不小于 428 克，试问这批食品是否符合生产标准?

以 μ 表示该批次的奶油蛋糕质量总体 X 的均值，于是 $X\sim N(\mu, \sigma_0^2)$，这里 μ 未知. 例 8.1.1 的 (1) 即根据样本均值判断总体均值 $\mu=428$，还是 $\mu\neq 428$. 为此，提出如下假设：

$$H_0:\mu=\mu_0,\quad H_1:\mu\neq\mu_0, \tag{8.1.1}$$

这里 $\mu_0=428$，其中 H_0 称为**原假设**，H_1 称为**备择假设**. 为此可以设计一个合理的法则，根据这一法则，利用样本数据作出接受 H_0 还是拒绝 H_0 的决策. 若接受 H_0，则认为 $\mu=\mu_0=428$，即认为这批食品符合生产标准，否则不符合生产标准.

根据大数定律，在大量重复试验中，样本均值 $\overline{X}$ 依概率收敛于总体均值 μ，即在大量重复试验中，若原假设 H_0 正确，事件 $|\overline{X}-\mu_0|$ 的取值 $|\overline{x}-\mu_0|$ 一般不应太大. 若 $|\overline{x}-\mu_0|$ 过大，则有理由怀疑 H_0 的正确性，从而作出拒绝 H_0 的决定. 故可选择适当的正数 k，使得当 $\frac{|\overline{x}-\mu_0|}{\sigma_0/\sqrt{n}}\geqslant k$ 时，拒绝 H_0，反之，若 $\frac{|\overline{x}-\mu_0|}{\sigma_0/\sqrt{n}}<k$，则接受 H_0.

然而，作出上述决策的依据是样本，而样本的取值具有不确定性，因此即使 H_0 正确，也可能作出拒绝 H_0 的决策，在假设检验中，将这种错误称为**第一类错误**或**弃真错误**. 犯这类错误的概率记为

$$P\{H_0 \text{ 为真时拒绝 } H_0\} \text{或} P_{\mu\in H_0}\{\text{拒绝} H_0\},$$

这类错误是无法消除的，那么如何控制犯第一类错误的概率呢？

大家知道，概率很小的事件在一次试验中基本上不会发生，通常称这样的事件为**小概率事件**. 例如事件 A 发生的概率 $\alpha=0.001$，则大约在 1 000 次试验中，事件 A 才可能出现 1 次，而在一次试验中，事件 A 几乎不可能发生. 这就是所谓的**小概率事件原理**.

根据小概率事件原理，给定一个很小的正数 α（$0<\alpha<1$，如 $\alpha=0.05$，$\alpha=0.1$ 等），使得犯第一类错误的概率满足

$$P\{H_0 \text{ 为真时拒绝 } H_0\}\leqslant\alpha.$$

当 H_0 为真时，由于 $Z=\frac{\overline{X}-\mu_0}{\sigma_0/\sqrt{n}}\sim N(0,\ 1)$，这里 n 为样本容量，因此，只需满足

$$P\left\{\left|\frac{\overline{X}-\mu_0}{\sigma_0/\sqrt{n}}\right|\geqslant k\right\}=\alpha \tag{8.1.2}$$

即可. 如图 8－1 所示，由标准正态分布分位点的定义得 $k=z_{\alpha/2}$. 因此，当 $|z|=\frac{|\overline{x}-\mu_0|}{\sigma_0/\sqrt{n}}\geqslant k$ 时拒绝 H_0，当 $|z|=\frac{|\overline{x}-\mu_0|}{\sigma_0/\sqrt{n}}<k$ 时，不能拒绝 H_0，即接受 H_0. 这里 α 称为**显著性水平**，统计量 $Z=\frac{\overline{X}-\mu_0}{\sigma_0/\sqrt{n}}$ 称为**检验统计量**. 当检验统计量取某个区域 C 中的值时，拒绝原假设 H_0，则称区域 C 为**拒绝域**，拒绝域的边界点称为**临界点**. 在例 8.1.1 的（1）中，拒绝域为 $|z|\geqslant z_{\alpha/2}$，临界点为 $z=-z_{\alpha/2}$，$z=z_{\alpha/2}$.

在例 8.1.1 中，若取 $\alpha=0.05$，$n=9$，检验的拒绝域为

$$|z|\geqslant z_{0.025}=1.96.$$

由 $\mu_0=428$，$\overline{x}=426.1$，$\sigma_0=4$，计算得 $|z|=1.425<1.96$，故接受 H_0，认为这批食品符合生产标准.

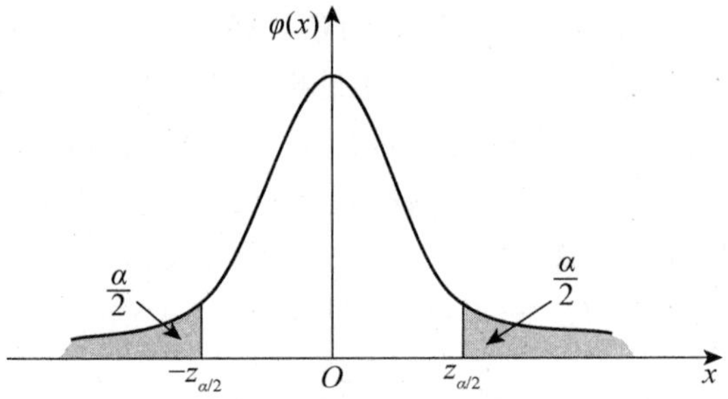

图 8-1

例 8.1.1 是在总体分布形式已知的情况下，对总体未知参数作出的统计假设，这样的假设检验问题称为**参数假设检验**；在总体分布形式未知的情况下所作的假设检验问题称为**非参数假设检验**.

8.1.2 两类错误

8.1.1 节给出了犯第一类错误的概念. 事实上，在假设检验中还存在另一类错误，即原假设 H_0 不真，但接受了 H_0，这种错误通常称为**第二类错误**或**取伪错误**. 犯第二类错误的概率记为

$$P\{H_0\text{ 不真时接受 }H_0\}\text{ 或 }P_{\mu\in H_1}\{\text{接受}H_0\}.$$

表 8-1 给出了假设检验中可能出现的两类错误.

表 8-1　　假设检验的两类错误

类型	含义	犯错误的概率
第一类错误	H_0 为真时拒绝了 H_0，即弃真的错误	$P\{H_0$ 为真时拒绝 $H_0\}$
第二类错误	H_0 不真时接受了 H_0，即取伪的错误	$P\{H_0$ 不真时接受 $H_0\}$

只对犯第一类错误的概率加以控制，而不考虑犯第二类错误的概率的检验，称为**显著性检验**.

在假设检验中，当样本容量 n 一定时，若减少犯第一类错误的概率，则犯第二类错误的概率往往会增大. 要使犯两类错误的概率同时减小，除非增加样本容量. 在进行显著性检验时，由于犯第一类错误的概率是可以控制的，因此原假设 H_0 和备择假设 H_1 的地位是不对等的. 在选择 H_0 和 H_1 时，为保证最大限度地降低因犯错误而造成的不良影响，应使两类错误中后果更严重的错误成为第一类错误. 如果两类错误造成的后果严重程度差不多，则常取 H_0 为维持现状，以减少不必要的经济损失.

8.1.3 假设检验的类型

在例 8.1.1 的 (2) 中，关心的问题是该批次的盒装蛋糕的质量是否不小于 428 克，即考虑如下检验

$$H_0:\mu\geqslant\mu_0,\quad H_1:\mu<\mu_0. \tag{8.1.3}$$

这里 $\mu_0=428$. 像这样仅考虑单侧的检验问题称为**单边假设检验**问题. 而形如式(8.1.1)的假设检验称为**双边假设检验**问题. 单边假设检验又分为**左边检验**和**右边检验**，具体见表8-2.

表8-2 **假设检验的类型**

类型		H_0	H_1
双边检验		$\mu=\mu_0$	$\mu\neq\mu_0$
单边检验	右边检验	$\mu\leqslant\mu_0$	$\mu>\mu_0$
	左边检验	$\mu\geqslant\mu_0$	$\mu<\mu_0$

对于式(8.1.3)，拒绝域的形式为

$$\overline{x}\leqslant k,$$

其中 k 为常数，下面求常数 k 的值. 犯第一类错误的概率为

$$\begin{aligned}P\{H_0\text{ 为真时拒绝 }H_0\}&=P_{\mu\geqslant\mu_0}\{\overline{X}\leqslant k\}=P_{\mu\geqslant\mu_0}\left\{\frac{\overline{X}-\mu_0}{\sigma_0/\sqrt{n}}\leqslant\frac{k-\mu_0}{\sigma_0/\sqrt{n}}\right\}\\&\leqslant P_{\mu\geqslant\mu_0}\left\{\frac{\overline{X}-\mu}{\sigma_0/\sqrt{n}}\leqslant\frac{k-\mu_0}{\sigma_0/\sqrt{n}}\right\},\end{aligned}$$

要使得犯第一类错误的概率满足

$$P\{H_0\text{ 为真时拒绝 }H_0\}\leqslant\alpha,$$

只需

$$P_{\mu\geqslant\mu_0}\left\{\frac{\overline{X}-\mu}{\sigma_0/\sqrt{n}}\leqslant\frac{k-\mu_0}{\sigma_0/\sqrt{n}}\right\}=\alpha$$

即可，则由标准正态分布的分位点的定义得

$$\frac{k-\mu_0}{\sigma_0/\sqrt{n}}=-z_\alpha,$$

从而

$$k=\mu_0-\frac{\sigma_0}{\sqrt{n}}z_\alpha.$$

故式(8.1.3)的拒绝域为

$$\overline{x}\leqslant\mu_0-\frac{\sigma_0}{\sqrt{n}}z_\alpha\text{ 或 }z=\frac{\overline{x}-\mu_0}{\sigma_0/\sqrt{n}}\leqslant-z_\alpha.$$

在例8.1.1的(2)中，若取 $\alpha=0.05$，$n=9$，则检验的拒绝域为

$$z\leqslant-z_{0.05}=-1.645.$$

由 $\mu_0=428$，$\overline{x}=426.1$，$\sigma_0=4$，计算得 $z=-1.425>-1.645$，故接受 H_0，认为这批食

品符合生产标准.

从例 8.1.1 的求解过程可以看到，假设检验的一般步骤为

(1) 根据实际问题，提出原假设 H_0 和备择假设 H_1；

(2) 给定显著性水平 α 和样本容量 n；

(3) 选取适当的检验统计量，并在 H_0 为真的条件下确定检验统计量的分布；

(4) 按照 $P\{H_0$ 为真时拒绝 $H_0\}\leqslant\alpha$，确定拒绝域；

(5) 根据样本是否落入拒绝域对原假设进行判断，若样本落入拒绝域，则拒绝原假设，否则接受原假设.

习题 8.1

1. 填空题

(1) 在假设检验中，原假设 H_0 正确但是接受备择假设 H_1，这类错误称为______错误；原假设 H_0 错误却接受了 H_0，这类错误称为______错误；显著性水平 α 用来控制犯______错误的概率.

(2) 小概率事件原理指的是______.

2. 单项选择题

(1) 在假设检验中，如果接受了原假设 H_0，则（　　）.

(A) 可能会犯第一类错误；　　(B) 可能会犯第二类错误；

(C) 两类错误都可能犯；　　(D) 两类错误都不犯.

(2) 在假设检验时，若其他条件不变的情况下增大样本容量，则犯两类错误的概率（　　）.

(A) 都增大；　　(B) 都减小；　　(C) 都不变；　　(D) 一个增大，一个减小.

3. 简要阐述显著性检验的含义.

4. 试简要阐述在显著性检验中选择原假设与备择假设的基本原则.

§8.2　单个正态总体参数的假设检验

正态分布在实际中最常用，本节将讨论单个正态总体情形下总体均值和总体方差的假设检验问题. 为叙述方便，本节假定 X_1，X_2，…，X_n 是来自总体 $N(\mu,\sigma^2)$ 的一个样本，x_1，x_2，…，x_n 为样本值.

8.2.1　均值的检验

(1) 总体方差 σ^2 已知时，关于总体均值 μ 的检验（Z 检验法）.

8.1 节讨论了双边假设检验问题式（8.1.1）和左边检验问题式（8.1.3），这里仅讨论右边检验问题

$$H_0:\mu\leqslant\mu_0,\quad H_1:\mu>\mu_0. \tag{8.2.1}$$

对于式（8.2.1），拒绝域的形式为

$$\overline{x}\geqslant k,$$

其中 k 为常数，下面讨论 k 的取值．犯第一类错误的概率为

$$P\{H_0\text{ 为真时拒绝 }H_0\}=P_{\mu\leqslant\mu_0}\{\overline{X}\geqslant k\}=P_{\mu\leqslant\mu_0}\left\{\frac{\overline{X}-\mu_0}{\sigma/\sqrt{n}}\geqslant\frac{k-\mu_0}{\sigma/\sqrt{n}}\right\}$$
$$\leqslant P_{\mu\leqslant\mu_0}\left\{\frac{\overline{X}-\mu}{\sigma/\sqrt{n}}\geqslant\frac{k-\mu_0}{\sigma/\sqrt{n}}\right\},$$

要使犯第一类错误的概率满足

$$P\{H_0\text{ 为真时拒绝 }H_0\}\leqslant\alpha,$$

只需

$$P_{\mu\leqslant\mu_0}\left\{\frac{\overline{X}-\mu}{\sigma/\sqrt{n}}\geqslant\frac{k-\mu_0}{\sigma/\sqrt{n}}\right\}=\alpha$$

即可，则由标准正态分布的分位点的定义得

$$\frac{k-\mu_0}{\sigma_0/\sqrt{n}}=z_\alpha,$$

从而

$$k=\mu_0+\frac{\sigma_0}{\sqrt{n}}z_\alpha.$$

故式（8.1.3）的拒绝域为

$$\overline{x}\geqslant\mu_0+\frac{\sigma_0}{\sqrt{n}}z_\alpha\text{ 或 }z=\frac{\overline{x}-\mu_0}{\sigma_0/\sqrt{n}}\geqslant z_\alpha.$$

例 8.2.1 微波炉在炉门关闭时的辐射量是一个重要的质量指标．设某厂生产的微波炉的指标服从 $N(\mu,\sigma^2)$．按规定，辐射量不超过 0.12 时才能达标，且由以往经验知标准差 $\sigma=0.1$．为了检查近期产品的质量是否符合要求，随机抽查了 25 台，得其炉门关闭时辐射量的均值 $\overline{x}=0.120\,3$．试问在显著性水平 $\alpha=0.05$ 下，该厂生产的微波炉的炉门关闭时辐射量是否显著升高？

解 根据题意，建立右边假设

$$H_0:\mu\leqslant 0.12,\quad H_1:\mu>0.12.$$

在显著性水平 $\alpha=0.05$ 下，$z_\alpha=z_{0.05}=1.645$，拒绝域为 $z\geqslant 1.645$，由观测数据得

$$z=\frac{0.1\,203-0.12}{0.1/\sqrt{25}}=0.015<1.645,$$

故在显著性水平 $\alpha=0.05$ 下，接受 H_0，即认为该厂生产的微波炉的炉门关闭时辐射量无

明显升高.

(2) 总体方差 σ^2 未知时，关于总体均值 μ 的检验（t 检验法）.

设总体 $X\sim N(\mu, \sigma^2)$，其中 μ，σ^2 均未知，讨论双边检验问题

$$H_0:\mu=\mu_0,\quad H_1:\mu\neq\mu_0. \tag{8.2.2}$$

由于 σ^2 未知，而样本方差 $S^2=\frac{1}{n-1}\sum_{i=1}^{n}(X_i-\overline{X})^2$ 为 σ^2 的无偏估计，因此可考虑用 S^2 替代 σ^2. 对于式（8.2.2），采用检验统计量

$$t=\frac{\overline{X}-\mu_0}{S/\sqrt{n}}.$$

当 $|t|=\left|\frac{\overline{X}-\mu_0}{S/\sqrt{n}}\right|$ 过大时，拒绝原假设 H_0. 拒绝域的形式为

$$|t|=\left|\frac{\overline{x}-\mu_0}{s/\sqrt{n}}\right|\geqslant k,$$

其中 k 为常数，下面讨论 k 的取值. 当 H_0 为真时，

$$t=\frac{\overline{X}-\mu_0}{S/\sqrt{n}}\sim t(n-1).$$

根据犯第一类错误的概率

$$P\{H_0\text{ 为真时拒绝 }H_0\}=P_{\mu_0}\left\{\left|\frac{\overline{X}-\mu_0}{S/\sqrt{n}}\right|\geqslant k\right\}=\alpha,$$

可得

$$k=t_{\alpha/2}(n-1).$$

从而式（8.2.2）的拒绝域为

$$|t|=\left|\frac{\overline{x}-\mu_0}{s/\sqrt{n}}\right|\geqslant t_{\alpha/2}(n-1).$$

当方差 σ^2 未知时，可类似得到总体均值 μ 的单边假设检验问题的拒绝域，具体见表 8－3.

表 8－3　　正态总体均值的检验（显著性水平为 α）

原假设 H_0	备择假设 H_1	条件	检验统计量	拒绝域
$\mu=\mu_0$	$\mu\neq\mu_0$	σ^2 已知	$Z=\frac{\overline{X}-\mu_0}{\sigma/\sqrt{n}}$	$\lvert z\rvert\geqslant z_{\alpha/2}$
$\mu\leqslant\mu_0$	$\mu>\mu_0$			$z\geqslant z_\alpha$
$\mu\geqslant\mu_0$	$\mu<\mu_0$			$z\leqslant -z_\alpha$

续前表

原假设 H_0	备择假设 H_1	条件	检验统计量	拒绝域
$\mu=\mu_0$	$\mu\neq\mu_0$	σ^2 未知	$t=\frac{\overline{X}-\mu_0}{S/\sqrt{n}}$	$\lvert t\rvert\geqslant t_{\alpha/2}(n-1)$
$\mu\leqslant\mu_0$	$\mu>\mu_0$			$t\geqslant t_\alpha(n-1)$
$\mu\geqslant\mu_0$	$\mu<\mu_0$			$t\leqslant -t_\alpha(n-1)$

例 8.2.2 根据某地环境保护法的规定，倾入河流的废水中某种有毒化学物质的平均含量不得超过 3 ppm. 该地区环保组织对沿河各厂进行检查，测定某日倾入河流的废水中该物质的含量（单位：ppm）为

3.1 3.2 3.3 2.9 3.5 3.4 2.5 4.3 3.0 3.4

2.9 3.6 3.2 3.0 2.7 3.5 2.9 3.3 3.3 3.1

假定废水中有毒物质的含量 $X\sim N(\mu,\sigma^2)$，试在显著性水平 $\alpha=0.05$ 下，判断该地区废水排放是否符合环保规定.

解 由题意，建立右边假设为

$$H_0:\mu\leqslant 3,\quad H_1:\mu>3.$$

由于 σ^2 未知，故采用 t 检验. 在显著性水平 $\alpha=0.05$ 下，$t_\alpha(n-1)=t_{0.05}(19)=1.729$，拒绝域为 $t\geqslant 1.729$. 由观测数据得样本均值 $\bar{x}=3.205$，样本标准差 $s\approx 0.381\,8$，因此

$$t=\frac{3.205-3}{0.381\,8/\sqrt{20}}\approx 2.401\,2>1.729,$$

故在显著性水平 $\alpha=0.05$ 下，拒绝 H_0，即认为该地区废水排放不符合环保规定.

8.2.2 方差的检验

设总体 $X\sim N(\mu,\sigma^2)$，其中 μ，σ^2 均未知，讨论双边检验问题

$$H_0:\sigma^2=\sigma_0^2,\quad H_1:\sigma^2\neq\sigma_0^2. \tag{8.2.3}$$

由于 σ^2 未知，而样本方差 $S^2=\frac{1}{n-1}\sum_{i=1}^{n}(X_i-\overline{X})^2$ 为 σ^2 的无偏估计，因此若原假设 H_0 为真时，$\frac{S^2}{\sigma_0^2}$的观测值$\frac{s^2}{\sigma_0^2}$应该在 1 的附近. 反之，若$\frac{s^2}{\sigma_0^2}$过分地大于 1 或小于 1，则有理由怀疑 H_0 的正确性.

对于式（8.2.3），采用检验统计量 $\chi^2=\frac{(n-1)S^2}{\sigma_0^2}$. 当 H_0 为真时，

$$\chi^2=\frac{(n-1)S^2}{\sigma_0^2}\sim\chi^2(n-1).$$

拒绝域的形式为

$$\frac{(n-1)s^2}{\sigma_0^2}\leqslant k_1 \text{ 或 } \frac{(n-1)s^2}{\sigma_0^2}\geqslant k_2,$$

其中 k_1，k_2 为常数，下面讨论 k_1，k_2 的取值. 犯第一类错误的概率

$$P\{H_0\text{ 为真时拒绝 }H_0\}=P_{\sigma_0^2}\left\{\left(\frac{(n-1)S^2}{\sigma_0^2}\leqslant k_1\right)\cup\left(\frac{(n-1)S^2}{\sigma_0^2}\geqslant k_2\right)\right\}=\alpha,$$

为计算方便，一般取

$$P_{\sigma_0^2}\left\{\frac{(n-1)S^2}{\sigma_0^2}\leqslant k_1\right\}=\frac{\alpha}{2}, \quad P_{\sigma_0^2}\left\{\frac{(n-1)S^2}{\sigma_0^2}\geqslant k_2\right\}=\frac{\alpha}{2},$$

故得

$$k_1=\chi^2_{1-\alpha/2}(n-1), \quad k_2=\chi^2_{\alpha/2}(n-1),$$

其中 $\chi^2_{1-\alpha/2}(n-1)$ 和 $\chi^2_{\alpha/2}(n-1)$ 分别表示 $\chi^2(n-1)$ 的上 $1-\alpha/2$ 分位点和上 $\alpha/2$ 分位点. 因此，拒绝域为

$$\frac{(n-1)s^2}{\sigma_0^2}\leqslant\chi^2_{1-\alpha/2}(n-1)\text{或}\frac{(n-1)s^2}{\sigma_0^2}\geqslant\chi^2_{\alpha/2}(n-1). \tag{8.2.4}$$

对于单边检验问题 H_0：$\sigma^2\leqslant\sigma_0^2$，$H_1$：$\sigma^2>\sigma_0^2$，可以得到拒绝域为

$$\chi^2\geqslant\chi^2_\alpha(n-1), \tag{8.2.5}$$

其中 $\chi^2_\alpha(n-1)$ 表示 $\chi^2(n-1)$ 的上 α 分位点.

对于单边检验问题 H_0：$\sigma^2\geqslant\sigma_0^2$，$H_1$：$\sigma^2<\sigma_0^2$，可以得到拒绝域为

$$\chi^2\leqslant\chi^2_{1-\alpha}(n-1), \tag{8.2.6}$$

其中 $\chi^2_{1-\alpha}(n-1)$ 表示 $\chi^2(n-1)$ 的上 $1-\alpha$ 分位点.

关于总体方差 σ^2 的检验问题见表 8－4.

表 8－4　正态总体方差的检验（μ 未知，显著性水平为 α）

原假设 H_0	备择假设 H_1	检验统计量	拒绝域
$\sigma^2=\sigma_0^2$	$\sigma^2\neq\sigma_0^2$	$\chi^2=\frac{(n-1)S^2}{\sigma_0^2}$	$\chi^2\leqslant\chi^2_{1-\alpha/2}(n-1)$ 或 $\chi^2\geqslant\chi^2_{\alpha/2}(n-1)$
$\sigma^2\leqslant\sigma_0^2$	$\sigma^2>\sigma_0^2$		$\chi^2\geqslant\chi^2_\alpha(n-1)$
$\sigma^2\geqslant\sigma_0^2$	$\sigma^2<\sigma_0^2$		$\chi^2\leqslant\chi^2_{1-\alpha}(n-1)$

例 8.2.3　设某机床加工的某种机械轴的直径 $X\sim N(\mu,\sigma^2)$，对该机床加工精度的要求是加工直径的方差不超过 0.1. 现从其加工的机械轴中随机抽取 8 根，测量其直径（单位：mm）为

20.5　19.8　19.7　20.4　20.1　20.0　19.0　19.9

在显著性水平 $\alpha=0.05$ 下，检验该机床的加工精度是否符合要求.

解　根据题意，该检验问题的假设为

$$H_0:\sigma^2\leqslant 0.1, \quad H_1:\sigma^2>0.1.$$

在显著性水平 $\alpha=0.05$ 下，$\chi^2_\alpha(n-1)=\chi^2_{0.05}(7)=14.07$，拒绝域为 $\chi^2\geqslant 14.07$，由

观测数据得样本方差 $s^2\approx0.2164$，从而得

$$\chi^2=\frac{(n-1)s^2}{\sigma_0^2}=\frac{7\times0.2164}{0.1}=15.15>14.07,$$

故在 $\alpha=0.05$ 下，拒绝 H_0，即认为该机床的加工精度不符合要求.

习题 8.2

1. 设 X_1，X_2，…，X_n 是来自总体 $N(\mu,\sigma^2)$ 的样本. 对于检验 H_0：$\mu\leqslant1$，H_1：$\mu>1$，若总体方差 σ^2 已知，则检验统计量为______；若 σ^2 未知，则检验统计量为______.

2. 设总体 $X\sim N(\mu,\sigma^2)$，其中 σ^2 未知，通过样本 X_1，X_2，…，X_n 检验假设 H_0：$\mu=\mu_0$，检验统计量为（　　）.

(A) $\dfrac{\overline{X}-\mu_0}{\sigma/\sqrt{n}}$；　(B) $\dfrac{\overline{X}-\mu}{S/\sqrt{n}}$；　(C) $\dfrac{\overline{X}-\mu}{\sigma/\sqrt{n}}$；　(D) $\dfrac{\overline{X}-\mu_0}{S/\sqrt{n}}$.

3. 设 X_1，X_2，…，X_{16} 是来自总体 $X\sim N(\mu,1)$ 的样本，测得样本均值为 $\bar{x}$，现检验假设

$$H_0:\mu=5.0,\ H_1:\mu\neq5.0,$$

给定显著性水平 $\alpha=0.1$，已知检验的拒绝域为 $|\bar{x}-5.0|\geqslant k$，试确定常数 k 的值.

4. 已知某企业生产的某种电子器件的质量 $X\sim N(\mu,\sigma^2)$，其中 $\mu=10$（单位：g），现从某天生产的电子器件中随机抽取了 16 件，测得样本均值 $\bar{x}=10.1$，样本标准差 $s=0.12$，试问当天生产的电子器件的质量是否有显著变化（$\alpha=0.05$）？

5. 已知正常成年人的脉搏次数 X（单位：次/分钟）平均为 72 次，现测量患有某种疾病的 9 名患者的脉搏，数据如下

75　78　82　81　79　70　72　76　73

假设人的脉搏次数 X 服从正态分布，给定显著性水平 $\alpha=0.05$，试问患有该种疾病的患者的脉搏次数是否显著增加？

6. 某企业利用自动流水线加工一批机器配件，已知该机器配件的长度服从方差为 $\sigma_0^2=0.12$ 的正态分布. 为了检测自动流水线的加工精度，现随机抽取了 24 件机器配件，测得机器配件长度的样本标准差 $s=0.39$. 给定显著性水平 $\alpha=0.05$，试问：

(1) 产品的总体方差 σ^2 是否有显著变化？(2) 产品的总体方差 σ^2 是否显著变大？

*§ 8.3　两个正态总体参数的假设检验

本节讨论两个正态总体参数的假设检验问题，具体包括总体均值、总体方差以及配对样本的检验问题.

设总体 $X\sim N(\mu_1,\sigma_1^2)$，$Y\sim N(\mu_2,\sigma_2^2)$，且 X 和 Y 相互独立. X_1，X_2，…，X_{n_1} 是来自总体 X 的样本，x_1，x_2，…，x_{n_1} 为样本值；Y_1，Y_2，…，Y_{n_2} 是来自总体 Y 的样本，

y_1，y_2，…，y_{n_2} 为样本值，$\overline{X}$ 和 $\overline{Y}$ 分别为 X 和 Y 的样本均值，S_1^2 和 S_2^2 分别为 X 和 Y 的样本方差.

8.3.1 均值的检验

考虑如下检验问题

$$H_0: \mu_1-\mu_2=\delta, \quad H_1: \mu_1-\mu_2\neq\delta, \tag{8.3.1}$$

(1) σ_1^2，σ_2^2 均已知.

采用检验统计量 $Z=\dfrac{\overline{X}-\overline{Y}-\delta}{\sqrt{\dfrac{\sigma_1^2}{n_1}+\dfrac{\sigma_2^2}{n_2}}}$，当原假设 H_0 为真时，有

$$Z=\frac{\overline{X}-\overline{Y}-\delta}{\sqrt{\dfrac{\sigma_1^2}{n_1}+\dfrac{\sigma_2^2}{n_2}}}\sim N(0, 1).$$

给定显著性水平 α，式（8.3.1）的拒绝域为

$$|z|\geqslant z_{\alpha/2}.$$

(2) 若 $\sigma_1^2=\sigma_2^2=\sigma^2$，且 σ^2 未知.

采用 t 检验统计量

$$t=\frac{\overline{X}-\overline{Y}-\delta}{S_w\sqrt{\dfrac{1}{n_1}+\dfrac{1}{n_2}}},$$

这里，

$$S_w^2=\frac{(n_1-1)S_1^2+(n_2-1)S_2^2}{n_1+n_2-2}.$$

当原假设 H_0 为真时，有

$$t\sim t(n_1+n_2-2).$$

给定显著性水平 α，式（8.3.1）的拒绝域为

$$|t|\geqslant t_{\alpha/2}(n_1+n_2-2).$$

例 8.3.1 某公司在当前生产过程中使用催化剂 A，现有另外一种便宜的新品催化剂 B 可供使用. 该公司认为：如果使用催化剂 B 不能使收益明显提高，则继续使用催化剂 A. 公司收益大小可用催化剂的回收率来表示. 试验车间为此选取了 8 个样品分别进行试验，其回收率分别记录如下：

催化剂 A：	91.50	94.18	92.18	95.39	91.79	89.07	94.72	89.21
催化剂 B：	89.19	90.95	90.46	93.21	97.19	97.04	91.07	92.75

假定两种催化剂的回收率均服从正态分布，且两总体的方差相等，试在显著性水平 $\alpha=0.05$ 下，检验两种催化剂的平均回收率是否相等.

解 设催化剂 A 和催化剂 B 的总体回收率分别为 μ_1，μ_2，由题意，建立假设

$$H_0: \mu_1=\mu_2, \ H_1: \mu_1\neq\mu_2.$$

根据观测数据可得

$$n_1=n_2=8,\quad \bar{x}=92.255,\quad \bar{y}=92.7325,\quad s_1^2\approx 5.688,\quad s_2^2\approx 8.901.$$

由附表Ⅲ可知

$$t_{\alpha/2}(n_1+n_2-2)=t_{0.025}(14)=2.145,$$

得拒绝域为 $|t|>2.145$. 又由

$$s_\omega^2=\frac{(n_1-1)s_1^2+(n_2-1)s_2^2}{n_1+n_2-2}=\frac{(8-1)\times 5.688+(8-1)\times 8.901}{8+8-2}\approx 7.295,$$

可知

$$t=\frac{\bar{x}-\bar{y}}{s_\omega\sqrt{\dfrac{1}{n_1}+\dfrac{1}{n_2}}}=\frac{92.255-92.7325}{\sqrt{7.295}\sqrt{\dfrac{1}{8}+\dfrac{1}{8}}}\approx -0.3536.$$

由于 $|t|=0.3536<2.145$，故接受原假设，认为两种催化剂的平均回收率相等，即没有足够证据说明催化剂 B 能给公司带来更高的平均收益.

8.3.2 方差的检验

本小节考虑方差的检验问题. 对于假设

$$H_0:\sigma_1^2=\sigma_2^2,\quad H_1:\sigma_1^2\neq\sigma_2^2,\tag{8.3.2}$$

由于 S_1^2 和 S_2^2 分别为 σ_1^2 和 σ_2^2 的无偏估计，因此若原假设 H_0 为真，则$\dfrac{S_1^2}{S_2^2}$的观测值$\dfrac{s_1^2}{s_2^2}$不应过大或过小. 反之，若$\dfrac{s_1^2}{s_2^2}$过大或过小，则有理由怀疑 H_0 的正确性. 采用检验统计量 $F=\dfrac{S_1^2}{S_2^2}$，拒绝域的形式为

$$\frac{S_1^2}{S_2^2}\leqslant k_1 \text{ 或 } \frac{S_1^2}{S_2^2}\geqslant k_2,$$

其中 k_1 和 k_2 为常数，下面讨论 k_1 和 k_2 的取值.

当原假设 H_0 为真时，

$$F=\frac{S_1^2/\sigma_1^2}{S_2^2/\sigma_2^2}=\frac{S_1^2}{S_2^2}\sim F(n_1-1,\ n_2-1),$$

令

$$P_{H_0}\left(\left\{\frac{S_1^2}{S_2^2}\leqslant k_1\right\}\cup\left\{\frac{S_1^2}{S_2^2}\geqslant k_2\right\}\right)=\alpha.$$

一般地，习惯上取

$$P_{H_0}\left\{\frac{S_1^2}{S_2^2}\leqslant k_1\right\}=\frac{\alpha}{2},\ P_{H_0}\left\{\frac{S_1^2}{S_2^2}\geqslant k_2\right\}=\frac{\alpha}{2},$$

即有

$$k_1=F_{1-\alpha/2}(n_1-1,\ n_2-1),\quad k_2=F_{\alpha/2}(n_1-1,\ n_2-1),$$

其中 $F_{1-\alpha/2}(n_1-1,\ n_2-1)$ 和 $F_{\alpha/2}(n_1-1,\ n_2-1)$ 分别表示 $F(n_1-1,\ n_2-1)$ 分布的上 $1-\frac{\alpha}{2}$ 分位点和上 $\frac{\alpha}{2}$ 分位点. 因此，拒绝域为

$$F=\frac{s_1^2}{s_2^2}\leqslant F_{1-\alpha/2}(n_1-1,\ n_2-1)\text{或 }F=\frac{s_1^2}{s_2^2}\geqslant F_{\alpha/2}(n_1-1,\ n_2-1).$$

对于右边检验问题 H_0：$\sigma_1^2\leqslant\sigma_2^2$，$H_1$：$\sigma_1^2>\sigma_2^2$，可证明拒绝域为

$$\frac{s_1^2}{s_2^2}\geqslant F_\alpha(n_1-1,\ n_2-1).$$

其中 $F_\alpha(n_1-1,\ n_2-1)$ 表示 $F(n_1-1,\ n_2-1)$ 分布的上 α 分位点.

对于左边检验问题 H_0：$\sigma_1^2\geqslant\sigma_2^2$，$H_1$：$\sigma_1^2<\sigma_2^2$，可证明拒绝域为

$$\frac{s_1^2}{s_2^2}\leqslant F_{1-\alpha}(n_1-1,\ n_2-1),$$

其中 $F_{1-\alpha}(n_1-1,\ n_2-1)$ 表示 $F(n_1-1,\ n_2-1)$ 的上 $1-\alpha$ 分位点.

例 8.3.2 某工厂利用甲、乙两条流水线加工同一型号的机器零件，现从甲、乙两条流水线加工的零件中分别随机抽取了样本容量为 10 和 12 的样本，测得零件的长度（单位：mm）分别为

甲：	98.1	92.4	96.2	94.3	97.4	98.4	96.0	95.5	96.7	97.3		
乙：	99.1	91.0	97.3	99.1	90.0	99.1	99.4	97.3	90.2	92.1	99.1	91.0

根据工艺要求，生产零件长度的方差越小，流水线的工艺越好，试问甲流水线是否优于乙流水线（显著性水平 $\alpha=0.05$）?

解 假定甲、乙两条流水线生产的零件的长度分别服从 $N(\mu_1,\ \sigma_1^2)$ 和 $N(\mu_2,\ \sigma_2^2)$，由题意，即进行如下检验

$$H_0:\sigma_1^2\geqslant\sigma_2^2,\quad H_1:\sigma_1^2<\sigma_2^2.$$

这里，$n_1=10$，$n_2=12$，$\alpha=0.05$，经计算与查附表Ⅴ可知

$$F=\frac{s_1^2}{s_2^2}\approx 0.197<F_{1-\alpha}(9,\ 11)=\frac{1}{F_\alpha(11,\ 9)}\approx 0.322,$$

故拒绝原假设 H_0，认为 $\sigma_1^2<\sigma_2^2$，即认为甲流水线优于乙流水线.

8.3.3 配对样本的检验

设总体 $X\sim N(\mu_1,\ \sigma_1^2)$，$Y\sim N(\mu_2,\ \sigma_2^2)$，其中 μ_1，μ_2，σ_1^2，σ_2^2 均未知. 假设有 n 对相互独立的观察结果 $(X_1,\ Y_1)$，$(X_2,\ Y_2)$，…，$(X_n,\ Y_n)$，检验如下假设

$$(1)H_0:\mu_1=\mu_2,\quad H_1:\mu_1\neq\mu_2, \tag{8.3.3}$$

(2) $H_0: \mu_1 \leqslant \mu_2$，　$H_1: \mu_1 > \mu_2$，　(8.3.4)

(3) $H_0: \mu_1 \geqslant \mu_2$，　$H_1: \mu_1 < \mu_2$.　(8.3.5)

令

$$D_1 = X_1 - Y_1,\ D_2 = X_2 - Y_2,\ \cdots,\ D_n = X_n - Y_n,$$

则 D_1，D_2，…，D_n 独立同分布，设 $D_i \sim N(\mu_D, \sigma_D^2)$，$\mu_D$，$\sigma_D^2$ 未知，则上面的检验问题转化为

(1) $H_0: \mu_D = 0$，　$H_1: \mu_D \neq 0$，　(8.3.6)

(2) $H_0: \mu_D \leqslant 0$，　$H_1: \mu_D > 0$，　(8.3.7)

(3) $H_0: \mu_D \geqslant 0$，　$H_1: \mu_D < 0$，　(8.3.8)

这样就转化为方差未知的条件下单个正态总体均值的 t 检验问题.

例 8.3.3　为了检测两种不同型号的温度计的测量效果是否存在显著差异，分别用它们测量 6 个人的腋下体温，测得数值如下：

型号 A(x)：36.7　36.4　36.6　36.2　36.6　36.8

型号 B(y)：36.6　36.5　36.8　36.3　36.4　36.9

问能否认为这两种不同型号的温度计的测量效果存在显著差异（$\alpha = 0.05$）？

解　这属于成对数据的检验问题. 由于不同人的体温是存在一定差异的，而同一对数据中的两个数据的差异可以看成是仅由两种不同型号的温度计的性能引起的.

记 $D_i = X_i - Y_i$（$i = 1, 2, \cdots, 6$），可以认为 D_i 是来自总体 $N(\mu_D, \sigma_D^2)$ 的样本，其中 μ_D，σ_D^2 均未知. 由题意，检验如下假设：

$$H_0: \mu_D = 0, \quad H_1: \mu_D \neq 0.$$

检验统计量为 $t = \dfrac{\overline{D}}{S_D/\sqrt{n}}$，$\alpha = 0.05$，这里 $\overline{D}$ 和 S_D 分别为样本 D_1，D_2，…，D_6 的样本均值和标准差. 检验的拒绝域为

$$|t| = \frac{|\overline{d}|}{s_D/\sqrt{n}} \geqslant t_{0.025}(5) = 2.571,$$

其中 $\overline{d}$ 和 s_D 分别为 $\overline{D}$ 和 S_D 的观察值. 由 $d_i = x_i - y_i$，计算得

$$\overline{d} \approx -0.033,\ s_D = \sqrt{\frac{1}{n-1}\left(\sum_{i=1}^{n} d_i^2 - n\overline{d}^2\right)} \approx 0.1506,$$

从而

$$t = \frac{\overline{d}}{s_D/\sqrt{n}} \approx -0.5367.$$

由于 $|t| < t_{0.025}(5) = 2.571$，因此接受原假设 H_0，认为这两种不同型号的温度计的测量效果不存在显著差异.

表 8－5 列出了两个正态总体均值与方差的检验情形.

表 8－5　　两个正态总体均值与方差的检验（显著性水平为 α）

原假设 H_0	备择假设 H_1	条件	检验统计量	拒绝域
$\mu_1-\mu_2=\delta$	$\mu_1-\mu_2\neq\delta$	σ_1^2，σ_2^2 已知	$Z=\dfrac{\overline{X}-\overline{Y}-\delta}{\sqrt{\dfrac{\sigma_1^2}{n_1}+\dfrac{\sigma_2^2}{n_2}}}$	$\lvert z\rvert\geqslant z_{\alpha/2}$
$\mu_1-\mu_2\leqslant\delta$	$\mu_1-\mu_2>\delta$			$z\geqslant z_\alpha$
$\mu_1-\mu_2\geqslant\delta$	$\mu_1-\mu_2<\delta$			$z\leqslant -z_\alpha$
$\mu_1-\mu_2=\delta$	$\mu_1-\mu_2\neq\delta$	$\sigma_1^2=\sigma_2^2$ 未知	$t=\dfrac{\overline{X}-\overline{Y}-\delta}{S_w\sqrt{\dfrac{1}{n_1}+\dfrac{1}{n_2}}}$	$\lvert t\rvert\geqslant t_{\alpha/2}(n_1+n_2-2)$
$\mu_1-\mu_2\leqslant\delta$	$\mu_1-\mu_2>\delta$			$t\geqslant t_\alpha(n_1+n_2-2)$
$\mu_1-\mu_2\geqslant\delta$	$\mu_1-\mu_2<\delta$			$t\leqslant -t_\alpha(n_1+n_2-2)$
$\sigma_1^2=\sigma_2^2$	$\sigma_1^2\neq\sigma_2^2$	μ_1，μ_2 未知	$F=\dfrac{S_1^2}{S_2^2}$	$F\geqslant F_{\alpha/2}(n_1-1,\ n_2-1)$ 或 $F\leqslant F_{1-\alpha/2}(n_1-1,\ n_2-1)$
$\sigma_1^2\leqslant\sigma_2^2$	$\sigma_1^2>\sigma_2^2$			$F\geqslant F_\alpha(n_1-1,\ n_2-1)$
$\sigma_1^2\geqslant\sigma_2^2$	$\sigma_1^2<\sigma_2^2$			$F\leqslant F_{1-\alpha}(n_1-1,\ n_2-1)$
$\mu_D=0$	$\mu_D\neq0$	成对数据	$t=\dfrac{\overline{D}}{S_D/\sqrt{n}}$	$\lvert t\rvert\geqslant t_{\alpha/2}(n-1)$
$\mu_D\leqslant0$	$\mu_D>0$			$t\geqslant t_\alpha(n-1)$
$\mu_D\geqslant0$	$\mu_D<0$			$t\leqslant -t_\alpha(n-1)$

习题 8.3

1. 设总体 $X\sim N(\mu_1,\ \sigma_1^2)$，$Y\sim N(\mu_2,\ \sigma_2^2)$，且 X 和 Y 相互独立，现从两总体中分别抽取容量为 n_1，n_2 的样本，其样本方差分别为 S_1^2 和 S_2^2，则检验统计量 $F=S_1^2/S_2^2\sim F(n_1-1,\ n_2-1)$ 成立的条件是______.

2. 从某地区高考成绩中随机抽取了 20 名学生的数学成绩，其中男生 9 名、女生 11 名，成绩如下：

男生：138　146　134　128　119　127　141　124　139

女生：124　136　142　132　128　139　118　124　126　112　125

假设女生成绩与男生成绩均服从正态分布且方差相等，试问男女生的高考数学成绩存在显著差异吗（$\alpha=0.05$）?

3. 某大型企业的研究机构进行一项试验，以确认新工艺能否提高产品产量. 为了比较新旧工艺的差异，在新工艺条件下，重复了 8 次试验，算得样本均值 $\overline{x}_1=85.4$，样本方差 $s_1^2=2.1$. 然后随机抽取 10 件采用旧工艺生产的产品，算得样本均值 $\overline{x}_2=80.2$，样本方差 $s_2^2=2.5$. 设两个样本相互独立，且分别来自总体 $N(\mu_1,\ \sigma_1^2)$ 和 $N(\mu_2,\ \sigma_2^2)$，其中 μ_1，σ_1^2，μ_2 及 σ_2^2 均未知. 给定显著性水平 $\alpha=0.05$，则

(1) 试问 σ_1^2 与 σ_2^2 是否存在显著差异?（2）试问采用新工艺能否显著提高产品的产量?

4. 为了检验某种药物对高血压是否有疗效，现选取了 9 名测试者，分别测得了他们服药前后的收缩压，测得数值如下：

编号	1	2	3	4	5	6	7	8	9
服药前血压	142	152	138	139	157	142	150	140	145
服药后血压	134	138	134	137	128	136	134	140	128

假设服药前后的收缩压的差值服从正态分布，试问在显著性水平 $\alpha=0.05$ 下，该药物对高血压是否有显著疗效？

§ 8.4　p 值检验法

在假设检验中，给出检验拒绝域有两种常用方法：一种是临界值法，另一种就是 p 值检验法．所谓 **p 值**，指的是在假设检验问题中，利用观测值能够作出的拒绝原假设的最小的显著性水平．下面通过例题进一步说明 p 值的含义．

例 8.4.1　（例 8.2.1 续）微波炉在炉门关闭时的辐射量是一个重要的质量指标．设某厂生产的微波炉的指标服从 $N(\mu, \sigma^2)$．按规定，辐射量不超过 0.12 时才能达标，由以往经验可知标准差 $\sigma=0.1$．为了检查近期产品的质量是否符合要求，随机抽查了 25 台微波炉，得其炉门关闭时辐射量的均值 $\bar{x}=0.1203$．试问在显著性水平 $\alpha=0.05$ 下，该厂生产的微波炉的炉门关闭时的辐射量是否显著升高？

解　由题意，建立假设

$$H_0: \mu \leqslant \mu_0 = 0.12, \quad H_1: \mu > \mu_0.$$

检验统计量为

$$Z=\frac{\overline{X}-\mu_0}{\sigma/\sqrt{n}},$$

在显著性水平 $\alpha=0.05$ 下，$z_\alpha=z_{0.05}=1.645$，拒绝域为 $z \geqslant 1.645$，由观测数据得

$$z_0=\frac{0.1203-0.12}{0.1/\sqrt{25}}=0.015<1.645,$$

因此不能拒绝原假设 H_0．该检验的 p 值定义为

$$p=P\{Z \geqslant z_0\}=1-\Phi(z_0)=1-\Phi(0.015) \approx 0.49,$$

如图 8－2 所示，显然 p 值 $=0.49 \geqslant \alpha=0.05$，对应着 $z_0=0.015<z_\alpha=1.645$．因此根据 p 值也可以判断拒绝或接受原假设 H_0．

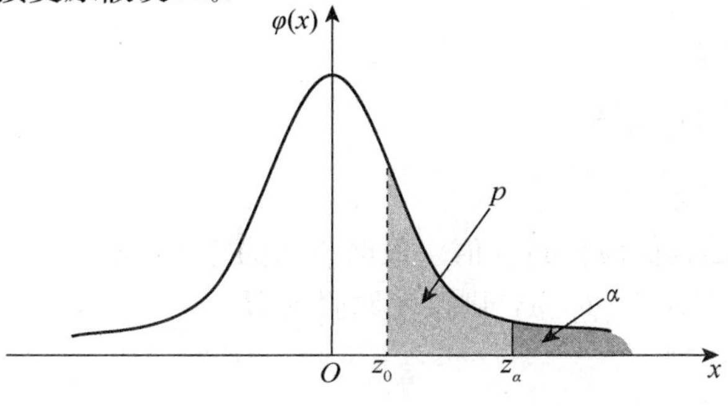

图 8－2

本题中，由于 p 值$=0.49\geqslant\alpha=0.05$，故接受 H_0，即认为该厂生产的微波炉的炉门关闭时的辐射量无显著升高.

一般地，对于右边的 Z 检验，

$$H_0:\mu\leqslant\mu_0,\quad H_1:\mu>\mu_0, \tag{8.4.1}$$

对应的 p 值为 $p=P\{Z\geqslant z_0\}$，这里 $z_0=\dfrac{\overline{x}-\mu_0}{\sigma/\sqrt{n}}$，如图 8－3 所示.

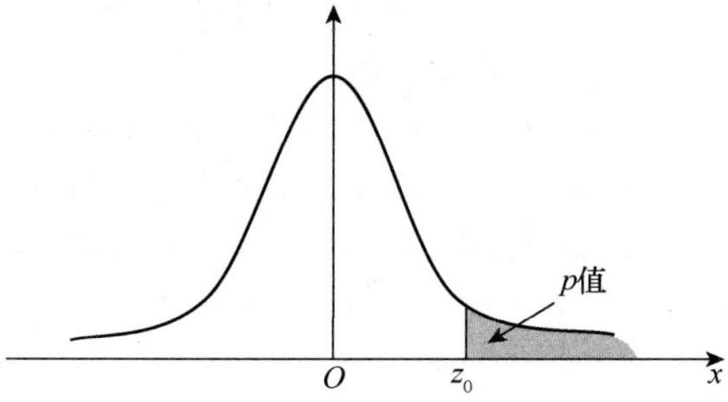

图 8－3

对于左边的 Z 检验

$$H_0:\mu\geqslant\mu_0,\quad H_1:\mu<\mu_0, \tag{8.4.2}$$

对应的 p 值为 $p=P\{Z\leqslant z_0\}$，如图 8－4 所示.

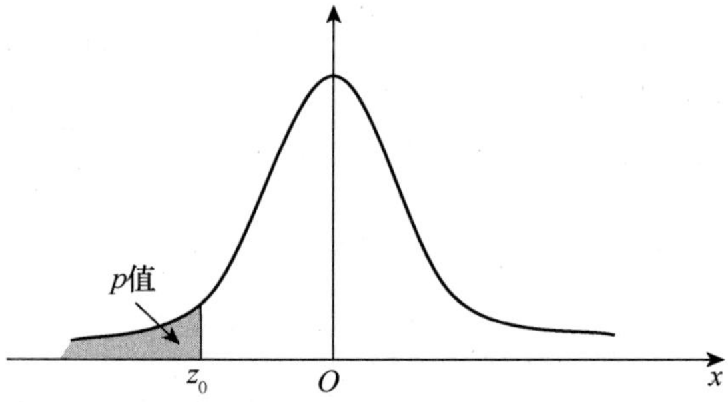

图 8－4

对于双边的 Z 检验

$$H_0:\mu=\mu_0,\quad H_1:\mu\neq\mu_0, \tag{8.4.3}$$

对应的 p 值为 $p=2P\{|Z|\geqslant|z_0|\}$.

类似地，可以给出其他检验的 p 值. 根据 p 值的定义，对于给定的显著性水平 α，若 $p\leqslant\alpha$，则拒绝原假设 H_0，若 $p>\alpha$，则接受原假设 H_0.

习题 8.4

1. 假设检验中 p 值的含义是什么？

2. 假设检验中给出检验的拒绝域常用的两种方法是什么？简要阐述二者之间的联系与区别.

3. 已知某企业生产的某种电子器件的质量 $X\sim N(\mu, \sigma^2)$，其中 $\mu=10$（单位：g），现从某天生产的电子器件中随机抽取了 16 件，测得样本均值 $\bar{x}=10.1$，样本标准差 $s=0.12$，试用 p 值检验法检验当天生产的电子器件的质量是否有显著变化（$\alpha=0.05$）.

4. 已知正常成年人的脉搏次数 X（单位：次/分钟）平均为 72 次，现测量患有某种疾病的患者 9 人，得脉搏数据为

75　78　82　81　79　70　72　76　73

假设人的脉搏次数 X 服从正态分布，给定显著性水平 $\alpha=0.05$，试用 p 值检验法检验患有该种疾病的患者的脉搏次数是否显著增加.

*§8.5　分布拟合检验

非参数检验是统计检验的重要组成部分，它与参数检验共同构成统计检验的基本内容. 参数检验是在总体分布形式已知的情况下，对总体分布的参数如均值、方差等进行检验的方法. 在很多实际问题中，由于种种原因，人们无法对总体分布形式作简单假定，这时参数检验的方法就不再适用. 非参数检验正是基于这种考虑，是在总体分布形式完全未知的情形下，利用样本数据对总体分布形式等进行推断的方法.

本节介绍的 χ^2 分布拟合检验属于非参数假设检验，是由皮尔逊（K. Pearson）针对分类数据的检验而提出的.

8.5.1　单分布的 χ^2 拟合检验

设总体 X 的分布函数 $F(x)$ 未知，X_1，X_2，…，X_n 为来自总体 X 的样本，x_1，x_2，…，x_n 为样本值，考虑检验问题

$$H_0: F(x)=F_0(x), \quad H_1: F(x)\neq F_0(x), \tag{8.5.1}$$

其中 $F(x)$ 为总体 X 的分布，$F_0(x)$ 为已知的某个期望分布或理论分布.

对于式（8.5.1），皮尔逊 χ^2 拟合检验的基本思想是：在 H_0 下将 X 可能取值的全体 Ω 分成互不相交的子集 A_1，A_2，…，A_k，以 f_i 记样本值 x_1，x_2，…，x_n 中落入 A_i 的个数，构造统计量

$$\sum_{i=1}^{k} C_i \left(\frac{f_i}{n}-p_i\right)^2, \tag{8.5.2}$$

其中 $C_i\geqslant 0$ 为给定的常数，$p_i=P(A_i)$ 表示当总体分布函数 $F(x)$ 为 $F_0(x)$ 时集合 A_i 的概率. 显然，当原假设 H_0 成立时，统计量式（8.5.2）的值应该比较小，反之，若统计量式（8.5.2）的取值较大，则有理由认为原假设 H_0 不真. 若采用逆概率加权思想，即取 $C_i=\dfrac{n}{p_i}$，则得到皮尔逊检验统计量

$$\chi^2=\sum_{i=1}^{k}\frac{n}{p_i}\left(\frac{f_i}{n}-p_i\right)^2=\sum_{i=1}^{k}\frac{f_i^2}{np_i}-n. \tag{8.5.3}$$

定理 8.5.1 当样本容量 n 充分大且 H_0 为真时，近似地有

$$\chi^2=\sum_{i=1}^{k}\frac{f_i^2}{np_i}-n\sim\chi^2(k-1), \tag{8.5.4}$$

其中 k 为分组数.

由定理 8.5.1 可知，当 n 充分大时，皮尔逊检验统计量近似服从 $\chi^2(k-1)$. 如果给定显著性水平 α，则易知检验的拒绝域为

$$\chi^2\geqslant\chi_\alpha^2(k-1),$$

其中 $\chi_\alpha^2(k-1)$ 表示 $\chi^2(k-1)$ 分布的上 α 分位点.

需要注意的是，在进行 χ^2 拟合检验时，分组数 k 太大或太小都不好，一个经验法则是要求 $n\geqslant50$，而 $np_i\geqslant5$，若 np_i 太小，则需要适当合并分组 A_i.

例 8.5.1 某条大街在一年内发生的交通事故按星期日、星期一、…、星期六进行统计，记录如表 8-6 所示.

表 8-6

星期	日	一	二	三	四	五	六	合计
事故数	11	11	8	9	7	9	12	67

令 p_i 表示星期 i 发生事故的概率. 问：假设 $p_i=\frac{1}{7}$，$i=1, 2, \cdots, 7$ 是否成立，即事故的发生是否与特定日期无关（$\alpha=0.05$）?

解 由题意，需检验假设

$$H_0: p_i=\frac{1}{7},\quad i=1, 2, \cdots, 7.$$

在 H_0 成立的条件下，样本分为 7 个互不相交的子集 A_1，A_2，…，A_7，见表 8-7.

表 8-7

A_i	f_i	p_i	np_i	$f_i^2/(np_i)$
A_1	11	1/7	9.57	12.64
A_2	11	1/7	9.57	12.64
A_3	8	1/7	9.57	6.69
A_4	9	1/7	9.57	8.46
A_5	7	1/7	9.57	5.12
A_6	9	1/7	9.57	8.46
A_7	12	1/7	9.57	15.05

算得

$$\chi^2=\sum_{i=1}^{7}\frac{f_i^2}{np_i}-n=69.06-67=2.06,$$

这里 $k=7$，查附表Ⅳ可知，$\chi_{0.05}^2(6)=12.592$，由于 $\chi^2=2.06<\chi_{0.05}^2(6)$，故接受原假设 H_0，认为事故的发生与特定日期无关.

8.5.2 分布族的 χ^2 拟合检验

若式（8.5.1）中的 $F_0(x)$ 仅仅是形式已知，但含有未知参数，即需要作如下检验

$$H_0:F(x)=F_0(x;\boldsymbol{\theta}),\ H_1:F(x)\neq F_0(x;\boldsymbol{\theta}),\tag{8.5.5}$$

其中 $\boldsymbol{\theta}=(\theta_1,\theta_2,\cdots,\theta_r)^{\mathrm{T}}$ 为未知参数，这时只需利用样本求出在 H_0 成立的条件下未知参数 $\boldsymbol{\theta}$ 的极大似然估计 $\hat{\boldsymbol{\theta}}$，以 $\hat{\boldsymbol{\theta}}$ 替代参数值 $\boldsymbol{\theta}$ 即可.

定理 8.5.2 当样本容量 n 充分大且 H_0 为真时，则近似地有

$$\chi^2=\sum_{i=1}^{k}\frac{f_i^2}{n\hat{p}_i}-n\sim\chi^2(k-r-1),\tag{8.5.6}$$

其中 k 为分组数，r 为未知参数向量 $\boldsymbol{\theta}$ 的维数，$\hat{p}_i=\hat{P}(A_i)$ 为 $p_i=P(A_i)$ 的估计值.

例 8.5.2 设 X 为每分钟内进入某银行的顾客人数，任取 90 分钟所得数据如下：

顾客人数	0	1	2	3	4	⩾5
频数 f_i	30	38	16	4	2	0

能否认为 X 服从泊松分布（$\alpha=0.05$）？

解 由题意，需检验假设

$$H_0:X\text{ 的分布律为 }P\{X=k\}=\frac{\lambda^k}{k!}\mathrm{e}^{-\lambda},\quad k=0,1,2,\cdots.$$

由于 H_0 中含有未知参数 λ，利用极大似然估计给出 λ 的估计值为 $\hat{\lambda}=\bar{x}=1.0$，记

$$\hat{p}_i=\hat{P}\{X=i\}=\frac{\mathrm{e}^{-1}}{i!},\quad i=0,1,2,\cdots,5,$$

见表 8-8，现 $\chi^2=92.11-90=2.11$，经合并分组后 $k=4$，$r=1$. 查附表Ⅳ得

$$\chi_{0.05}^2(k-r-1)=\chi_{0.05}^2(2)=5.992,$$

表 8-8

A_i	f_i	$\hat{p}_i$	$n\hat{p}_i$	$f_i^2/(n\hat{p}_i)$
A_0：$\{X=0\}$	30	0.368	33.12	27.17
A_1：$\{X=1\}$	38	0.368	33.12	43.60

续前表

A_i	f_i	$\hat{p}_i$	$n\hat{p}_i$	$f_i^2/(n\hat{p}_i)$
$A_2:\{X=2\}$	16	0.184	16.56	15.46
$A_3:\{X=3\}$	4	0.061	5.49	5.88
$A_4:\{X=4\}$	2	0.015	1.35	
$A_5:\{X\geqslant 5\}$	0	0.004	0.36	

由于 $\chi^2=2.11<\chi^2_{0.05}(2)$，故接受 H_0，认为每分钟内进入该银行的顾客人数服从泊松分布.

习题 8.5

1. 在整数 1，2，3，4，5，6 中随机选取一个数字，重复 60 次独立试验，出现 1，2，3，4，5，6 的次数分别为 13，19，11，8，5，4. 问在显著性水平 $\alpha=0.05$ 下是否可以认为数字 1，2，3，4，5，6 的出现是等可能的？

2. 现有 82 只小鼠后代，其中灰色 36 只、黑色 25 只、白色 21 只，按照孟德尔遗传规律，它们之间的比例应该为 2∶1∶1，给定显著性水平 $\alpha=0.05$，试问这些数据与孟德尔遗传定律是否一致？

本章小结

假设检验问题包括参数假设检验和非参数假设检验. 参数假设检验的主要类型包括双边假设检验和单边假设检验.

假设检验的推断原理为小概率事件原理，因而假设检验所作出的结论有可能是错误的.

当样本容量一定时，若减少犯第一类错误的概率，则犯第二类错误的概率往往增大. 只有增加样本容量才能使犯两类错误的概率都同时减小.

在进行显著性检验时，由于显著性水平是控制犯第一类错误的概率，因此在选择 H_0 和 H_1 时，要使得两类错误中后果更严重的错误成为第一类错误. 如果两类错误造成的后果严重程度差不多，则常常取 H_0 为维持现状.

分布拟合检验是一种非参数检验方法，可以用来检验总体是否服从某个指定分布或属于某个分布族.

在假设检验中，给出检验的拒绝域的常用方法有两种：一种是临界值法，另一种是 p 值检验法.

总复习题 8

1. 单项选择题

（1）在假设检验中，犯第一类错误的概率（　　）.

(A) 等于 $P\{H_0$ 不真时拒绝 $H_0\}$； (B) 等于 $P\{H_0$ 为真时拒绝 $H_0\}$；

(C) 等于显著性水平 α； (D) 无法确定.

(2) 在假设检验中，显著性水平 α（ ）.

(A) 一定等于犯第一类错误的概率； (B) 一定等于犯第二类错误的概率；

(C) 用于控制犯第一类错误的概率； (D) 用于控制犯第二类错误的概率.

(3) 设总体 $X\sim N(\mu,\sigma^2)$，其中 σ^2 未知，$\overline{X}$ 为样本均值，S^2 为样本方差，样本容量为 n. 对于假设检验问题：H_0：$\mu\leqslant 1$，H_1：$\mu>1$，若取得显著性水平 $\alpha=0.05$，则其拒绝域为（ ）.

(A) $|\overline{X}-1|>z_{0.05}\dfrac{\sigma}{\sqrt{n}}$； (B) $\overline{X}>1+\dfrac{S}{\sqrt{n}}t_{0.05}(n-1)$；

(C) $|\overline{X}-1|>\dfrac{S}{\sqrt{n}}t_{0.05}(n-1)$； (D) $\overline{X}<1-\dfrac{S}{\sqrt{n}}t_{0.05}(n-1)$.

2. 在假设检验问题中，当检验的最终结果是接受 H_1 时，可能会犯什么错误？当检验的最终结果是拒绝 H_1 时，可能会犯什么错误？

3. 设 X_1，X_2，…，X_n 是来自正态总体 $X\sim N(\mu,1)$ 的样本，测得样本均值为 $\bar{x}$，现检验假设 H_0：$\mu=5.0$，H_1：$\mu\neq 5.0$，给定显著性水平 $\alpha=0.1$，已知检验的拒绝域为 $|\bar{x}-5.0|\geqslant 0.2$，试确定样本容量 n 的最小取值.

4. 为测定金属锰的熔点（单位:℃），进行了7次熔点试验，测得结果如下：

1 267　1 254　1 256　1 253　1 268　1 259　1 250

已知锰的熔点服从正态分布，给定显著性水平 $\alpha=0.05$，是否可以认为锰的熔点显著高于1 250℃？

5. 下面给出了从2017年货币基金中随机抽取的10只基金的年收益率（%）：

4.28　4.39　4.86　4.62　4.72　4.76　4.41　4.53　4.46　4.91

给定显著性水平 $\alpha=0.05$，假定货币基金的年收益率服从正态分布，试问：

(1) 能否认为货币基金的年收益率大于4.4%？

(2) 能否认为货币基金的年收益率的方差大于0.04？

6. 为了比较两种安眠药的疗效，现选取了9名测试者，分别测得了他们服用两种药物的延睡时间（单位：小时），测得数值如下：

编号	1	2	3	4	5	6	7	8	9
服用药物A的延睡时间 x	0.8	1.2	0.1	0.6	2.6	4.3	1.2	3.4	1.9
服用药物B的延睡时间 y	1.2	0.9	−0.1	0.2	1.8	3.8	1.6	2.8	1.2
$z=x-y$	−0.4	0.3	0.2	0.4	0.8	0.5	−0.4	0.6	0.7

假定服用两种药物后的延睡时间服从正态分布，给定显著性水平 $\alpha=0.05$，试问这两种药物的疗效是否存在显著差异？

7. 某食品加工厂有甲、乙两条流水线，为了比较其性能优劣，从两条流水线生产的产品中随机各抽取了10件产品，测得甲流水线生产的产品的质量均值、标准差分别为358

克、12 克，测得乙流水线生产的产品的质量均值、标准差分别为 346 克、15 克，给定显著性水平 $\alpha=0.05$，能否认为这两条流水生产线生产的产品质量没有显著差异？

8. 为了检测某种电子元件的使用寿命，现从某个批次的电子元件中随机抽取了 80 只作生存实验，测得结果如下：

寿命 X（h）	[0，50)	[50，100)	[100，200)	[200，300)	[300，+∞)
元件个数	21	14	19	16	10

且样本均值 $\bar{x}=156$，取显著性水平 $\alpha=0.05$，能否认为该批次的电子元件的寿命服从指数分布？

*第9章　R语言及其在概率统计中的应用

§9.1　R语言简介

R语言是一款语法形式与S语言基本相同的免费统计软件，它是由奥克兰大学的Robert Gentleman和Ross Ihaka及其他志愿人员在1997年前后开发的一个统计分析系统. R语言现在由R开发核心小组（R Development Core Team）维护，世界各地的统计软件爱好者都可以自己开发R程序包并上传到R网站上供大家免费使用. R软件免费下载网址：http://www.r-project.org/或http://CRAN.R-project.org.

9.1.1　R语言的特点

R语言有着许多无可比拟的特点或优点，其最大的优点在于它是一个免费的统计计算软件，并有着一支强大的软件维护和扩展团队. R语言的主要特点包括：

(1) R软件拥有近万个R程序包，几乎涵盖了数据分析与统计计算的各个方向. 截至2017年12月8日，http://CRAN.R-project.org网站上已经有了11 972个程序包. 使用者不仅可以下载安装这些程序包，使用这些程序包中的函数进行计算，还可以下载这些程序包的源程序，按照自己的需求进行修改.

(2) R语言拥有强大且完善的帮助系统，R软件内嵌一个非常实用的帮助系统。例如pdf帮助文件（An Introduction to R）或Html帮助文件。另外，可以通过help命令随时了解R软件所提供的各类函数的使用方法.

(3) R语言拥有强大的统计分析功能. R的部分功能（大约25个程序包）嵌入在R软件底层，其他都以Package的形式下载，涵盖了现有的绝大多数统计分析方法.

9.1.2 R语言运行平台

启动 R 软件，可以调出 R 软件的主窗口，如图 9－1 所示.

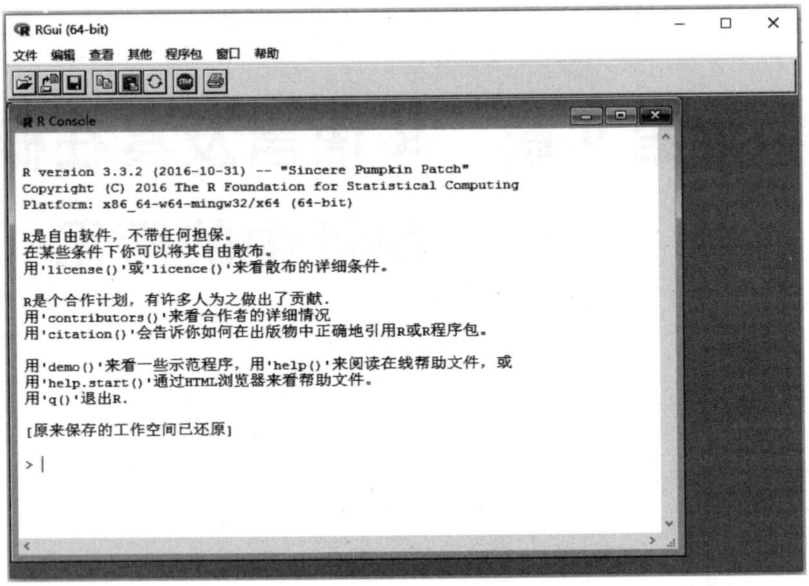

图 9－1

R 软件的运行平台 RGui 由三部分组成：主菜单，工具条，R Console（R 语言运行窗口，也称为主窗口）. 命令输入窗口上方有一些文字说明，这是运行 R 软件时出现的一些说明和帮助，包括版本、版权、运行平台、贡献者、引用、演示系统、帮助系统以及推出方式等方面的简单说明. 文字下方的红色符号“＞”是 R 软件的命令提示符，可以在此处输入 R 命令.

使用者在命令提示符“＞”后输入命令，之后按回车键就可以执行该命令. 例如，在命令提示符“＞”后输入表达式“1/10”，然后按回车键就可以在 R 的主窗口中得到：

```
>1/10
[1] 0.1
```

可以看到，R 软件求得正确答案 0.1，在输出结果之前的［1］表示所得结果的第一个元素. 又如，在命令提示符“＞”后输入 rnorm（10），按回车键后在主窗口中得到：

```
>rnorm (10)
[1]   0.4686830   0.4932347   0.1396694   0.9207726   1.1432636
-1.2011307
[7]  -0.7028054  -1.4585383   0.6352126  -0.7797553
```

这里命令 rnorm（10）表示产生 10 个服从标准正态分布的随机数. 输出结果之前的［1］表示 0.4686830 为输出结果中的第 1 个元素，［7］表示－0.7028054 为输出结果中的第 7 个元素，依此类推.

如果一个语句在一行中输不完，则按回车键时系统会自动在续行中产生一个续行符“+”．在同一行中，当输入多个命令语句时，需要用分号将其隔开．

在上面两个例子中，可以看到 R 命令的输出结果都是在主窗口中显示的。当然有些 R 命令的输出结果会在新的窗口中显示．例如，在命令提示符“>”后输入作图命令 plot (rnorm(10))，然后按回车键就可以得到如图 9－2 所示的结果．

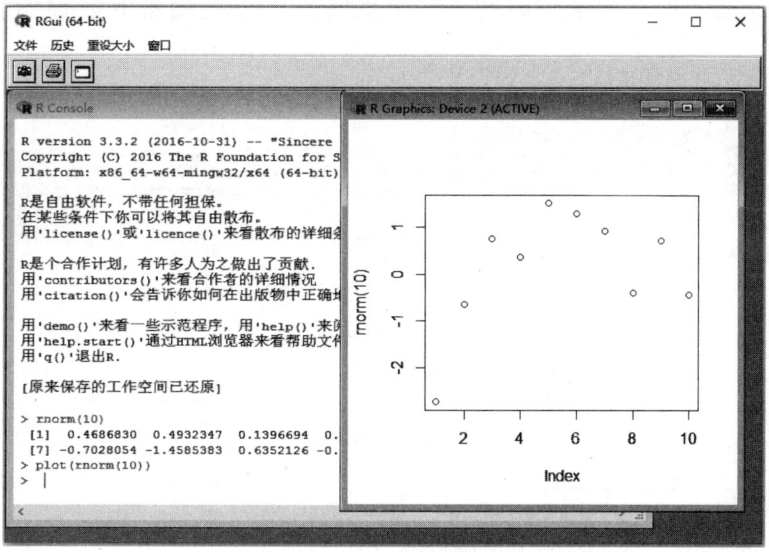

图 9－2 R 图形的输出

9.1.3 历史命令

在运行 R 时，往往在运行窗口 R Console 中交互式输入很多条命令，使用上行箭头或下行箭头可以查看已输入命令的历史记录，这样可以选择某条命令进行适当修改后再次运行，而不必烦琐地反复录入．利用菜单操作或者 R 命令的方式来保存和载入历史命令，这样就可以很方便地使用各种历史命令．

点击“文件”菜单中的“保存历史...”选项，可以将运行窗口中的所有记录保存到后缀名为“.RHistory”的文件中，点击“文件”菜单中的“加载历史...”选项，可以载入已保存的历史命令．例如键入命令

```
>savehistory ("myhis20170508")
```

该命令可以将 R 历史命令保存在文件名为“myhis20170508. RHistory”的文件中．又如键入命令

```
>loadhistory ("myhis20170508")
```

则将载入文件名为“myhis20170508. RHistory”的命令历史．

9.1.4 帮助系统

由于 R 软件版本的更新可以说是日新月异，R 程序包的数量不断增长，各个程序包更

新速度更是惊人，因此没有任何一本关于 R 软件的书籍能够完全涵盖 R 语言的所有命令介绍，从而在使用 R 软件的过程中，帮助系统就是一种不可或缺的学习资源. R 软件提供了一套功能强大的帮助系统.

首先，R 用户界面的“帮助”菜单中的“R FAQ”以网页形式（见图 9－3）给出了关于 R 软件的一些常见问题. 选项“Windows 下的 R FAQ”以网页形式给出了 Windows 操作系统下使用 R 软件时的一些常见问题. FAQ 随着 R 软件的版本的更新而更新.

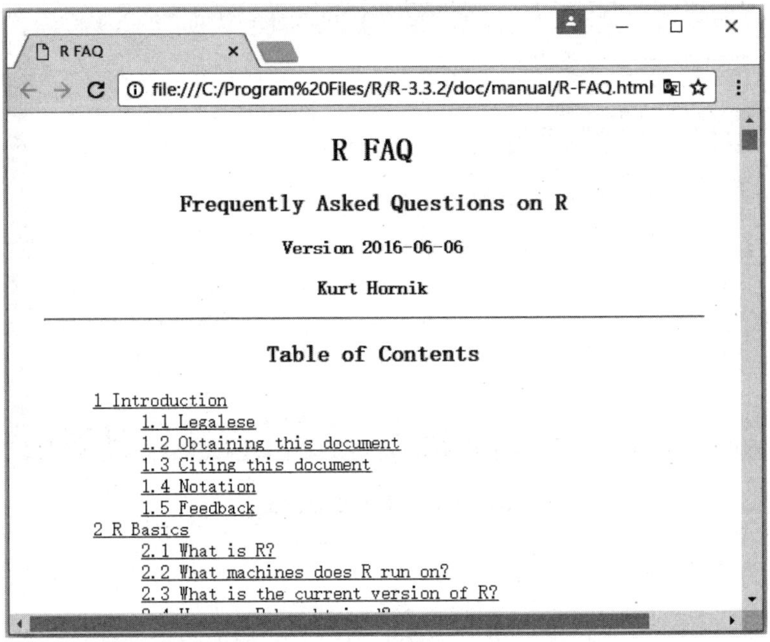

图 9－3　R“帮助”菜单中的“R FAQ”

其次，在 R 用户界面中的“帮助”菜单中的“手册（PDF 文件）”（见图 9－4）以 pdf 形式给出了 R 软件自带的 R 帮助手册，包括 An Introduction to R、R Reference、R Data Import/Export、R Language Definition、Writing R Extensions、R Internals、R Installation and Administration 和 Sweave User. 这些手册为 R 语言的学习与使用提供了极大的便利，初学者可以着重看第一本手册，即 An Introduction to R.

最后，还可以通过函数 help () 或者“?”得到相应函数的帮助，例如，利用下面两种方式可以获得作图函数 plot () 的帮助说明：

```
>help (plot)
```

或者

```
> ? plot
```

键入上述命令后回车，R 软件会以网页的形式弹出一个新的窗口，如图 9－5 所示，该帮助文档包括函数描述（Description）、用法（Usage）、参数说明（Arguments）、具体细节（Details）、相关函数（See Also）、用法示例（Examples）、参考文献（References）等方面.

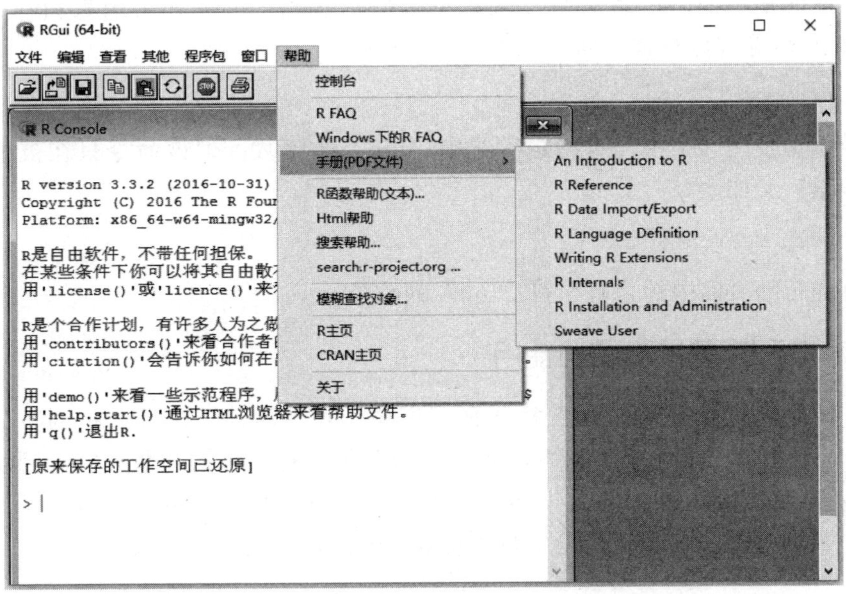

图 9-4　R“帮助”菜单中的“手册（PDF 文件）”

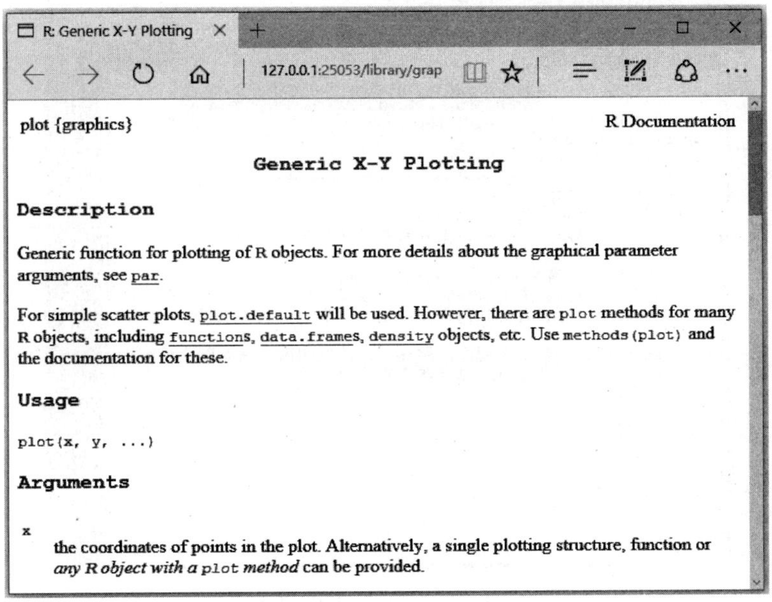

图 9-5　函数 plot（）的帮助说明

此外，还可以通过帮助函数 help（）获得指定程序包中所包含的所有函数的帮助说明，例如：

```
>help (package = "stats")
```

该命令也会弹出一个新的网页窗口，该网页包括了“stats”程序包的 DESCRIPTION 文档、demo 文档以及所有函数的列表，点击相应链接，即可获得具体的说明文档.

需要说明的是，如果读者对某个函数不是特别熟悉，可以利用函数 apropos（ ）或 help. search（ ）等进行查找，如

>apropos ("fun")

该命令用于找出名字中含有指定字符串“fun”的函数，但该命令只在被载入内存的程序包中搜索. 又如命令

>help. search ("fun")

列出了所有在帮助页面中的含有字符“fun”的函数.

9.1.5 R程序包的安装与使用

目前，R 软件网站上有 11 000 多个 R 程序包，几乎涵盖了统计分析的各个方面. 读者可以根据自己的需要下载并安装相关的程序包. 关于程序包的下载和安装问题，读者可以将相关的 R 程序包下载到本地，利用“程序包”菜单中的“Install package (s) from local files...)”来安装程序包，也可在线安装程序包，如图 9－6 所示.

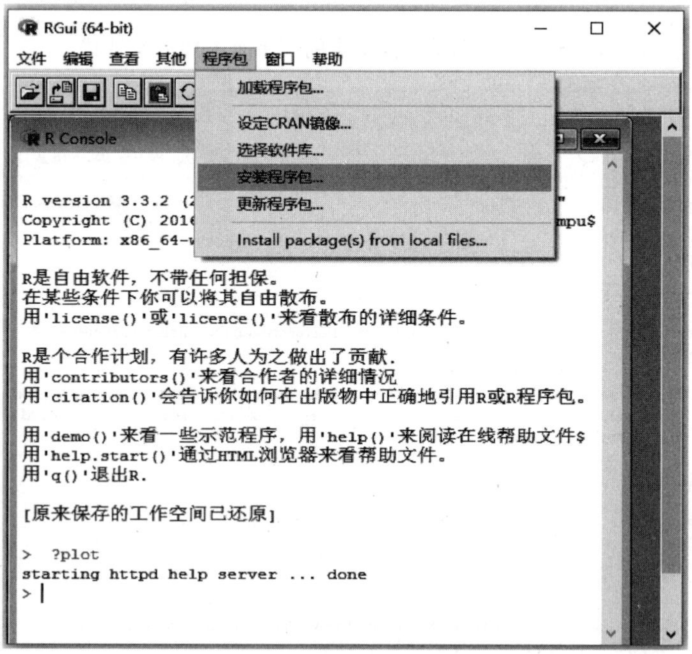

图 9－6 R 程序包的安装

用户也可以利用 install. packages（）函数来安装相关的 R 程序包. 例如：

>install. packages ("MASS ")

安装相应的程序包之后，每次使用时需要提前载入该程序包. 载入方式有两种：一种方式是利用菜单，点击“程序包”菜单中的“加载程序包...”选项；另一种方式是利用

函数 library（ ）可以完成程序包的载入，例如，

```
>library (" MASS")
```

之后就调用程序包 MASS 中的相关函数进行相应的计算.

§9.2　对象与数据类型

9.2.1　变量的命名与赋值

R 语言中变量的命名方式比较灵活，可以由任何英文字母、数字、“ _ ”以及“.”构成，但是不能包含空格或“－”. 变量名的首字母必须是英文字母，例如，a、a1、a _ b、a. b 等都可以作为变量名，但是 a－b 以及 a b 都是错误的变量命名方式.

读者可以用“＝”“＜－”或“－＞”来给变量赋值，例如，如果想给变量 a 赋值为 0，可以采用下面三种方式进行：

```
>a = 1
>a<—1
>1—> a
```

在对变量进行赋值之后，R 主窗口中不会输出变量的具体数值，用户可以输入该变量名来查看赋值结果，例如：

```
>a<—1
>a
[1] 1
```

如果某些变量在以后的运算中不再需要，可以用 remove（ ）或 rm（ ）命令进行删除，例如删除变量 a 可以采用如下两种方式：

```
>remove (a)
>rm (a)
```

9.2.2　向量及其运算

9.2.1 节给出的例子都是标量，但在实际使用中，很多数据都是以向量和矩阵的形式出现的，本小节和 9.2.3 小节将对 R 软件中的向量和矩阵分别进行介绍.

在 R 语言中，向量的建立与赋值比较灵活，方法比较多，最简单的方法是利用函数 c（ ）、该函数的特点是建立的向量以及赋值没有什么规律，例如

```
>a. vec<- c (1, 3, 5, 2, 4, 6, 7, 8, 9, 10)
```

这里，a. vec 是一个包含了 10 个数值的向量，可以查看 a. vec 的取值：

```
>a. vec
```

```
[1]  1  3  5  2  4  6  7  8  9  10
```

若要建立取值具有简单规律的向量，可以利用函数“:”，seq（ ）或者 rep（ ），其中 value1：value2 表示从 value1 开始，逐项加 1 或减 1，直到 value2，例如

```
>a1<—1：9；a1
[1]  1  2  3  4  5  6  7  8  9
> a2<—9：1；a2
[1]  9  8  7  6  5  4  3  2  1
> a3<—1：9－1；a3
[1]  0  1  2  3  4  5  6  7  8
```

函数 seq（ ）的常用格式为

```
seq (from, to)
seq (from, to, by= )
seq (from, to, length.out= )
```

例如

```
>seq (1, 10)
[1]  1  2  3  4  5  6  7  8  9  10
>seq (0, 1)
[1]  0  1
>seq (-3, 1)
[1]  -3  -2  -1  0  1
>seq (0, 1, by= 0.2)
[1]  0.0  0.2  0.4  0.6  0.8  1.0
>seq (0, 1, length.out = 11)
[1]  0.0  0.1  0.2  0.3  0.4  0.5  0.6  0.7  0.8  0.9  1.0
```

函数 rep（ ）的常用格式为

```
rep (x, times, length.out, each)
```

其中 times 表示向量 x 重复的次数，length.out 表示总的输出长度，each 表示向量 x 中每个变量重复的次数.

```
> rep (1: 4, 2)          #①等同于 rep (1: 4, times=2)
[1]  1  2  3  4  1  2  3  4
>rep (2: 7, times=3, each=2)
[1]  2  2  3  3  4  4  5  5  6  6  7  7  2  2  3  3  4  4  5  5  6  6
```

① “#”用于表示注释，为了增加程序的可读性，初学者在编写程序时可以多加一些注释.

```
7 7 2 2 3 3 4 4 5 5 6 6 7 7
  >rep (c (3, 4), c (2, 6))
  [1]  3 3 4 4 4 4 4 4
  >rep (2: 5, each=3)
  [1]  2 2 2 3 3 3 4 4 4 5 5 5
  >rep (1: 10, length.out=6)
  [1]  1 2 3 4 5 6
```

向量与向量之间可以作加“+”、减“−”、乘“*”、除“/”四则运算，向量自身也可以作乘方“^”运算，其运算规则是对向量中的每个分量进行运算．例如：

```
>a.vec<—c (1, 3, 5, 2, 4, 6, 7, 8, 9, 10)
>b<—2
>a.vec+b
[1]  3 5 7 4 6 8 9 10 11 12
>a.vec* b
[1]  2 6 10 4 8 12 14 16 18 20
>a.vec/b
[1] 0.5 1.5 2.5 1.0 2.0 3.0 3.5 4.0 4.5 5.0
>b.vec<—c (10, 9, 8, 1, 2, 3, 7, 6, 5, 4)
>a.vec+b.vec
[1]  11 12 13 3 6 9 14 14 14 14
>a.vec-b.vec
[1]  -9 -6 -3 1 2 3 0 2 4 6
```

如果计算中需要取向量中的某个子集，读者可以在向量名后面加上中括号“[]”来进行操作，中括号内给出需要选择的子集的位置．例如：

```
>a.vec<—c (1, 3, 5, 2, 4, 6, 7, 8, 9, 10)
>a.vec [3]
[1]  5
>a.vec [4: 8]
[1]  2 4 6 7 8
>a.vec [c (3, 5, 1, 2)]
[1]  5 4 1 3
```

这里 a.vec [3] 表示取 a.vec 的第 3 个元素，a.vec [4: 8] 中的 4: 8 表示取第 4 个到第 8 个元素，相当于 a.vec [c (4, 5, 6, 7, 8)]，a.vec [c (3, 5, 1, 2)] 表示取 a.vec 的第 3、5、1、2 个元素．

读者还可以利用一些基本的逻辑运算符来取得具有相应性质的元素，例如：

```
>a.vec [a.vec<7]
```

```
[1]  1  3  5  2  4  6
```

9.2.3 矩阵

在 R 软件中，可以使用函数 matrix（）来产生矩阵，具体用法如下：

```
matrix (data = NA, nrow = 1, ncol = 1, byrow = FALSE, …)
```

其中，参数 data 表示矩阵中的元素，nrow 表示矩阵的行数，ncol 表示矩阵的列数，byrow 表示矩阵是否按行存储，例如：

```
>a.vec<—c (1, 3, 5, 2, 4, 6, 7, 8, 9, 10)
>a.mat<—matrix (a.vec, nrow = 2, byrow = FALSE)
>a.mat
      [,1]  [,2]  [,3]  [,4]  [,5]
[1,]    1     5     4     7     9
[2,]    3     2     6     8    10
>a.mat<—matrix (a.vec, nrow = 2, byrow = TRUE)
>a.mat
      [,1]  [,2]  [,3]  [,4]  [,5]
[1,]    1     3     5     2     4
[2,]    6     7     8     9    10
```

矩阵与标量进行加、减、乘、除运算相当于矩阵的每一个元素与该标量进行加、减、乘、除运算．矩阵与矩阵之间也可以利用“+”“−”“*”“/”运算符进行加、减、乘、除运算，此时，相当于两个矩阵的相应元素进行加、减、乘、除运算．如果进行运算的矩阵维数不同，则 R 软件将会报错．数学意义上的矩阵乘法需要使用一个“%*%”运算符来进行计算．例如：

```
>x.mat<—matrix (1:9, nrow = 3)
>x.mat
      [,1]  [,2]  [,3]
[1,]    1     4     7
[2,]    2     5     8
[3,]    3     6     9
>y.mat<—matrix (11:19, nrow = 3)
>y.mat
      [,1]  [,2]  [,3]
[1,]   11    14    17
[2,]   12    15    18
[3,]   13    16    19
>x.mat* y.mat
```

```
      [,1]  [,2]  [,3]
[1,]   11    56   119
[2,]   24    75   144
[3,]   39    96   171
>x.mat %*% y.mat
     [,1][,2][,3]
[1,]  150  186  222
[2,]  186  231  276
[3,]  222  276  330
```

还可以利用 cbind（）和 rbind（）函数对矩阵进行行或列的合并拼接运算. 例如：

```
>a.mat<—matrix (a.vec, nrow=2, byrow=TRUE)
>a.mat
       [,1]  [,2]  [,3]  [,4]  [,5]
[1,]     1     3     5     2     4
[2,]     6     7     8     9    10
>b.mat<—matrix (1:10, ncol=5)
>b.mat
       [,1]  [,2]  [,3]  [,4]  [,5]
[1,]     1     3     5     7     9
[2,]     2     4     6     8    10
>cbind (a.mat, b.mat)
     [,1] [,2] [,3] [,4] [,5] [,6] [,7] [,8] [,9] [,10]
[1,]   1    3    5    2    4    1    3    5    7    9
[2,]   6    7    8    9   10    2    4    6    8   10
>rbind (a.mat, b.mat)
       [,1]  [,2]  [,3]  [,4]  [,5]
[1,]     1     3     5     2     4
[2,]     6     7     8     9    10
[3,]     1     3     5     7     9
[4,]     2     4     6     8    10
```

如果计算中需要取矩阵的某个子集，可以在矩阵名后面加上中括号符号“[ ]”来进行操作，中括号内给出需要选择的子集的行列位置. 例如：

```
>a.mat<—matrix (a.vec, nrow=2, byrow=TRUE)
>a.mat [1, 3]
[1]  5
>a.mat [, 2:4]
```

```
        [, 1]   [, 2]   [, 3]
[1,]     3       5       2
[2,]     7       8       9
>a.mat [5]
[1]   5
```

这里，a. mat [1，3] 表示取 a. mat 的第 1 行第 3 列元素，a. mat [，2：4] 表示取 a. mat 的第 2 列到第 4 列元素，a. mat [5] 表示取矩阵的第 5 个元素，这里默认矩阵是按列存储的.

读者可以利用一些基本逻辑运算符来取到具有相应性质的元素. 此外，读者还可以利用符号“—”隐藏矩阵中的某些元素，这些操作与向量类似.

读者可以利用 dim（ ）、nrow（ ） 和 ncol（ ） 等函数获得矩阵的维数、行数和列数. 例如：

```
>dim (a.mat)
[1]   2  5
>nrow (a.mat)
[1]   2
>ncol (a.mat)
[1]   5
```

§9.3　图形绘制

在 R 语言中，绘图函数分为高级绘图函数和低级绘图函数两大类. 高级绘图函数将启动一个新的图形，而低级绘图函数不启动新的图形，它仅仅对已有的图形进行修饰，例如，添加一些文字、线条等. 常用的高级绘图函数和低级绘图函数详见表 9－1 和表 9－2.

表 9－1　　常用的高级绘图函数

函数名	功能说明
plot(x)	绘制向量 x 关于下标的散点图，若 x 为复向量，则绘制实部与虚部的散点图
plot(x，y)	绘制 y 关于 x 的散点图
hist(x)	绘制 x 的频率直方图
barplot(x)	绘制 x 的条形图
pie(x)	绘制 x 的饼图
boxplot(x)	绘制 x 的箱线图
stem(x)	绘制 x 的茎叶图
pairs(x)	若 x 为矩阵或数据框，绘制 x 的各列之间的散点图

续前表

函数名	功能说明
qqnorm(x)	该函数在 stats 包中，绘制 Q-Q 图
qqplot(x，y)	该函数在 stats 包中，绘制 x 与 y 的 Q-Q 图，即分位数—分位数图

R 提供的绘图函数往往都有一些选项及缺省值，例如选项 add＝FALSE，xlab＝NULL，ylab＝NULL，main＝NULL，等等.

表 9-2　　常用的低级绘图函数

函数名	功能说明
points(x，y)	添加点（x，y）
lines(x，y)	添加直线段
abline(a，b)	添加截距为 a、斜率为 b 的直线
text(x，y，labels)	在点（x，y）处添加文本 labels
legend(x，y，labels)	在点（x，y）处添加内容为 labels 的图例
title( )	添加标题或副标题
axis( )	添加坐标轴

值得注意的是，在调用低级绘图函数之前，需要先调用高级绘图函数，否则将会出现错误.

例 9.3.1　表 9-3 列出了某种新型铝锂合金 40 个样本的压力数据，单位为磅/平方英寸（psi）. 用 R 绘制直方图.

表 9-3　　铝锂合金样本的压力数据

105	221	183	186	121	181	180	143
97	154	153	174	120	168	167	141
245	228	174	199	181	158	176	110
163	131	154	115	160	208	158	133
207	180	190	193	194	133	156	123

解　输入如下 R 命令：

```
>x<—c (105, 221, 183, 186, 121, 181, 180, 143, 97, 154, 153, 174, 120, 168, 167, 141, 245, 228, 174, 199, 181, 158, 176, 110, 163, 131, 154, 115, 160, 208, 158, 133, 207, 180, 190, 193, 194, 133, 156, 123)
>hist (x, freq = FALSE)    ##输出结果如图 9-7 所示
>boxplot (x, main = " 铝锂合金样本的压力")    ##输出结果如图 9-8 所示
>stem (x)    ##输出结果如图 9-9 所示.
```

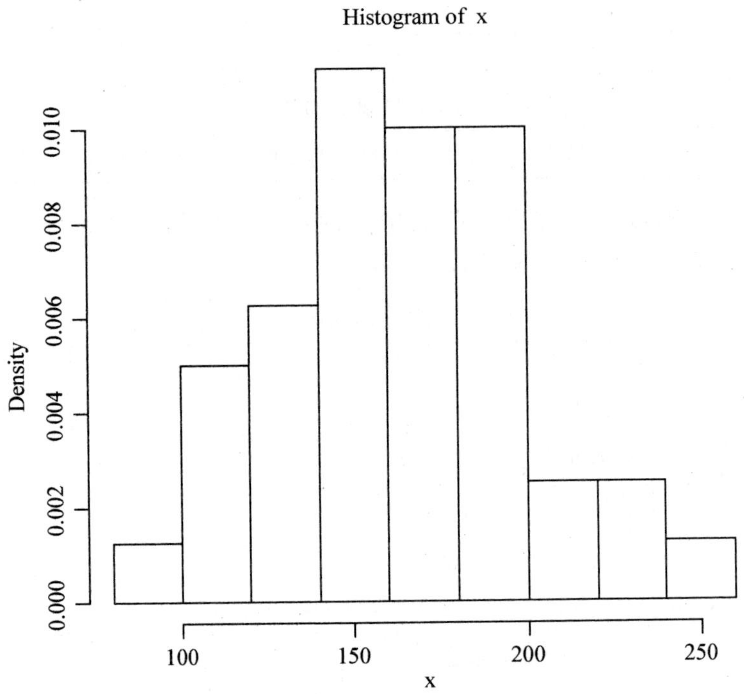

图 9-7　压力数据的直方图

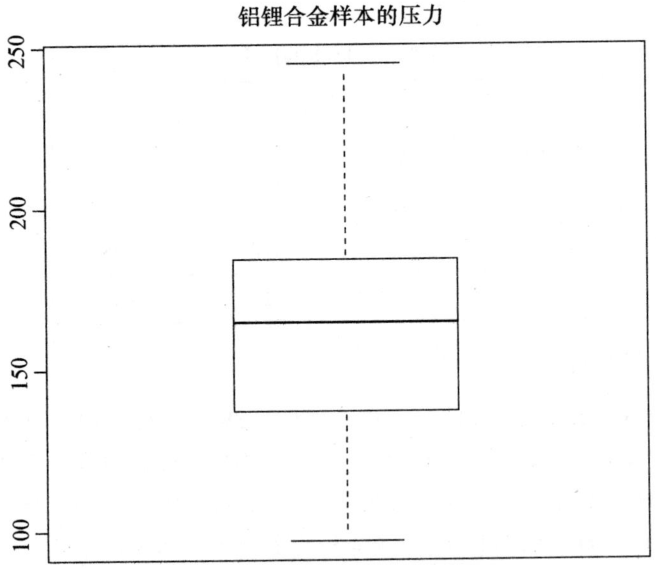

图 9-8　压力数据的箱线图

```
The decimal point is 1 digit (s) to the right of the |
8 | 7
10 | 505
12 | 013133
14 | 13344688
16 | 0378446
18 | 0011360349
20 | 78
22 | 18
24 | 5
```

图 9-9 压力数据的茎叶图

§9.4 R 语言在概率统计中的应用

R 中通常有 4 个基本函数对应于一个概率分布，分别是概率密度函数（连续分布对应密度函数，离散分布对应分布律）、（累积）分布函数、分位数函数、随机数产生函数.

9.4.1 概率密度函数

在 R 函数名下划线位置加上前缀“d”（density 的首字母）即得到 R 的密度函数，其调用格式为

```
dfunname (x, p1, p2, …, log = FALSE),
```

其中 x 为数值向量；p1，p2，…为分布参数值，对于某些分布参数，默认值对应的取值可参见表 9-4；log 为逻辑值，当 log = TRUE 时，返回密度的对数值，其默认值为 FALSE.

表 9-4 R 中内嵌概率分布及其对应的 R 函数

序号	分布名称	参数表示（默认值）	R 函数名	程序包
1	二项分布	$b(n, p)$	_ binom	stats
2	卡方分布	$\chi^2(n, \mu)$	_ chisq	stats
3	指数分布	$\exp(\lambda)$	_ exp	stats
4	F 分布	$f(n, m, \mu)$	_ f	stats
5	几何分布	geom (p)	_ geom	stats
6	超几何分布	hyper (m, n, k)	_ hyper	stats
7	正态分布	$N(\mu, \sigma^2)$ $(\mu=0, \sigma^2=1)$	_ norm	stats
8	泊松分布	$\pi(\lambda)$	_ pois	stats
9	t 分布	$t(n)$	_ t	stats
10	均匀分布	$U(a, b)$ $(a=0, b=1)$	_ unif	stats

例如，画出−3到3之间的标准正态分布的密度曲线，可由如下命令实现：

```
>x<—seq (-3, 3, 0.01)
>plot (x, dnorm (x), type="l")
```

结果如图9-10所示.①

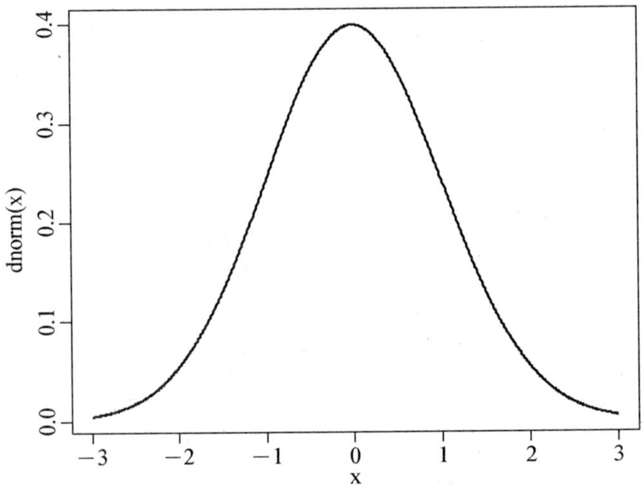

图9-10 标准正态分布的密度曲线

9.4.2 分布函数

在R函数名下划线位置加上前缀“p”（probability的首字母）即得到R的分布函数，其调用格式为

```
pfunname (q, p1, p2, …, lower.tail = TRUE, log.p = FALSE),
```

其中，q为数值向量；p1，p2，…为分布参数值，对于某些分布参数，默认值对应的取值见表9-4；lower.tail=TRUE表示计算随机变量取值小于等于q的概率，否则，计算大于q的概率，其默认值为TRUE；若log.p=TRUE，则返回概率的对数值，默认值为FALSE.

例如，已知某元件的使用寿命服从参数为$\lambda=100$（小时）的指数分布，计算任一元件寿命超过200小时的概率，可由如下命令实现.

```
> 1-pexp (200, 1/100)
[1] 0.1353353
```

其中，pexp（200，1/100）表示寿命不超过200小时的概率．特别地，pexp（q）表示参数rate默认，此时$\lambda=1$.

① dnorm(x) 的返回值为x对应的标准正态分布密度值向量，相当于dnorm(x，mean=0，sd=1)，即 _ norm（）函数中mean和sd选择默认则表示标准正态分布，type="l" 中的符号“l”为“lines”的首字母.

在假设检验问题中，经常需要计算检验的 p 值，比如要计算自由度为 5 且检验统计量的值为 $\chi^2=10.20$ 的 χ^2 检验的 p 值，可由如下命令实现：

```
>1 - pchisq (10.20, 5)
[1] 0.06976266
```

9.4.3 分位数函数

在 R 函数名下划线位置加上前缀“q”（quantile 的首字母）即得到 R 的分位数函数，其调用格式为

```
qfunname (p, p1, p2, …, lower.tail = TRUE, log.p = FALSE),
```

其中，p 为由概率构成的向量，p1，p2，…为分布参数值，对于某些分布参数，默认值对应的取值见表 9－4；lower. tail＝TRUE 表示计算下 p 分位点，否则计算上 p 分位点，默认值为 TRUE；log. p＝TRUE 则返回分位数的对数值，默认值为 FALSE.

例如，计算自由度为 6 的 t 分布的上 0.01，0.05 和 0.10 分位数，可由如下命令实现.

```
>p<—c (0.01, 0.05, 0.10)
>qt (1 - p, 6)
[1]   3.142668  1.943180  1.439756
```

其中，qt（1－p，6）等价于 qt（1－p，df＝6），返回值为自由度为 6 的 t 分布的下 0.99，0.95 和 0.90 分位数，亦即自由度为 6 的 t 分布的上 0.01，0.05 和 0.10 分位数.

9.4.4 随机数产生函数

利用随机数产生函数可以产生相应分布的“伪随机数”，用以创建模拟数据集. 在 R 函数名下划线位置加上前缀“r”即得到 R 的随机数（random number）产生函数，其调用格式为

```
rfunname (n, p1, p2, …),
```

其中，n 为生成数据的个数，p1，p2，…为分布参数值，对于某些分布参数，默认值对应的取值可参见表 9－4.

例如产生 100 个（0，1）内均匀分布的随机数，并画出散点图，可由如下命令实现：

```
>mydata<—runif (100)
>plot (mydata)
```

结果如图 9－11 所示.

此外，前述所有的 pfunname（分布）函数和 qfunname（分位数）函数都具有逻辑参数 lower. tail 和 log. p，而所有的 dfunname（密度）函数都具有参数 log. 如果 lower. tail＝TRUE（为默认值），则计算的概率形式为 $P(X\leqslant x)$，否则为 $P(X>x)$；如果 log. p 或 log＝ TRUE（默认值为 FALSE），则返回的是概率 p（或分位数，或概率密度）的对数值 $\log(p)$.

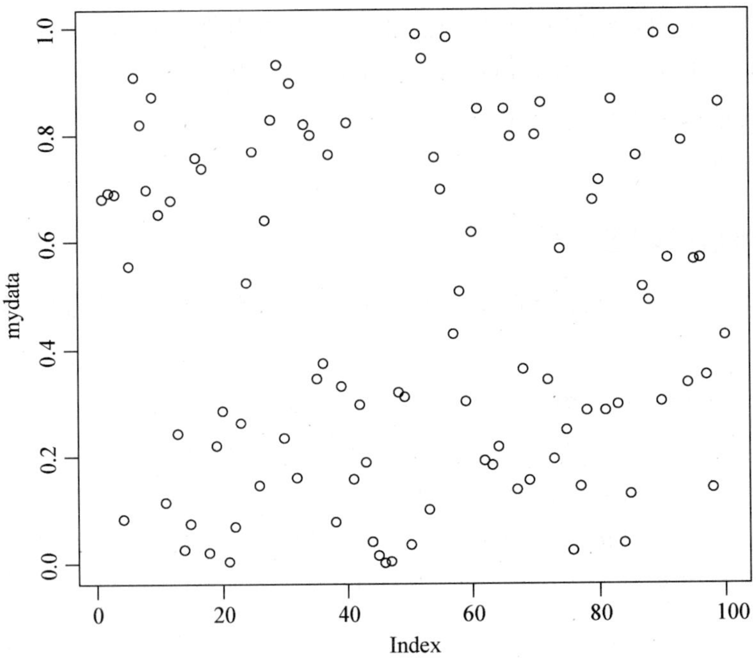

图 9-11　均匀分布的随机数的散点图

9.4.5　随机抽样

在 R 中，sample 函数可以用来实现有放回或无放回的随机抽样，其调用格式为

```
sample (x, size, replace = FALSE, prob = NULL),
```

其中，x 为被抽样集组成的向量，也可以是一个正整数（表示被抽样集为 1 到 x 的所有整数）；size 为非负整数，表示抽样个数，默认值为被抽样集的元素个数①；replace＝TRUE 表示有放回抽样，而 replace＝FALSE 为默认值，表示无放回抽样；prob 为概率权向量，给出每个样本被抽中的概率，默认值为 prob＝NULL，表示等可能抽样.

例如，可以由下面的命令实现自然数 1 到 10 的一个全排列：

```
>x<—1: 10
>sample (x)
[1]   7  10  6  1  4  5  8  3  2  9
```

进一步地，下面的命令

```
>sample (x, replace = TRUE)
[1]   2  7  3  1  1  8  8  1  3  3
```

可得到自然数 1 到 10 的一个样本量为 10 的有放回抽样，等价于

① 注意：在无放回抽样时，size 的取值不能大于被抽样集的元素个数.

```
sample (x, length (x), replace = TRUE).
```

在古典概型的概率计算中，经常会遇到排列数和组合数的计算．R 软件中的函数 prod ( ) 和choose ( ) 可以分别用来计算排列数和组合数，其中 prod ( ) 的参数为一个数值型或逻辑型向量，其返回值为向量中所有元素的乘积；而 choose (n, k) 表示从 n 个个体中任取 k 个的组合数.

9.4.6　例题分析

例 9.4.1　一个班共有 30 名学生，设每个学生的生日随机地为 365 天中的一天，求这 30 个学生的生日互不相同的概率.

解　R 代码及运行结果为

```
>prod (seq (length = 30, from = 365, by = -1))/365^30
[1]   0.2936838
```

即这 30 个学生的生日互不相同的概率约为 29.37%.

例 9.4.2　从一副扑克牌的 52 张（去掉大、小王）中任取 3 张，求这三张牌同花色的概率.

解　R 代码及运行结果为

```
>choose (4, 1) * choose (13, 3) /choose (52, 3)
[1]   0.05176471
```

例 9.4.3　若从均匀分布 $U(\theta_1, \theta_2)$ 获得样本容量为 5 的样本：4.5，5.0，4.7，4.0，4.2. 试求 θ_1，θ_2 的矩估计值.

解　利用如下 R 命令可算得 θ_1，θ_2 的矩估计值：

```
>x<—c (4.5, 5.0, 4.7, 4.0, 4.2)
>xbar<—mean (x)
>sn2<—4 * var (x)/5
>theta1<—xbar - sqrt (3 * sn2)
>theta2<—xbar + sqrt (3 * sn2)
>theta1
[1]   3.86616
>theta2
[1]   5.09384
```

即 $\hat{\theta}_1=3.87$，$\hat{\theta}_2=5.09$ 分别是 θ_1 和 θ_2 的矩估计值.

例 9.4.4　某公司生产的滚珠的直径 X 服从正态分布 $N(\mu, \sigma^2)$，其中 $\sigma^2=0.04$. 某天从生产线上随机抽取 6 个滚珠，测得其直径（单位：mm）如下：

14.93　15.10　14.98　14.85　15.15　15.01

若取 $\alpha=0.05$，求滚珠平均直径 μ 的 $1-\alpha$ 的置信区间.

解　R代码如下：

```
>x<—c (14.93, 15.10, 14.98, 14.85, 15.15, 15.01)
>n<—length (x)
>sigma<—0.2
>xbar<—mean (x)
>alpha<—0.05
>q<—qnorm (1 - alpha/2)
>inverval<—c (xbar - q * sigma/sqrt (n), xbar + q * sigma/sqrt (n))
>inverval
```

运行结果为

```
[1]  14.84330  15.16336
```

从运行结果可以看到，μ 的 0.95 的置信区间为（14.84，15.16).

例 9.4.5　用仪器间接测量炉子的温度，其测量值 X 服从正态分布 $N(\mu, \sigma^2)$，现重复测量 5 次，结果（单位:℃）为

1 250　1 265　1 245　1 260　1 275

若取 $\alpha=0.05$，求炉子平均温度 μ 的 $1-\alpha$ 的置信区间.

解　R代码如下：

```
>x<—c (1250, 1265, 1245, 1260, 1275)
>n<—length (x)
>xbar<—mean (x)
>sd<—sd (x)
>alpha<—0.05
>q<—qt (1 - alpha/2, n - 1)
>interval<—c (xbar - q * sd/sqrt (n), xbar + q * sd/sqrt (n))
>inverval
```

运行结果为

```
[1]  1244.178  1273.822
```

从运行结果可以看到，μ 的 0.95 的置信区间为（1 244.18，1 273.82).

例 9.4.6　从自动车床加工的一批零件中随机抽取 10 只，测得其直径（单位：cm）为

15.2　15.1　14.8　15.3　15.2　15.4　14.8　15.5　15.3　15.4

若零件直径服从正态分布 $N(\mu, \sigma^2)$，取 $\alpha=0.05$，求零件直径的随机误差 σ^2 的置信区间.

解　R 实现代码如下：

```
>x<—c(15.2, 15.1, 14.8, 15.3, 15.2, 15.4, 14.8, 15.5, 15.3,
15.4)
>n<—length (x)
>sd2<—sd (x) ^2
>alpha<—0.05
>q1 = qchisq (alpha/2, n - 1)
>q2 = qchisq (1 - alpha/2, n - 1)
>interval<—c ((n - 1) * sd2/q2, (n - 1) * sd2/q1)
>interval
[1] 0.02733566   0.19256481
```

由输出结果可知，σ^2 的 0.95 的置信区间为 (0.027，0.193).

例 9.4.7　为了检测两种不同型号的温度计的测量效果是否存在显著差异，分别用它们测量 6 个人的腋下体温，测得数值如下：

型号 A (x)	36.7	36.4	36.6	36.2	36.6	36.8
型号 B (y)	36.6	36.5	36.8	36.3	36.4	36.9

问能否认为这两种不同型号的温度计的测量效果存在显著差异 (α=0.05)?

解　这属于成对数据的检验问题. 由于不同人的体温是存在一定差异的，而同一对数据中的两个数据的差异可以看成是仅由两种不同型号的温度计的性能引起的.

R 代码如下：

```
>a<—c (36.7, 36.4, 36.6, 36.2, 36.6, 36.8)
>b<—c (36.6, 36.5, 36.8, 36.3, 36.4, 36.9)
>t.test (x = a, y = b, alternative = "two.sided", paired = T, conf.level =
0.95)
```

运行结果如下：

```
          Paired t-test
data: a and b
t = -0.5423, df = 5, p-value = 0.6109
alternative hypothesis: true difference in means is not equal to 0
95 percent confidence interval:
 -0.1913306   0.1246640
sample estimates:
mean of the differences
            -0.03333333
```

从运行结果可以看到，检验统计量取值为−0.542 3，自由度为 5，p 值为 0.610 9>

0.05，所以不能拒绝原假设，认为两台仪器的测量结果并无显著差异．该检验同时还给出了 μ_D 的 95%的置信区间（−0.191，0.125），μ_D 的估计值为−0.033.

例 9.4.8 某条大街在一年内的交通事故按星期日、星期一、…、星期六进行统计，记录如下：

星期	日	一	二	三	四	五	六	合计
事故数	11	11	8	9	7	9	12	67

令 p_i 表示星期 i 发生事故的概率，问：假设 $p_i=\frac{1}{7}$，$i=1, 2, \cdots, 7$ 是否成立，即事故的发生是否与特定日期无关（$\alpha=0.05$）？

解 R 代码及运行结果为

```
>x<—c (11, 11, 8, 9, 7, 9, 12)
>chisq. test (x)
  Chi-squared test for given probabilities
data: x
X-squared = 2.0597, df = 6, p-value = 0.9141
```

从运行结果可以看到，χ^2 统计量的值为 2.059 7，自由度为 6，由于 p 值为 $0.914\,1>0.05$，故接受原假设，认为事故的发生与特定日期无关.

例 9.4.9 现有 82 只小鼠后代，其中灰色 36 只、黑色 25 只、白色 21 只，按照孟德尔遗传规律，它们之间的比例应该为 2∶1∶1，给定显著性水平 $\alpha=0.05$，试问这些数据与孟德尔遗传定律是否一致？

解 R 代码及运行结果为

```
>x<—c (36, 25, 21)
>p<—c (0.5, 0.25, 0.25)
>chisq. test (x, p = p)
        Chi-squared test for given probabilities
data: x
X-squared = 1.6098, df = 2, p-value = 0.4471
```

从运行结果可以看到，检验的 p 值为 $0.447\,1>0.05$，故不能拒绝原假设，认为这些数据与孟德尔遗传定律是一致的.

附表Ⅰ　标准正态分布表

$$\Phi(x)=\int_{-\infty}^{x}\frac{1}{\sqrt{2\pi}}\mathrm{e}^{-t^2/2}\mathrm{d}t$$

x	0	0.01	0.02	0.03	0.04	0.05	0.06	0.07	0.08	0.09
0	0.5000	0.5040	0.5080	0.5120	0.5160	0.5199	0.5239	0.5279	0.5319	0.5359
0.1	0.5398	0.5438	0.5478	0.5517	0.5557	0.5596	0.5636	0.5675	0.5714	0.5753
0.2	0.5793	0.5832	0.5871	0.5910	0.5948	0.5987	0.6026	0.6064	0.6103	0.6141
0.3	0.6179	0.6217	0.6255	0.6293	0.6331	0.6368	0.6406	0.6443	0.6480	0.6517
0.4	0.6554	0.6591	0.6628	0.6664	0.6700	0.6736	0.6772	0.6808	0.6844	0.6879
0.5	0.6915	0.6950	0.6985	0.7019	0.7054	0.7088	0.7123	0.7157	0.7190	0.7224
0.6	0.7257	0.7291	0.7324	0.7357	0.7389	0.7422	0.7454	0.7486	0.7517	0.7549
0.7	0.7580	0.7611	0.7642	0.7673	0.7704	0.7734	0.7764	0.7794	0.7823	0.7852
0.8	0.7881	0.7910	0.7939	0.7967	0.7995	0.8023	0.8051	0.8078	0.8106	0.8133
0.9	0.8159	0.8186	0.8212	0.8238	0.8264	0.8289	0.8315	0.8340	0.8365	0.8389
1.0	0.8413	0.8438	0.8461	0.8485	0.8508	0.8531	0.8554	0.8577	0.8599	0.8621
1.1	0.8643	0.8665	0.8686	0.8708	0.8729	0.8749	0.8770	0.8790	0.8810	0.8830
1.2	0.8849	0.8869	0.8888	0.8907	0.8925	0.8944	0.8962	0.8980	0.8997	0.9015
1.3	0.9032	0.9049	0.9066	0.9082	0.9099	0.9115	0.9131	0.9147	0.9162	0.9177
1.4	0.9192	0.9207	0.9222	0.9236	0.9251	0.9265	0.9279	0.9292	0.9306	0.9319
1.5	0.9332	0.9345	0.9357	0.9370	0.9382	0.9394	0.9406	0.9418	0.9429	0.9441
1.6	0.9452	0.9463	0.9474	0.9484	0.9495	0.9505	0.9515	0.9525	0.9535	0.9545
1.7	0.9554	0.9564	0.9573	0.9582	0.9591	0.9599	0.9608	0.9616	0.9625	0.9633
1.8	0.9641	0.9649	0.9656	0.9664	0.9671	0.9678	0.9686	0.9693	0.9699	0.9706
1.9	0.9713	0.9719	0.9726	0.9732	0.9738	0.9744	0.9750	0.9756	0.9761	0.9767
2.0	0.9772	0.9778	0.9783	0.9788	0.9793	0.9798	0.9803	0.9808	0.9812	0.9817

续前表

x	0	0.01	0.02	0.03	0.04	0.05	0.06	0.07	0.08	0.09
2.1	0.9821	0.9826	0.9830	0.9834	0.9838	0.9842	0.9846	0.9850	0.9854	0.9857
2.2	0.9861	0.9864	0.9868	0.9871	0.9875	0.9878	0.9881	0.9884	0.9887	0.9890
2.3	0.9893	0.9896	0.9898	0.9901	0.9904	0.9906	0.9909	0.9911	0.9913	0.9916
2.4	0.9918	0.9920	0.9922	0.9925	0.9927	0.9929	0.9931	0.9932	0.9934	0.9936
2.5	0.9938	0.9940	0.9941	0.9943	0.9945	0.9946	0.9948	0.9949	0.9951	0.9952
2.6	0.9953	0.9955	0.9956	0.9957	0.9959	0.9960	0.9961	0.9962	0.9963	0.9964
2.7	0.9965	0.9966	0.9967	0.9968	0.9969	0.9970	0.9971	0.9972	0.9973	0.9974
2.8	0.9974	0.9975	0.9976	0.9977	0.9977	0.9978	0.9979	0.9979	0.9980	0.9981
2.9	0.9981	0.9982	0.9982	0.9983	0.9984	0.9984	0.9985	0.9985	0.9986	0.9986
3.0	0.9987	0.9987	0.9987	0.9988	0.9988	0.9989	0.9989	0.9989	0.9990	0.9990
3.1	0.9990	0.9991	0.9991	0.9991	0.9992	0.9992	0.9992	0.9992	0.9993	0.9993
3.2	0.9993	0.9993	0.9994	0.9994	0.9994	0.9994	0.9994	0.9995	0.9995	0.9995
3.3	0.9995	0.9995	0.9995	0.9996	0.9996	0.9996	0.9996	0.9996	0.9996	0.9997
3.4	0.9997	0.9997	0.9997	0.9997	0.9997	0.9997	0.9997	0.9997	0.9997	0.9998

附表Ⅱ　泊松分布表

$$P\{X \leqslant n\} = \sum_{k=0}^{n} \frac{\lambda^k e^{-\lambda}}{k!},\ \lambda > 0,\ n = 0,\ 1,\ 2,\ \cdots$$

n	λ								
	0.1	0.2	0.3	0.4	0.5	0.6	0.7	0.8	0.9
0	0.9048	0.8187	0.7408	0.6703	0.6065	0.5488	0.4966	0.4493	0.4066
1	0.9953	0.9825	0.9631	0.9384	0.9098	0.8781	0.8442	0.8088	0.7725
2	0.9998	0.9989	0.9964	0.9921	0.9856	0.9769	0.9659	0.9526	0.9371
3	1.0000	0.9999	0.9997	0.9992	0.9982	0.9966	0.9942	0.9909	0.9865
4		1.0000	1.0000	0.9999	0.9998	0.9996	0.9992	0.9986	0.9977
5				1.0000	1.0000	1.0000	0.9999	0.9998	0.9997
6							1.0000	1.0000	1.0000

n	λ								
	1	1.5	2	2.5	3	3.5	4	4.5	5
0	0.3679	0.2231	0.1353	0.0821	0.0498	0.0302	0.0183	0.0111	0.0067
1	0.7358	0.5578	0.4060	0.2873	0.1991	0.1359	0.0916	0.0611	0.0404
2	0.9197	0.8088	0.6767	0.5438	0.4232	0.3208	0.2381	0.1736	0.1247
3	0.9810	0.9344	0.8571	0.7576	0.6472	0.5366	0.4335	0.3423	0.2650
4	0.9963	0.9814	0.9473	0.8912	0.8153	0.7254	0.6288	0.5321	0.4405
5	0.9994	0.9955	0.9834	0.9580	0.9161	0.8576	0.7851	0.7029	0.6160
6	0.9999	0.9991	0.9955	0.9858	0.9665	0.9347	0.8893	0.8311	0.7622
7	1.0000	0.9998	0.9989	0.9958	0.9881	0.9733	0.9489	0.9134	0.8666
8		1.0000	0.9998	0.9989	0.9962	0.9901	0.9786	0.9597	0.9319
9			1.0000	0.9997	0.9989	0.9967	0.9919	0.9829	0.9682
10				0.9999	0.9997	0.9990	0.9972	0.9933	0.9863
11				1.0000	0.9999	0.9997	0.9991	0.9976	0.9945
12					1.0000	0.9999	0.9997	0.9992	0.9980

n	λ								
	5.5	6	6.5	7	7.5	8	8.5	9	9.5
0	0.0041	0.0025	0.0015	0.0009	0.0006	0.0003	0.0002	0.0001	0.0001
1	0.0266	0.0174	0.0113	0.0073	0.0047	0.0030	0.0019	0.0012	0.0008
2	0.0884	0.0620	0.0430	0.0296	0.0203	0.0138	0.0093	0.0062	0.0042
3	0.2017	0.1512	0.1118	0.0818	0.0591	0.0424	0.0301	0.0212	0.0149
4	0.3575	0.2851	0.2237	0.1730	0.1321	0.0996	0.0744	0.0550	0.0403
5	0.5289	0.4457	0.3690	0.3007	0.2414	0.1912	0.1496	0.1157	0.0885
6	0.6860	0.6063	0.5265	0.4497	0.3782	0.3134	0.2562	0.2068	0.1649
7	0.8095	0.7440	0.6728	0.5987	0.5246	0.4530	0.3856	0.3239	0.2687
8	0.8944	0.8472	0.7916	0.7291	0.6620	0.5925	0.5231	0.4557	0.3918
9	0.9462	0.9161	0.8774	0.8305	0.7764	0.7166	0.6530	0.5874	0.5218
10	0.9747	0.9574	0.9332	0.9015	0.8622	0.8159	0.7634	0.7060	0.6453
11	0.9890	0.9799	0.9661	0.9467	0.9208	0.8881	0.8487	0.8030	0.7520
12	0.9955	0.9912	0.9840	0.9730	0.9573	0.9362	0.9091	0.8758	0.8364
13	0.9983	0.9964	0.9929	0.9872	0.9784	0.9658	0.9486	0.9261	0.8981
14	0.9994	0.9986	0.9970	0.9943	0.9897	0.9827	0.9726	0.9585	0.9400
15	0.9998	0.9995	0.9988	0.9976	0.9954	0.9918	0.9862	0.9780	0.9665
16	0.9999	0.9998	0.9996	0.9990	0.9980	0.9963	0.9934	0.9889	0.9823
17	1.0000	0.9999	0.9998	0.9996	0.9992	0.9984	0.9970	0.9947	0.9911
18		1.0000	0.9999	0.9999	0.9997	0.9993	0.9987	0.9976	0.9957
19			1.0000	1.0000	0.9999	0.9997	0.9995	0.9989	0.9980
20					1.0000	0.9999	0.9998	0.9996	0.9991

n	λ								
	10	11	12	13	14	15	16	17	18
0	0.0000	0.0000	0.0000						
1	0.0005	0.0002	0.0001	0.0000	0.0000				
2	0.0028	0.0012	0.0005	0.0002	0.0001	0.0000	0.0000		
3	0.0103	0.0049	0.0023	0.0011	0.0005	0.0002	0.0001	0.0000	0.0000
4	0.0293	0.0151	0.0076	0.0037	0.0018	0.0009	0.0004	0.0002	0.0001
5	0.0671	0.0375	0.0203	0.0107	0.0055	0.0028	0.0014	0.0007	0.0003
6	0.1301	0.0786	0.0458	0.0259	0.0142	0.0076	0.0040	0.0021	0.0010
7	0.2202	0.1432	0.0895	0.0540	0.0316	0.0180	0.0100	0.0054	0.0029
8	0.3328	0.2320	0.1550	0.0998	0.0621	0.0374	0.0220	0.0126	0.0071
9	0.4579	0.3405	0.2424	0.1658	0.1094	0.0699	0.0433	0.0261	0.0154
10	0.5830	0.4599	0.3472	0.2517	0.1757	0.1185	0.0774	0.0491	0.0304
11	0.6968	0.5793	0.4616	0.3532	0.2600	0.1848	0.1270	0.0847	0.0549
12	0.7916	0.6887	0.5760	0.4631	0.3585	0.2676	0.1931	0.1350	0.0917
13	0.8645	0.7813	0.6815	0.5730	0.4644	0.3632	0.2745	0.2009	0.1426
14	0.9165	0.8540	0.7720	0.6751	0.5704	0.4657	0.3675	0.2808	0.2081
15	0.9513	0.9074	0.8444	0.7636	0.6694	0.5681	0.4667	0.3715	0.2867

续前表

n	λ								
	10	11	12	13	14	15	16	17	18
16	0.9730	0.9441	0.8987	0.8355	0.7559	0.6641	0.5660	0.4677	0.3751
17	0.9857	0.9678	0.9370	0.8905	0.8272	0.7489	0.6593	0.5640	0.4686
18	0.9928	0.9823	0.9626	0.9302	0.8826	0.8195	0.7423	0.6550	0.5622
19	0.9965	0.9907	0.9787	0.9573	0.9235	0.8752	0.8122	0.7363	0.6509
20	0.9984	0.9953	0.9884	0.9750	0.9521	0.9170	0.8682	0.8055	0.7307
21	0.9993	0.9977	0.9939	0.9859	0.9712	0.9469	0.9108	0.8615	0.7991
22	0.9997	0.9990	0.9970	0.9924	0.9833	0.9673	0.9418	0.9047	0.8551
23	0.9999	0.9995	0.9985	0.9960	0.9907	0.9805	0.9633	0.9367	0.8989
24	1.0000	0.9998	0.9993	0.9980	0.9950	0.9888	0.9777	0.9594	0.9317
25		0.9999	0.9997	0.9990	0.9974	0.9938	0.9869	0.9748	0.9554
26		1.0000	0.9999	0.9995	0.9987	0.9967	0.9925	0.9848	0.9718
27			0.9999	0.9998	0.9994	0.9983	0.9959	0.9912	0.9827
28			1.0000	0.9999	0.9997	0.9991	0.9978	0.9950	0.9897
29				1.0000	0.9999	0.9996	0.9989	0.9973	0.9941
30					0.9999	0.9998	0.9994	0.9986	0.9967
31					1.0000	0.9999	0.9997	0.9993	0.9982
32						1.0000	0.9999	0.9996	0.9990
33							0.9999	0.9998	0.9995
34							1.0000	0.9999	0.9998
35								1.0000	0.9999
36									0.9999
37									1.0000

附表Ⅲ　t 分布表

$P\{t(n)>t_{\alpha}(n)\}=\alpha$

n \ α	0.2	0.15	0.1	0.05	0.025	0.01	0.005
1	1.3764	1.9626	3.0777	6.3138	12.7062	31.8205	63.6567
2	1.0607	1.3862	1.8856	2.9200	4.3027	6.9646	9.9248
3	0.9785	1.2498	1.6377	2.3534	3.1824	4.5407	5.8409
4	0.9410	1.1896	1.5332	2.1318	2.7764	3.7469	4.6041
5	0.9195	1.1558	1.4759	2.0150	2.5706	3.3649	4.0321
6	0.9057	1.1342	1.4398	1.9432	2.4469	3.1427	3.7074
7	0.8960	1.1192	1.4149	1.8946	2.3646	2.9980	3.4995
8	0.8889	1.1081	1.3968	1.8595	2.3060	2.8965	3.3554
9	0.8834	1.0997	1.3830	1.8331	2.2622	2.8214	3.2498
10	0.8791	1.0931	1.3722	1.8125	2.2281	2.7638	3.1693
11	0.8755	1.0877	1.3634	1.7959	2.2010	2.7181	3.1058
12	0.8726	1.0832	1.3562	1.7823	2.1788	2.6810	3.0545
13	0.8702	1.0795	1.3502	1.7709	2.1604	2.6503	3.0123
14	0.8681	1.0763	1.3450	1.7613	2.1448	2.6245	2.9768
15	0.8662	1.0735	1.3406	1.7531	2.1315	2.6025	2.9467
16	0.8647	1.0711	1.3368	1.7459	2.1199	2.5835	2.9208
17	0.8633	1.0690	1.3334	1.7396	2.1098	2.5669	2.8982
18	0.8620	1.0672	1.3304	1.7341	2.1009	2.5524	2.8784
19	0.8610	1.0655	1.3277	1.7291	2.0930	2.5395	2.8609
20	0.8600	1.0640	1.3253	1.7247	2.0860	2.5280	2.8453
21	0.8591	1.0627	1.3232	1.7207	2.0796	2.5176	2.8314
22	0.8583	1.0614	1.3212	1.7171	2.0739	2.5083	2.8188

续前表

n \ α	0.2	0.15	0.1	0.05	0.025	0.01	0.005
23	0.8575	1.0603	1.3195	1.7139	2.0687	2.4999	2.8073
24	0.8569	1.0593	1.3178	1.7109	2.0639	2.4922	2.7969
25	0.8562	1.0584	1.3163	1.7081	2.0595	2.4851	2.7874
26	0.8557	1.0575	1.3150	1.7056	2.0555	2.4786	2.7787
27	0.8551	1.0567	1.3137	1.7033	2.0518	2.4727	2.7707
28	0.8546	1.0560	1.3125	1.7011	2.0484	2.4671	2.7633
29	0.8542	1.0553	1.3114	1.6991	2.0452	2.4620	2.7564
30	0.8538	1.0547	1.3104	1.6973	2.0423	2.4573	2.7500
31	0.8534	1.0541	1.3095	1.6955	2.0395	2.4528	2.7440
32	0.8530	1.0535	1.3086	1.6939	2.0369	2.4487	2.7385
33	0.8526	1.0530	1.3077	1.6924	2.0345	2.4448	2.7333
34	0.8523	1.0525	1.3070	1.6909	2.0322	2.4411	2.7284
35	0.8520	1.0520	1.3062	1.6896	2.0301	2.4377	2.7238
36	0.8517	1.0516	1.3055	1.6883	2.0281	2.4345	2.7195
37	0.8514	1.0512	1.3049	1.6871	2.0262	2.4314	2.7154
38	0.8512	1.0508	1.3042	1.6860	2.0244	2.4286	2.7116
39	0.8509	1.0504	1.3036	1.6849	2.0227	2.4258	2.7079
40	0.8507	1.0500	1.3031	1.6839	2.0211	2.4233	2.7045
41	0.8505	1.0497	1.3025	1.6829	2.0195	2.4208	2.7012
42	0.8503	1.0494	1.3020	1.6820	2.0181	2.4185	2.6981
43	0.8501	1.0491	1.3016	1.6811	2.0167	2.4163	2.6951
44	0.8499	1.0488	1.3011	1.6802	2.0154	2.4141	2.6923
45	0.8497	1.0485	1.3006	1.6794	2.0141	2.4121	2.6896

附表Ⅳ　χ^2 分布表

$P\{\chi^2(n) > \chi^2_\alpha(n)\} = \alpha$

n \ α	0.995	0.99	0.975	0.95	0.9	0.1	0.05	0.025	0.01	0.005
1	0.000	0.000	0.001	0.004	0.016	2.706	3.841	5.024	6.635	7.879
2	0.010	0.020	0.051	0.103	0.211	4.605	5.991	7.378	9.210	10.597
3	0.072	0.115	0.216	0.352	0.584	6.251	7.815	9.348	11.345	12.838
4	0.207	0.297	0.484	0.711	1.064	7.779	9.488	11.143	13.277	14.860
5	0.412	0.554	0.831	1.145	1.610	9.236	11.070	12.833	15.086	16.750
6	0.676	0.872	1.237	1.635	2.204	10.645	12.592	14.449	16.812	18.548
7	0.989	1.239	1.690	2.167	2.833	12.017	14.067	16.013	18.475	20.278
8	1.344	1.646	2.180	2.733	3.490	13.362	15.507	17.535	20.090	21.955
9	1.735	2.088	2.700	3.325	4.168	14.684	16.919	19.023	21.666	23.589
10	2.156	2.558	3.247	3.940	4.865	15.987	18.307	20.483	23.209	25.188
11	2.603	3.053	3.816	4.575	5.578	17.275	19.675	21.920	24.725	26.757
12	3.074	3.571	4.404	5.226	6.304	18.549	21.026	23.337	26.217	28.300
13	3.565	4.107	5.009	5.892	7.042	19.812	22.362	24.736	27.688	29.819
14	4.075	4.660	5.629	6.571	7.790	21.064	23.685	26.119	29.141	31.319
15	4.601	5.229	6.262	7.261	8.547	22.307	24.996	27.488	30.578	32.801
16	5.142	5.812	6.908	7.962	9.312	23.542	26.296	28.845	32.000	34.267
17	5.697	6.408	7.564	8.672	10.085	24.769	27.587	30.191	33.409	35.718
18	6.265	7.015	8.231	9.390	10.865	25.989	28.869	31.526	34.805	37.156
19	6.844	7.633	8.907	10.117	11.651	27.204	30.144	32.852	36.191	38.582
20	7.434	8.260	9.591	10.851	12.443	28.412	31.410	34.170	37.566	39.997
21	8.034	8.897	10.283	11.591	13.240	29.615	32.671	35.479	38.932	41.401
22	8.643	9.542	10.982	12.338	14.041	30.813	33.924	36.781	40.289	42.796

续前表

n \ α	0.995	0.99	0.975	0.95	0.9	0.1	0.05	0.025	0.01	0.005
23	9.260	10.196	11.689	13.091	14.848	32.007	35.172	38.076	41.638	44.181
24	9.886	10.856	12.401	13.848	15.659	33.196	36.415	39.364	42.980	45.559
25	10.520	11.524	13.120	14.611	16.473	34.382	37.652	40.646	44.314	46.928
26	11.160	12.198	13.844	15.379	17.292	35.563	38.885	41.923	45.642	48.290
27	11.808	12.879	14.573	16.151	18.114	36.741	40.113	43.195	46.963	49.645
28	12.461	13.565	15.308	16.928	18.939	37.916	41.337	44.461	48.278	50.993
29	13.121	14.256	16.047	17.708	19.768	39.087	42.557	45.722	49.588	52.336
30	13.787	14.953	16.791	18.493	20.599	40.256	43.773	46.979	50.892	53.672
31	14.458	15.655	17.539	19.281	21.434	41.422	44.985	48.232	52.191	55.003
32	15.134	16.362	18.291	20.072	22.271	42.585	46.194	49.480	53.486	56.328
33	15.815	17.074	19.047	20.867	23.110	43.745	47.400	50.725	54.776	57.648
34	16.501	17.789	19.806	21.664	23.952	44.903	48.602	51.966	56.061	58.964
35	17.192	18.509	20.569	22.465	24.797	46.059	49.802	53.203	57.342	60.275
36	17.887	19.233	21.336	23.269	25.643	47.212	50.998	54.437	58.619	61.581
37	18.586	19.960	22.106	24.075	26.492	48.363	52.192	55.668	59.893	62.883
38	19.289	20.691	22.878	24.884	27.343	49.513	53.384	56.896	61.162	64.181
39	19.996	21.426	23.654	25.695	28.196	50.660	54.572	58.120	62.428	65.476
40	20.707	22.164	24.433	26.509	29.051	51.805	55.758	59.342	63.691	66.766

附表Ⅴ　F 分布表

$P\{F(n_1, n_2) > F_\alpha(n_1, n_2)\} = \alpha$

$\alpha = 0.10$

n_2 \ n_1	1	2	3	4	5	6	7	8	9	10	12	15	20	24	30	40	60	120	∞
1	39.86	49.50	53.59	55.83	57.24	58.20	58.91	59.44	59.86	60.19	60.71	61.22	61.74	62.00	62.26	62.53	62.79	63.06	63.32
2	8.53	9.00	9.16	9.24	9.29	9.33	9.35	9.37	9.38	9.39	9.41	9.42	9.44	9.45	9.46	9.47	9.47	9.48	9.49
3	5.54	5.46	5.39	5.34	5.31	5.28	5.27	5.25	5.24	5.23	5.22	5.20	5.18	5.18	5.17	5.16	5.15	5.14	5.13
4	4.54	4.32	4.19	4.11	4.05	4.01	3.98	3.95	3.94	3.92	3.90	3.87	3.84	3.83	3.82	3.80	3.79	3.78	3.76
5	4.06	3.78	3.62	3.52	3.45	3.40	3.37	3.34	3.32	3.30	3.27	3.24	3.21	3.19	3.17	3.16	3.14	3.12	3.11
6	3.78	3.46	3.29	3.18	3.11	3.05	3.01	2.98	2.96	2.94	2.90	2.87	2.84	2.82	2.80	2.78	2.76	2.74	2.72
7	3.59	3.26	3.07	2.96	2.88	2.83	2.78	2.75	2.72	2.70	2.67	2.63	2.59	2.58	2.56	2.54	2.51	2.49	2.47
8	3.46	3.11	2.92	2.81	2.73	2.67	2.62	2.59	2.56	2.54	2.50	2.46	2.42	2.40	2.38	2.36	2.34	2.32	2.29
9	3.36	3.01	2.81	2.69	2.61	2.55	2.51	2.47	2.44	2.42	2.38	2.34	2.30	2.28	2.25	2.23	2.21	2.18	2.16
10	3.29	2.92	2.73	2.61	2.52	2.46	2.41	2.38	2.35	2.32	2.28	2.24	2.20	2.18	2.16	2.13	2.11	2.08	2.06
11	3.23	2.86	2.66	2.54	2.45	2.39	2.34	2.30	2.27	2.25	2.21	2.17	2.12	2.10	2.08	2.05	2.03	2.00	1.97
12	3.18	2.81	2.61	2.48	2.39	2.33	2.28	2.24	2.21	2.19	2.15	2.10	2.06	2.04	2.01	1.99	1.96	1.93	1.90
13	3.14	2.76	2.56	2.43	2.35	2.28	2.23	2.20	2.16	2.14	2.10	2.05	2.01	1.98	1.96	1.93	1.90	1.88	1.85
14	3.10	2.73	2.52	2.39	2.31	2.24	2.19	2.15	2.12	2.10	2.05	2.01	1.96	1.94	1.91	1.89	1.86	1.83	1.80
15	3.07	2.70	2.49	2.36	2.27	2.21	2.16	2.12	2.09	2.06	2.02	1.97	1.92	1.90	1.87	1.85	1.82	1.79	1.76
16	3.05	2.67	2.46	2.33	2.24	2.18	2.13	2.09	2.06	2.03	1.99	1.94	1.89	1.87	1.84	1.81	1.78	1.75	1.72
17	3.03	2.64	2.44	2.31	2.22	2.15	2.10	2.06	2.03	2.00	1.96	1.91	1.86	1.84	1.81	1.78	1.75	1.72	1.69

续前表

n_2 \ n_1	1	2	3	4	5	6	7	8	9	10	12	15	20	24	30	40	60	120	∞
18	3.01	2.62	2.42	2.29	2.20	2.13	2.08	2.04	2.00	1.98	1.93	1.89	1.84	1.81	1.78	1.75	1.72	1.69	1.66
19	2.99	2.61	2.40	2.27	2.18	2.11	2.06	2.02	1.98	1.96	1.91	1.86	1.81	1.79	1.76	1.73	1.70	1.67	1.63
20	2.97	2.59	2.38	2.25	2.16	2.09	2.04	2.00	1.96	1.94	1.89	1.84	1.79	1.77	1.74	1.71	1.68	1.64	1.61
21	2.96	2.57	2.36	2.23	2.14	2.08	2.02	1.98	1.95	1.92	1.87	1.83	1.78	1.75	1.72	1.69	1.66	1.62	1.59
22	2.95	2.56	2.35	2.22	2.13	2.06	2.01	1.97	1.93	1.90	1.86	1.81	1.76	1.73	1.70	1.67	1.64	1.60	1.57
23	2.94	2.55	2.34	2.21	2.11	2.05	1.99	1.95	1.92	1.89	1.84	1.80	1.74	1.72	1.69	1.66	1.62	1.59	1.55
24	2.93	2.54	2.33	2.19	2.10	2.04	1.98	1.94	1.91	1.88	1.83	1.78	1.73	1.70	1.67	1.64	1.61	1.57	1.53
25	2.92	2.53	2.32	2.18	2.09	2.02	1.97	1.93	1.89	1.87	1.82	1.77	1.72	1.69	1.66	1.63	1.59	1.56	1.52
26	2.91	2.52	2.31	2.17	2.08	2.01	1.96	1.92	1.88	1.86	1.81	1.76	1.71	1.68	1.65	1.61	1.58	1.54	1.50
27	2.90	2.51	2.30	2.17	2.07	2.00	1.95	1.91	1.87	1.85	1.80	1.75	1.70	1.67	1.64	1.60	1.57	1.53	1.49
28	2.89	2.50	2.29	2.16	2.06	2.00	1.94	1.90	1.87	1.84	1.79	1.74	1.69	1.66	1.63	1.59	1.56	1.52	1.48
29	2.89	2.50	2.28	2.15	2.06	1.99	1.93	1.89	1.86	1.83	1.78	1.73	1.68	1.65	1.62	1.58	1.55	1.51	1.47
30	2.88	2.49	2.28	2.14	2.05	1.98	1.93	1.88	1.85	1.82	1.77	1.72	1.67	1.64	1.61	1.57	1.54	1.50	1.46
40	2.84	2.44	2.23	2.09	2.00	1.93	1.87	1.83	1.79	1.76	1.71	1.66	1.61	1.57	1.54	1.51	1.47	1.42	1.38
60	2.79	2.39	2.18	2.04	1.95	1.87	1.82	1.77	1.74	1.71	1.66	1.60	1.54	1.51	1.48	1.44	1.40	1.35	1.29
120	2.75	2.35	2.13	1.99	1.90	1.82	1.77	1.72	1.68	1.65	1.60	1.55	1.48	1.45	1.41	1.37	1.32	1.26	1.19
∞	2.71	2.30	2.08	1.95	1.85	1.78	1.72	1.67	1.63	1.60	1.55	1.49	1.42	1.38	1.34	1.30	1.24	1.17	1.04

$\alpha=0.05$

n_2 \ n_1	1	2	3	4	5	6	7	8	9	10	12	15	20	24	30	40	60	120	∞
1	161.45	199.50	215.71	224.58	230.16	233.99	236.77	238.88	240.54	241.88	243.91	245.95	248.01	249.05	250.10	251.14	252.20	253.25	254.31
2	18.51	19.00	19.16	19.25	19.30	19.33	19.35	19.37	19.38	19.40	19.41	19.43	19.45	19.45	19.46	19.47	19.48	19.49	19.50
3	10.13	9.55	9.28	9.12	9.01	8.94	8.89	8.85	8.81	8.79	8.74	8.70	8.66	8.64	8.62	8.59	8.57	8.55	8.53
4	7.71	6.94	6.59	6.39	6.26	6.16	6.09	6.04	6.00	5.96	5.91	5.86	5.80	5.77	5.75	5.72	5.69	5.66	5.63

续前表

n_2 \ n_1	1	2	3	4	5	6	7	8	9	10	12	15	20	24	30	40	60	120	∞
5	6.61	5.79	5.41	5.19	5.05	4.95	4.88	4.82	4.77	4.74	4.68	4.62	4.56	4.53	4.50	4.46	4.43	4.40	4.37
6	5.99	5.14	4.76	4.53	4.39	4.28	4.21	4.15	4.10	4.06	4.00	3.94	3.87	3.84	3.81	3.77	3.74	3.70	3.67
7	5.59	4.74	4.35	4.12	3.97	3.87	3.79	3.73	3.68	3.64	3.57	3.51	3.44	3.41	3.38	3.34	3.30	3.27	3.23
8	5.32	4.46	4.07	3.84	3.69	3.58	3.50	3.44	3.39	3.35	3.28	3.22	3.15	3.12	3.08	3.04	3.01	2.97	2.93
9	5.12	4.26	3.86	3.63	3.48	3.37	3.29	3.23	3.18	3.14	3.07	3.01	2.94	2.90	2.86	2.83	2.79	2.75	2.71
10	4.96	4.10	3.71	3.48	3.33	3.22	3.14	3.07	3.02	2.98	2.91	2.85	2.77	2.74	2.70	2.66	2.62	2.58	2.54
11	4.84	3.98	3.59	3.36	3.20	3.09	3.01	2.95	2.90	2.85	2.79	2.72	2.65	2.61	2.57	2.53	2.49	2.45	2.40
12	4.75	3.89	3.49	3.26	3.11	3.00	2.91	2.85	2.80	2.75	2.69	2.62	2.54	2.51	2.47	2.43	2.38	2.34	2.30
13	4.67	3.81	3.41	3.18	3.03	2.92	2.83	2.77	2.71	2.67	2.60	2.53	2.46	2.42	2.38	2.34	2.30	2.25	2.21
14	4.60	3.74	3.34	3.11	2.96	2.85	2.76	2.70	2.65	2.60	2.53	2.46	2.39	2.35	2.31	2.27	2.22	2.18	2.13
15	4.54	3.68	3.29	3.06	2.90	2.79	2.71	2.64	2.59	2.54	2.48	2.40	2.33	2.29	2.25	2.20	2.16	2.11	2.07
16	4.49	3.63	3.24	3.01	2.85	2.74	2.66	2.59	2.54	2.49	2.42	2.35	2.28	2.24	2.19	2.15	2.11	2.06	2.01
17	4.45	3.59	3.20	2.96	2.81	2.70	2.61	2.55	2.49	2.45	2.38	2.31	2.23	2.19	2.15	2.10	2.06	2.01	1.96
18	4.41	3.55	3.16	2.93	2.77	2.66	2.58	2.51	2.46	2.41	2.34	2.27	2.19	2.15	2.11	2.06	2.02	1.97	1.92
19	4.38	3.52	3.13	2.90	2.74	2.63	2.54	2.48	2.42	2.38	2.31	2.23	2.16	2.11	2.07	2.03	1.98	1.93	1.88
20	4.35	3.49	3.10	2.87	2.71	2.60	2.51	2.45	2.39	2.35	2.28	2.20	2.12	2.08	2.04	1.99	1.95	1.90	1.84
21	4.32	3.47	3.07	2.84	2.68	2.57	2.49	2.42	2.37	2.32	2.25	2.18	2.10	2.05	2.01	1.96	1.92	1.87	1.81
22	4.30	3.44	3.05	2.82	2.66	2.55	2.46	2.40	2.34	2.30	2.23	2.15	2.07	2.03	1.98	1.94	1.89	1.84	1.78
23	4.28	3.42	3.03	2.80	2.64	2.53	2.44	2.37	2.32	2.27	2.20	2.13	2.05	2.01	1.96	1.91	1.86	1.81	1.76
24	4.26	3.40	3.01	2.78	2.62	2.51	2.42	2.36	2.30	2.25	2.18	2.11	2.03	1.98	1.94	1.89	1.84	1.79	1.73
25	4.24	3.39	2.99	2.76	2.60	2.49	2.40	2.34	2.28	2.24	2.16	2.09	2.01	1.96	1.92	1.87	1.82	1.77	1.71
26	4.23	3.37	2.98	2.74	2.59	2.47	2.39	2.32	2.27	2.22	2.15	2.07	1.99	1.95	1.90	1.85	1.80	1.75	1.69
27	4.21	3.35	2.96	2.73	2.57	2.46	2.37	2.31	2.25	2.20	2.13	2.06	1.97	1.93	1.88	1.84	1.79	1.73	1.67
28	4.20	3.34	2.95	2.71	2.56	2.45	2.36	2.29	2.24	2.19	2.12	2.04	1.96	1.91	1.87	1.82	1.77	1.71	1.65
29	4.18	3.33	2.93	2.70	2.55	2.43	2.35	2.28	2.22	2.18	2.10	2.03	1.94	1.90	1.85	1.81	1.75	1.70	1.64
30	4.17	3.32	2.92	2.69	2.53	2.42	2.33	2.27	2.21	2.16	2.09	2.01	1.93	1.89	1.84	1.79	1.74	1.68	1.62

续前表

n_2 \ n_1	1	2	3	4	5	6	7	8	9	10	12	15	20	24	30	40	60	120	∞
40	4.08	3.23	2.84	2.61	2.45	2.34	2.25	2.18	2.12	2.08	2.00	1.92	1.84	1.79	1.74	1.69	1.64	1.58	1.51
60	4.00	3.15	2.76	2.53	2.37	2.25	2.17	2.10	2.04	1.99	1.92	1.84	1.75	1.70	1.65	1.59	1.53	1.47	1.39
120	3.92	3.07	2.68	2.45	2.29	2.18	2.09	2.02	1.96	1.91	1.83	1.75	1.66	1.61	1.55	1.50	1.43	1.35	1.25
∞	3.84	3.00	2.60	2.37	2.21	2.10	2.01	1.94	1.88	1.83	1.75	1.67	1.57	1.52	1.46	1.39	1.32	1.22	1.00

$\alpha=0.025$

n_2 \ n_1	1	2	3	4	5	6	7	8	9	10	12	15	20	24	30	40	60	120	∞
1	647.79	799.50	864.16	899.58	921.85	937.11	948.22	956.66	963.28	968.63	976.71	984.87	993.10	997.25	1001.41	1005.60	1009.80	1014.02	1018.26
2	38.51	39.00	39.17	39.25	39.30	39.33	39.36	39.37	39.39	39.40	39.41	39.43	39.45	39.46	39.46	39.47	39.48	39.49	39.50
3	17.44	16.04	15.44	15.10	14.88	14.73	14.62	14.54	14.47	14.42	14.34	14.25	14.17	14.12	14.08	14.04	13.99	13.95	13.90
4	12.22	10.65	9.98	9.60	9.36	9.20	9.07	8.98	8.90	8.84	8.75	8.66	8.56	8.51	8.46	8.41	8.36	8.31	8.26
5	10.01	8.43	7.76	7.39	7.15	6.98	6.85	6.76	6.68	6.62	6.52	6.43	6.33	6.28	6.23	6.18	6.12	6.07	6.02
6	8.81	7.26	6.60	6.23	5.99	5.82	5.70	5.60	5.52	5.46	5.37	5.27	5.17	5.12	5.07	5.01	4.96	4.90	4.85
7	8.07	6.54	5.89	5.52	5.29	5.12	4.99	4.90	4.82	4.76	4.67	4.57	4.47	4.41	4.36	4.31	4.25	4.20	4.14
8	7.57	6.06	5.42	5.05	4.82	4.65	4.53	4.43	4.36	4.30	4.20	4.10	4.00	3.95	3.89	3.84	3.78	3.73	3.67
9	7.21	5.71	5.08	4.72	4.48	4.32	4.20	4.10	4.03	3.96	3.87	3.77	3.67	3.61	3.56	3.51	3.45	3.39	3.33
10	6.94	5.46	4.83	4.47	4.24	4.07	3.95	3.85	3.78	3.72	3.62	3.52	3.42	3.37	3.31	3.26	3.20	3.14	3.08
11	6.72	5.26	4.63	4.28	4.04	3.88	3.76	3.66	3.59	3.53	3.43	3.33	3.23	3.17	3.12	3.06	3.00	2.94	2.88
12	6.55	5.10	4.47	4.12	3.89	3.73	3.61	3.51	3.44	3.37	3.28	3.18	3.07	3.02	2.96	2.91	2.85	2.79	2.72
13	6.41	4.97	4.35	4.00	3.77	3.60	3.48	3.39	3.31	3.25	3.15	3.05	2.95	2.89	2.84	2.78	2.72	2.66	2.60
14	6.30	4.86	4.24	3.89	3.66	3.50	3.38	3.29	3.21	3.15	3.05	2.95	2.84	2.79	2.73	2.67	2.61	2.55	2.49
15	6.20	4.77	4.15	3.80	3.58	3.41	3.29	3.20	3.12	3.06	2.96	2.86	2.76	2.70	2.64	2.59	2.52	2.46	2.40
16	6.12	4.69	4.08	3.73	3.50	3.34	3.22	3.12	3.05	2.99	2.89	2.79	2.68	2.63	2.57	2.51	2.45	2.38	2.32
17	6.04	4.62	4.01	3.66	3.44	3.28	3.16	3.06	2.98	2.92	2.82	2.72	2.62	2.56	2.50	2.44	2.38	2.32	2.25
18	5.98	4.56	3.95	3.61	3.38	3.22	3.10	3.01	2.93	2.87	2.77	2.67	2.56	2.50	2.44	2.38	2.32	2.26	2.19

续前表

n_2 \ n_1	1	2	3	4	5	6	7	8	9	10	12	15	20	24	30	40	60	120	∞
19	5.92	4.51	3.90	3.56	3.33	3.17	3.05	2.96	2.88	2.82	2.72	2.62	2.51	2.45	2.39	2.33	2.27	2.20	2.13
20	5.87	4.46	3.86	3.51	3.29	3.13	3.01	2.91	2.84	2.77	2.68	2.57	2.46	2.41	2.35	2.29	2.22	2.16	2.09
21	5.83	4.42	3.82	3.48	3.25	3.09	2.97	2.87	2.80	2.73	2.64	2.53	2.42	2.37	2.31	2.25	2.18	2.11	2.04
22	5.79	4.38	3.78	3.44	3.22	3.05	2.93	2.84	2.76	2.70	2.60	2.50	2.39	2.33	2.27	2.21	2.14	2.08	2.00
23	5.75	4.35	3.75	3.41	3.18	3.02	2.90	2.81	2.73	2.67	2.57	2.47	2.36	2.30	2.24	2.18	2.11	2.04	1.97
24	5.72	4.32	3.72	3.38	3.15	2.99	2.87	2.78	2.70	2.64	2.54	2.44	2.33	2.27	2.21	2.15	2.08	2.01	1.94
25	5.69	4.29	3.69	3.35	3.13	2.97	2.85	2.75	2.68	2.61	2.51	2.41	2.30	2.24	2.18	2.12	2.05	1.98	1.91
26	5.66	4.27	3.67	3.33	3.10	2.94	2.82	2.73	2.65	2.59	2.49	2.39	2.28	2.22	2.16	2.09	2.03	1.95	1.88
27	5.63	4.24	3.65	3.31	3.08	2.92	2.80	2.71	2.63	2.57	2.47	2.36	2.25	2.19	2.13	2.07	2.00	1.93	1.85
28	5.61	4.22	3.63	3.29	3.06	2.90	2.78	2.69	2.61	2.55	2.45	2.34	2.23	2.17	2.11	2.05	1.98	1.91	1.83
29	5.59	4.20	3.61	3.27	3.04	2.88	2.76	2.67	2.59	2.53	2.43	2.32	2.21	2.15	2.09	2.03	1.96	1.89	1.81
30	5.57	4.18	3.59	3.25	3.03	2.87	2.75	2.65	2.57	2.51	2.41	2.31	2.20	2.14	2.07	2.01	1.94	1.87	1.79
40	5.42	4.05	3.46	3.13	2.90	2.74	2.62	2.53	2.45	2.39	2.29	2.18	2.07	2.01	1.94	1.88	1.80	1.72	1.64
60	5.29	3.93	3.34	3.01	2.79	2.63	2.51	2.41	2.33	2.27	2.17	2.06	1.94	1.88	1.82	1.74	1.67	1.58	1.48
120	5.15	3.80	3.23	2.89	2.67	2.52	2.39	2.30	2.22	2.16	2.05	1.94	1.82	1.76	1.69	1.61	1.53	1.43	1.31
∞	5.02	3.69	3.12	2.79	2.57	2.41	2.29	2.19	2.11	2.05	1.94	1.83	1.71	1.64	1.57	1.48	1.39	1.27	1.01

$\alpha=0.01$

n_2 \ n_1	1	2	3	4	5	6	7	8	9	10	12	15	20	24	30	40	60	120	∞
1	4052	5000	5403	5625	5764	5859	5928	5981	6022	6056	6106	6157	6209	6235	6261	6287	6313	6340	6366
2	98.50	99.00	99.17	99.25	99.30	99.33	99.36	99.37	99.39	99.40	99.42	99.43	99.45	99.46	99.47	99.47	99.48	99.49	99.50
3	34.12	30.82	29.46	28.71	28.24	27.91	27.67	27.49	27.35	27.23	27.05	26.87	26.69	26.60	26.50	26.41	26.32	26.22	26.13
4	21.20	18.00	16.69	15.98	15.52	15.21	14.98	14.80	14.66	14.55	14.37	14.20	14.02	13.93	13.84	13.75	13.65	13.56	13.46
5	16.26	13.27	12.06	11.39	10.97	10.67	10.46	10.29	10.16	10.05	9.89	9.72	9.55	9.47	9.38	9.29	9.20	9.11	9.02
6	13.75	10.92	9.78	9.15	8.75	8.47	8.26	8.10	7.98	7.87	7.72	7.56	7.40	7.31	7.23	7.14	7.06	6.97	6.88

续前表

n_2 \ n_1	1	2	3	4	5	6	7	8	9	10	12	15	20	24	30	40	60	120	∞
7	12.25	9.55	8.45	7.85	7.46	7.19	6.99	6.84	6.72	6.62	6.47	6.31	6.16	6.07	5.99	5.91	5.82	5.74	5.65
8	11.26	8.65	7.59	7.01	6.63	6.37	6.18	6.03	5.91	5.81	5.67	5.52	5.36	5.28	5.20	5.12	5.03	4.95	4.86
9	10.56	8.02	6.99	6.42	6.06	5.80	5.61	5.47	5.35	5.26	5.11	4.96	4.81	4.73	4.65	4.57	4.48	4.40	4.31
10	10.04	7.56	6.55	5.99	5.64	5.39	5.20	5.06	4.94	4.85	4.71	4.56	4.41	4.33	4.25	4.17	4.08	4.00	3.91
11	9.65	7.21	6.22	5.67	5.32	5.07	4.89	4.74	4.63	4.54	4.40	4.25	4.10	4.02	3.94	3.86	3.78	3.69	3.60
12	9.33	6.93	5.95	5.41	5.06	4.82	4.64	4.50	4.39	4.30	4.16	4.01	3.86	3.78	3.70	3.62	3.54	3.45	3.36
13	9.07	6.70	5.74	5.21	4.86	4.62	4.44	4.30	4.19	4.10	3.96	3.82	3.66	3.59	3.51	3.43	3.34	3.25	3.17
14	8.86	6.51	5.56	5.04	4.69	4.46	4.28	4.14	4.03	3.94	3.80	3.66	3.51	3.43	3.35	3.27	3.18	3.09	3.00
15	8.68	6.36	5.42	4.89	4.56	4.32	4.14	4.00	3.89	3.80	3.67	3.52	3.37	3.29	3.21	3.13	3.05	2.96	2.87
16	8.53	6.23	5.29	4.77	4.44	4.20	4.03	3.89	3.78	3.69	3.55	3.41	3.26	3.18	3.10	3.02	2.93	2.84	2.75
17	8.40	6.11	5.18	4.67	4.34	4.10	3.93	3.79	3.68	3.59	3.46	3.31	3.16	3.08	3.00	2.92	2.83	2.75	2.65
18	8.29	6.01	5.09	4.58	4.25	4.01	3.84	3.71	3.60	3.51	3.37	3.23	3.08	3.00	2.92	2.84	2.75	2.66	2.57
19	8.18	5.93	5.01	4.50	4.17	3.94	3.77	3.63	3.52	3.43	3.30	3.15	3.00	2.92	2.84	2.76	2.67	2.58	2.49
20	8.10	5.85	4.94	4.43	4.10	3.87	3.70	3.56	3.46	3.37	3.23	3.09	2.94	2.86	2.78	2.69	2.61	2.52	2.42
21	8.02	5.78	4.87	4.37	4.04	3.81	3.64	3.51	3.40	3.31	3.17	3.03	2.88	2.80	2.72	2.64	2.55	2.46	2.36
22	7.95	5.72	4.82	4.31	3.99	3.76	3.59	3.45	3.35	3.26	3.12	2.98	2.83	2.75	2.67	2.58	2.50	2.40	2.31
23	7.88	5.66	4.76	4.26	3.94	3.71	3.54	3.41	3.30	3.21	3.07	2.93	2.78	2.70	2.62	2.54	2.45	2.35	2.26
24	7.82	5.61	4.72	4.22	3.90	3.67	3.50	3.36	3.26	3.17	3.03	2.89	2.74	2.66	2.58	2.49	2.40	2.31	2.21
25	7.77	5.57	4.68	4.18	3.85	3.63	3.46	3.32	3.22	3.13	2.99	2.85	2.70	2.62	2.54	2.45	2.36	2.27	2.17
26	7.72	5.53	4.64	4.14	3.82	3.59	3.42	3.29	3.18	3.09	2.96	2.81	2.66	2.58	2.50	2.42	2.33	2.23	2.13
27	7.68	5.49	4.60	4.11	3.78	3.56	3.39	3.26	3.15	3.06	2.93	2.78	2.63	2.55	2.47	2.38	2.29	2.20	2.10
28	7.64	5.45	4.57	4.07	3.75	3.53	3.36	3.23	3.12	3.03	2.90	2.75	2.60	2.52	2.44	2.35	2.26	2.17	2.06
29	7.60	5.42	4.54	4.04	3.73	3.50	3.33	3.20	3.09	3.00	2.87	2.73	2.57	2.49	2.41	2.33	2.23	2.14	2.03
30	7.56	5.39	4.51	4.02	3.70	3.47	3.30	3.17	3.07	2.98	2.84	2.70	2.55	2.47	2.39	2.30	2.21	2.11	2.01
40	7.31	5.18	4.31	3.83	3.51	3.29	3.12	2.99	2.89	2.80	2.66	2.52	2.37	2.29	2.20	2.11	2.02	1.92	1.80
60	7.08	4.98	4.13	3.65	3.34	3.12	2.95	2.82	2.72	2.63	2.50	2.35	2.20	2.12	2.03	1.94	1.84	1.73	1.60

续前表

n_2 \ n_1	1	2	3	4	5	6	7	8	9	10	12	15	20	24	30	40	60	120	∞
120	6.85	4.79	3.95	3.48	3.17	2.96	2.79	2.66	2.56	2.47	2.34	2.19	2.03	1.95	1.86	1.76	1.66	1.53	1.38
∞	6.63	4.61	3.78	3.32	3.02	2.80	2.64	2.51	2.41	2.32	2.18	2.04	1.88	1.79	1.70	1.59	1.47	1.32	1.01

$\alpha=0.005$

n_2 \ n_1	1	2	3	4	5	6	7	8	9	10	12	15	20	24	30	40	60	120	∞
1	16211	19999	21615	22500	23056	23437	23715	23925	24091	24224	24426	24630	24836	24940	25044	25148	25253	25359	25464
2	198.50	199.00	199.17	199.25	199.30	199.33	199.36	199.37	199.39	199.40	199.42	199.43	199.45	199.46	199.47	199.47	199.48	199.49	199.50
3	55.55	49.80	47.47	46.19	45.39	44.84	44.43	44.13	43.88	43.69	43.39	43.08	42.78	42.62	42.47	42.31	42.15	41.99	41.83
4	31.33	26.28	24.26	23.15	22.46	21.97	21.62	21.35	21.14	20.97	20.70	20.44	20.17	20.03	19.89	19.75	19.61	19.47	19.32
5	22.78	18.31	16.53	15.56	14.94	14.51	14.20	13.96	13.77	13.62	13.38	13.15	12.90	12.78	12.66	12.53	12.40	12.27	12.14
6	18.63	14.54	12.92	12.03	11.46	11.07	10.79	10.57	10.39	10.25	10.03	9.81	9.59	9.47	9.36	9.24	9.12	9.00	8.88
7	16.24	12.40	10.88	10.05	9.52	9.16	8.89	8.68	8.51	8.38	8.18	7.97	7.75	7.64	7.53	7.42	7.31	7.19	7.08
8	14.69	11.04	9.60	8.81	8.30	7.95	7.69	7.50	7.34	7.21	7.01	6.81	6.61	6.50	6.40	6.29	6.18	6.06	5.95
9	13.61	10.11	8.72	7.96	7.47	7.13	6.88	6.69	6.54	6.42	6.23	6.03	5.83	5.73	5.62	5.52	5.41	5.30	5.19
10	12.83	9.43	8.08	7.34	6.87	6.54	6.30	6.12	5.97	5.85	5.66	5.47	5.27	5.17	5.07	4.97	4.86	4.75	4.64
11	12.23	8.91	7.60	6.88	6.42	6.10	5.86	5.68	5.54	5.42	5.24	5.05	4.86	4.76	4.65	4.55	4.45	4.34	4.23
12	11.75	8.51	7.23	6.52	6.07	5.76	5.52	5.35	5.20	5.09	4.91	4.72	4.53	4.43	4.33	4.23	4.12	4.01	3.90
13	11.37	8.19	6.93	6.23	5.79	5.48	5.25	5.08	4.94	4.82	4.64	4.46	4.27	4.17	4.07	3.97	3.87	3.76	3.65
14	11.06	7.92	6.68	6.00	5.56	5.26	5.03	4.86	4.72	4.60	4.43	4.25	4.06	3.96	3.86	3.76	3.66	3.55	3.44
15	10.80	7.70	6.48	5.80	5.37	5.07	4.85	4.67	4.54	4.42	4.25	4.07	3.88	3.79	3.69	3.58	3.48	3.37	3.26
16	10.58	7.51	6.30	5.64	5.21	4.91	4.69	4.52	4.38	4.27	4.10	3.92	3.73	3.64	3.54	3.44	3.33	3.22	3.11
17	10.38	7.35	6.16	5.50	5.07	4.78	4.56	4.39	4.25	4.14	3.97	3.79	3.61	3.51	3.41	3.31	3.21	3.10	2.98
18	10.22	7.21	6.03	5.37	4.96	4.66	4.44	4.28	4.14	4.03	3.86	3.68	3.50	3.40	3.30	3.20	3.10	2.99	2.87
19	10.07	7.09	5.92	5.27	4.85	4.56	4.34	4.18	4.04	3.93	3.76	3.59	3.40	3.31	3.21	3.11	3.00	2.89	2.78
20	9.94	6.99	5.82	5.17	4.76	4.47	4.26	4.09	3.96	3.85	3.68	3.50	3.32	3.22	3.12	3.02	2.92	2.81	2.69

续前表

n_2 \ n_1	1	2	3	4	5	6	7	8	9	10	12	15	20	24	30	40	60	120	∞
21	9.83	6.89	5.73	5.09	4.68	4.39	4.18	4.01	3.88	3.77	3.60	3.43	3.24	3.15	3.05	2.95	2.84	2.73	2.61
22	9.73	6.81	5.65	5.02	4.61	4.32	4.11	3.94	3.81	3.70	3.54	3.36	3.18	3.08	2.98	2.88	2.77	2.66	2.55
23	9.63	6.73	5.58	4.95	4.54	4.26	4.05	3.88	3.75	3.64	3.47	3.30	3.12	3.02	2.92	2.82	2.71	2.60	2.48
24	9.55	6.66	5.52	4.89	4.49	4.20	3.99	3.83	3.69	3.59	3.42	3.25	3.06	2.97	2.87	2.77	2.66	2.55	2.43
25	9.48	6.60	5.46	4.84	4.43	4.15	3.94	3.78	3.64	3.54	3.37	3.20	3.01	2.92	2.82	2.72	2.61	2.50	2.38
26	9.41	6.54	5.41	4.79	4.38	4.10	3.89	3.73	3.60	3.49	3.33	3.15	2.97	2.87	2.77	2.67	2.56	2.45	2.33
27	9.34	6.49	5.36	4.74	4.34	4.06	3.85	3.69	3.56	3.45	3.28	3.11	2.93	2.83	2.73	2.63	2.52	2.41	2.29
28	9.28	6.44	5.32	4.70	4.30	4.02	3.81	3.65	3.52	3.41	3.25	3.07	2.89	2.79	2.69	2.59	2.48	2.37	2.25
29	9.23	6.40	5.28	4.66	4.26	3.98	3.77	3.61	3.48	3.38	3.21	3.04	2.86	2.76	2.66	2.56	2.45	2.33	2.21
30	9.18	6.35	5.24	4.62	4.23	3.95	3.74	3.58	3.45	3.34	3.18	3.01	2.82	2.73	2.63	2.52	2.42	2.30	2.18
40	8.83	6.07	4.98	4.37	3.99	3.71	3.51	3.35	3.22	3.12	2.95	2.78	2.60	2.50	2.40	2.30	2.18	2.06	1.93
60	8.49	5.79	4.73	4.14	3.76	3.49	3.29	3.13	3.01	2.90	2.74	2.57	2.39	2.29	2.19	2.08	1.96	1.83	1.69
120	8.18	5.54	4.50	3.92	3.55	3.28	3.09	2.93	2.81	2.71	2.54	2.37	2.19	2.09	1.98	1.87	1.75	1.61	1.43
∞	7.88	5.30	4.28	3.72	3.35	3.09	2.90	2.74	2.62	2.52	2.36	2.19	2.00	1.90	1.79	1.67	1.53	1.36	1.01

习题参考答案

第 1 章　习题参考答案

习题 1.1

1. $\overline{A}_1\overline{A}_2 \cup \overline{A}_2\overline{A}_3 \cup \overline{A}_1\overline{A}_3$，$A_1A_2A_3$.

2. (1) $A\overline{B}\overline{C}$；(2) $AB\overline{C}$；(3) $A \cup B \cup C$；(4) $\overline{A}\overline{B}\overline{C}$；(5) $\overline{A} \cup \overline{B} \cup \overline{C}$；(6) $AB \cup AC \cup BC$.

3. 略.

4. 略.

习题 1.2

1. $P(AB) \leqslant P(A) \leqslant P(A \cup B) \leqslant P(A) + P(B)$.

2. $\frac{5}{8}$.

3. 0.1.

4. 0.7.

5. (1) 0.4；(2) 1；(3) 0.

6. 略.

习题 1.3

1. (1) $\frac{2}{9}$，(2) $\frac{1}{2}$.

2. $\frac{1}{6}$，$\frac{5}{18}$，$\frac{1}{6}$.

3. (1) $\frac{C_4^3 + 2C_3^3}{C_{10}^3}$；(2) $\frac{C_4^1 C_3^1 C_3^1}{C_{10}^3}$；(3) $\frac{C_4^1 C_6^2}{C_{10}^3}$；(4) $\frac{C_{10}^3 - C_6^3}{C_{10}^3}$；(5) $\frac{C_4^2 C_6^1 + 2C_3^2 C_7^1}{C_{10}^3}$；(6) $1 - \frac{C_4^1 C_3^1 C_3^1}{C_{10}^3}$.

4. $\dfrac{C_6^1C_5^2C_2^1C_2^1}{C_{12}^4}$.

5. $\dfrac{108}{125}$.

6. $\dfrac{C_5^2+2}{2C_5^2}$.

7. $\dfrac{3}{4}$.

8. $\dfrac{1}{4}-\dfrac{3}{16}\ln3$.

习题 1.4

1. 0.2，0.6.
2. 0.988，0.068.
3. $\dfrac{37}{72}$，$\dfrac{2}{9}$，$\dfrac{16}{37}$.
4. 0.031 5，0.222.
5. 0.369.
6. $\dfrac{1}{4}$.
7. 略.
8. 略.

习题 1.5

1. 0.54.
2. 0.94.
3. $\dfrac{1}{2}$，$\dfrac{1}{2}$.
4. 两两独立，但不相互独立.
5. 略.
6. 略.

总复习题 1

1. (1) 0.3；(2) $1-p$；(3) $\dfrac{1}{6}$；(4) $\dfrac{2}{5}$；(5) $\dfrac{1}{2}$；(6) $\dfrac{53}{120}$；(7) $\dfrac{3}{4}$.
2. (1) (D)；(2) (C)；(3) (C)；(4) (C)；(5) (D).
3. $\dfrac{3}{8}$.
4. 0.2.
5. $\dfrac{1}{4}$.
6. (1) $\dfrac{C_4^1C_3^1}{C_{20}^3}$；(2) $\dfrac{3C_4^1C_3^1C_2^1}{C_{20}^3}$；(3) $\dfrac{9C_4^1C_3^1}{C_{20}^3}$；(4) $\dfrac{C_4^1C_3^1}{C_{20}^3}+\dfrac{3C_4^1C_3^1C_2^1}{C_{20}^3}+\dfrac{9C_4^1C_3^1}{C_{20}^3}$.
7. $\dfrac{1}{2}+\dfrac{1}{\pi}$.
8. (1) 0.94^n；(2) $C_n^2\times0.06^2\times0.94^{n-2}$；(3) $1-C_n^1\times0.06\times0.94^{n-1}-0.94^n$.

9. 0.494 4.

10. 略.

11. 略.

12. 略.

第2章 习题参考答案

习题 2.1

1. $\frac{11}{24}$.

2. 0.4，0.9.

3. 略.

习题 2.2

1. ln2，1，ln2.5−ln2.

2. (1) 是，(2) 不是，(3) 是.

3. $F(x)=\begin{cases}0, & x<0\\ 0.4, & 0\leqslant x<1\\ 1, & x\geqslant 1\end{cases}$，图略.

4. $F(x)=\begin{cases}0, & x<-1\\ \dfrac{5x+7}{16}, & -1\leqslant x<1\\ 1, & x\geqslant 1\end{cases}$，$\frac{6}{17}$.

5. 略.

习题 2.3

1. (1) $\frac{2}{3}$；(2) $\frac{2}{27}$；(3) $\frac{1}{3}$.

2.

X	-1	0	1
P	0.3	0.2	0.5

.

3. $F(x)=\begin{cases}0, & x<-1\\ \dfrac{1}{6}, & -1\leqslant x<1\\ \dfrac{1}{2}, & 1\leqslant x<2\\ 1, & x\geqslant 2\end{cases}$，$\frac{1}{2}$.

4.

X	2	3	4	5	6	7	8	9	10	11	12
P	$\frac{1}{36}$	$\frac{1}{18}$	$\frac{1}{12}$	$\frac{1}{9}$	$\frac{5}{36}$	$\frac{1}{6}$	$\frac{5}{36}$	$\frac{1}{9}$	$\frac{1}{12}$	$\frac{1}{18}$	$\frac{1}{36}$

5. $P\{X=m\}=(1-p)^{m-1}p$，$m=1, 2, \cdots$，

$P\{Y=n\}=C_{n-1}^{1}p(1-p)^{n-2}p=C_{n-1}^{1}p^{2}(1-p)^{n-2}$，$n=2, 3, \cdots$.

6. 0.997 2.

7. 五场三胜制.

8. 0.104 2，0.997 2.

习题 2.4

1. (1) 1；(2) $F(x)=\begin{cases}0, & x<1\\ \ln x, & 1\leqslant x<\mathrm{e}\\ 1, & x\geqslant \mathrm{e}\end{cases}$；(3) $\ln 3-\ln 2$.

2. (1) $c=1$，$d=-1$；(2) $f(x)=\begin{cases}\dfrac{1}{2}\mathrm{e}^{-\frac{x}{2}}, & x\geqslant 0\\ 0, & x<0\end{cases}$；(3) $\dfrac{1}{12}$.

3. $\dfrac{20}{27}$.

4. $1-\dfrac{1}{\mathrm{e}}$.

5. 57.99，60.63.

6. $p_1>p_2$.

7. 略.

习题 2.5

1.

$3X$	-6	-3	6	9
P	$\frac{1}{7}$	$\frac{1}{7}$	$\frac{3}{7}$	$\frac{2}{7}$

X^2	1	4	9
P	$\frac{1}{7}$	$\frac{4}{7}$	$\frac{2}{7}$

2.

Y	1000	2500	3500	4000
P	0.095	0.086	0.078	0.741

3. $f_Y(y)=\begin{cases}\dfrac{1}{y}, & 1<y<\mathrm{e}\\ 0, & \text{其他}\end{cases}$.

4. $f_Y(y)=\begin{cases}\dfrac{1}{2\sqrt{\pi(y-1)}}\mathrm{e}^{-\frac{y-1}{4}}, & y>1\\ 0, & \text{其他}\end{cases}$.

5. $F_Y(y)=\begin{cases}0, & y<0\\ 2y-y^2, & 0\leqslant y<1\\ 1, & y\geqslant 1\end{cases}$.

6. $F_Y(y)=\begin{cases}\Phi\left(\dfrac{y-\mu}{\sigma}\right), & y\geqslant\mu\\ 0, & \text{其他}\end{cases}$.

总复习题 2

1. (1) $\dfrac{3}{4^3}$；(2) $\dfrac{1}{\mathrm{e}^{\lambda}-1}$；(3) 6；(4) $\dfrac{3}{8}$；(5) $\dfrac{1}{2}$；$\dfrac{1}{\pi}$；(6) 0.2；

(7)

X	0	2	4
P	0.64	0.32	0.04

.

2. (1) (D)；(2) (D)；(3) (C)；(4) (B)；(5) (D)；(6) (B)；(7) (C).

3. (1) $\dfrac{1}{2}$；(2) $\dfrac{1}{2}\left(1-\dfrac{\sqrt{2}}{2}\right)$；(3) $F(x)=\begin{cases}0, & x<-\dfrac{\pi}{2},\\ \dfrac{1}{2}(1+\sin x), & -\dfrac{\pi}{2}\leqslant x<\dfrac{\pi}{2},\\ 1, & x\geqslant\dfrac{\pi}{2}.\end{cases}$

4. $c=2$，$d=\frac{1}{2}\ln 2$ 或 $c=2$，$d=\frac{1}{2}\ln\frac{2}{3}$.

5. $F_Y(y)=\begin{cases}1-e^{-\lambda y}, & y\geqslant 0\\ 0, & 其他\end{cases}$.

6. 3.3.

7. 0.045 6.

8. $f_Y(y)=\begin{cases}\dfrac{1}{\pi\sqrt{1-y^2}}, & -1<y<1\\ 0, & 其他\end{cases}$.

9. $F(x)=\begin{cases}0, & x<0\\ \dfrac{1}{5}+\dfrac{2}{75}x, & 0\leqslant x<30\\ 1, & x\geqslant 30\end{cases}$.

10. 略.

第3章　习题参考答案

习题 3.1

1. (1)

Y \ X	0	1	2	3
1	0	$\frac{3}{8}$	$\frac{3}{8}$	0
3	$\frac{1}{8}$	0	0	$\frac{1}{8}$

(2) $\frac{3}{8}$.

2. (1) 0.56；(2) 0.56；0.7.

3. (1) 3；(2) $\frac{65}{72}$.

4. (1) 1；(2) $f(x,y)=\begin{cases}2e^{-(x+2y)}, & x>0, y>0\\ 0, & 其他\end{cases}$；(3) $e^{-5}-e^{-9}$.

习题 3.2

1. (1)

Y \ X	1	2	3	4
1	$\frac{1}{4}$	$\frac{1}{8}$	$\frac{1}{12}$	$\frac{1}{16}$
2	0	$\frac{1}{8}$	$\frac{1}{12}$	$\frac{1}{16}$
3	0	0	$\frac{1}{12}$	$\frac{1}{16}$
4	0	0	0	$\frac{1}{16}$

(2)

X	1	2	3	4
$p_{i\cdot}$	$\frac{1}{4}$	$\frac{1}{4}$	$\frac{1}{4}$	$\frac{1}{4}$

Y	1	2	3	4
$p_{\cdot j}$	$\frac{25}{48}$	$\frac{13}{48}$	$\frac{7}{48}$	$\frac{1}{16}$

(3) $\frac{7}{12}$.

2. (1) $a=0.2$，$b=0$；(2) 0.58.

3. (1) 6；

(2) $f_X(x)=\begin{cases}12x(1-x)^2, & 0<x<1\\ 0, & \text{其他}\end{cases}$，$f_Y(y)=\begin{cases}3y\left(1-\frac{y}{2}\right)^2, & 0<y<2\\ 0, & \text{其他}\end{cases}$；

4. $F_X(x)=\begin{cases}0, & x\leqslant 0\\ x, & 0<x<1\\ 1, & x\geqslant 1\end{cases}$，$F_Y(y)=\begin{cases}0, & y\leqslant 0\\ y, & 0<y<1\\ 1, & y\geqslant 1\end{cases}$.

习题 3.3

1. (1) $\frac{1}{5}$；(2) $\frac{3}{4}$；

(3)

Y	-1	1
$P\{Y=j \mid X=1\}$	$\frac{3}{4}$	$\frac{1}{4}$

2. (1)

X \ Y	-1	1
-1	$\frac{1}{6}$	$\frac{1}{3}$
1	$\frac{1}{3}$	$\frac{1}{6}$

(2) $\frac{1}{2}$.

3. 当 $0<x<1$ 时，$f_{Y|X}(y \mid x)=\begin{cases}\frac{2y}{x^2}, & 0<y<x\\ 0, & \text{其他}\end{cases}$，

当 $0<y<1$ 时，$f_{X|Y}(x \mid y)=\begin{cases}\frac{2(1-x)}{1-2y+y^2}, & y<x<1\\ 0, & \text{其他}\end{cases}$.

4. (1) 0.278 7；(2) 0.5.

习题 3.4

1. 不相互独立，不相互独立，不相互独立.

2. (1)

Y \ X	−2	0	1	$p_{\cdot j}$
−1	0.06	0.04	0.1	0.2
0	0.24	0.16	0.4	0.8
$p_{i\cdot}$	0.3	0.2	0.5	

(2) 0.54.

(3)

X	−2	0	1
$P\{X=x_i \mid Y=0\}$	0.3	0.2	0.5

3. (1) 当 $0<x<1$ 时，$f_{Y|X}(y\mid x)=\begin{cases}\dfrac{1}{2x}, & |y|<x<1\\ 0, & 其他\end{cases}$，

当 $-1<y<1$ 时，$f_{X|Y}(x\mid y)=\begin{cases}\dfrac{1}{1-|y|}, & |y|<x<1\\ 0, & 其他\end{cases}$；

(2) X 与 Y 不相互独立.

习题 3.5

1.

Z_1	1	2	3
P	$\frac{3}{8}$	$\frac{3}{8}$	$\frac{1}{4}$

Z_2	1	2	4	7
P	$\frac{3}{8}$	$\frac{3}{8}$	$\frac{1}{8}$	$\frac{1}{8}$

2. $Z\sim\pi(\lambda_1+\lambda_2)$.

3. $f_Z(z)=\begin{cases}\dfrac{1}{2}z^4, & 0<z\leqslant 1\\ -\dfrac{1}{2}z^4+3z^2-2z, & 1<z<2.\\ 0, & 其他\end{cases}$

4. $f_Z(z)=\begin{cases}1-\mathrm{e}^{-z}, & 0<z<1\\ \mathrm{e}^{1-z}-\mathrm{e}^{-z}, & z\geqslant 1\\ 0, & 其他\end{cases}$.

5. $f_Z(z)=\begin{cases}3-3\sqrt{z}, & 0<z<1\\ 0, & 其他\end{cases}$.

总复习题 3

1. (1) 0.4, 0.1;

(2) $F(x_2, y_2)-F(x_2, y_1)+F(x_1, y_1)-F(x_1, y_2)$, $F(x_2, y_2)$, $F(x_2-0, y_2-0)$, $1-F(+\infty, y_1)+F(x_1, y_1)-F(x_1, +\infty)$;

(3) $\frac{1}{2}$.

2. (1) (B); (2) (D).

3. (1)

Y \ X	0	1
−1	0	$\frac{1}{3}$
0	$\frac{1}{3}$	0
1	0	$\frac{1}{3}$

(2)

X	0	1
$P\{X=k \mid Y=0\}$	1	0

(3)

Z	−1	0	1
P	$\frac{1}{3}$	$\frac{1}{3}$	$\frac{1}{3}$

4. $P\{X=m, Y=n\}=p^2(1-p)^{n-2}$, $n=2, 3, \cdots$; $m=1, 2, \cdots, n-1$.

$P\{X=m \mid Y=n\}=\frac{1}{n-1}$, $m=1, 2, \cdots, n-1$,

$P\{Y=n \mid X=m\}=p(1-p)^{n-m-1}$, $n=m+1, m+2, \cdots$.

5. 略.

6. (1) 3; (2) $\frac{1}{8}$;

(3) $0<x<1$ 时, $f_{Y|X}(y \mid x)=\begin{cases}\frac{1}{x}, & 0<y<x \\ 0, & 其他\end{cases}$,

当 $0<y<1$ 时, $f_{X|Y}(x \mid y)=\begin{cases}\frac{2x}{1-y^2}, & y<x<1 \\ 0, & 其他\end{cases}$;

(4) 不独立;

(5) $f_Z(z)=\begin{cases}\frac{9}{8}z^2, & 0<z<1 \\ \frac{3}{2}\left(1-\frac{z^2}{4}\right), & 1\leqslant z<2. \\ 0, & 其他\end{cases}$

7. (1) $f_Z(z)=0.3f_Y(z+1)+0.7f_Y(z-1)$;

(2) $F_U(u)=\begin{cases}F_Y(u), & u<-1\\ 0.3+0.7F_Y(u), & -1\leqslant u<1.\\ 1, & u\geqslant 1\end{cases}$

8. (1) 0.704 6; (2) 0.936 4.

9. 略.

第4章　习题参考答案

习题 4.1

1. $\dfrac{1-(1-p)^5}{p}$.

2. (1) 2; (2) $\dfrac{3}{2}$, $\dfrac{e^8-1}{8}$.

3. 对庄家更有利.

4. 0.52, 6.7.

5. $\dfrac{13}{36}$, $\dfrac{5}{12}$, $\dfrac{3}{2}$, $-\dfrac{13}{36}$.

6. $\dfrac{8}{5}$, $\dfrac{8}{15}$, 2.

7. 44, 68.

习题 4.2

1. 1.

2. (1) 1.3, 0.32; (2) 0.3, 0.32.

3. $\dfrac{3}{20}$.

4. 12, −12, 3.

5. 略.

习题 4.3

1. 0.119.

2. $\dfrac{8}{225}$.

3. −28.

习题 4.4

$\begin{pmatrix}0.36 & -0.16\\ -0.16 & 0.21\end{pmatrix}$.

总复习题 4

1. (1) $\dfrac{e^{-1}}{2}$; (2) $-\dfrac{1}{2\sqrt{2\pi}}+\dfrac{9}{8}$; (3) −1.

2. (1) (C); (2) (B); (3) (D).

3. $\frac{2\ln 2}{\pi}+\frac{\sqrt{3}}{3}$.

4. (1) $-\frac{1}{2}$；(2) $\frac{1}{18}$.

5. (1) $f_Z(z)=\begin{cases}(1-p)\mathrm{e}^{-z}, & z>0\\ p\mathrm{e}^{z}, & z\leqslant 0\end{cases}$；(2) $p=\frac{1}{2}$；(3) 不独立.

6. (1) $\frac{1}{3}$，3；(2) 0；(3) 相互独立.

7. $\frac{7\sqrt{55}}{110}$.

8. 49.

9. 略.

第5章　习题参考答案

习题 5.1

$\frac{8}{9}$.

习题 5.2

10.

习题 5.3

1. (1) 0.966；(2) 0.5.

2. 0.888.　　3. 255.

总复习题 5

1. (1) $\frac{1}{9}$；(2) $\frac{1}{12}$；(3) 2，6；(4) $\Phi(\sqrt{3})$.

2. (1) 0；(2) 0.5.

3. (1) 0；(2) 79.

第6章　习题参考答案

习题 6.1

1. $P\{X_1=x_1, X_2=x_2, \cdots, X_n=x_n\}=\left(\prod_{i=1}^{n}\frac{1}{x_i!}\right)\cdot\lambda^{\sum_{i=1}^{n}x_i}\mathrm{e}^{-n\lambda}$.

2. (1) $\frac{5n\theta^2}{2}$；

(2) $f(x_1, x_2, \cdots, x_n)=\begin{cases}\left(\frac{2}{3\theta^2}\right)^n\prod_{i=1}^{n}x_i, & \theta<x_i<2\theta, i=1,2,\cdots,n\\ 0, & \text{其他}\end{cases}$.

3. 0.499 0.

习题 6.2

1～4. 略.

习题 6.3

1. $\bar{x}=10.1$；$s^2=0.0675$.

2. $E(\overline{X})=n$，$D(\overline{X})=\frac{n}{8}$，$E(S^2)=2n$.

3. (1) $C=\frac{1}{2}$；(2) $C=\frac{\sqrt{6}}{3}$；(3) $F(5, 10)$.

4. 0.628 6.

5. $t(15)$.

6. (1) $\frac{\sigma^4}{10}$；　　(2) 0.975.

总复习题 6

1. (1) $F(1, 1)$；(2) $t_{\frac{1-\alpha}{2}}(n)$；(3) $t(1)$；(5) np^2.

2. (1) (B)；(2) (B)；(3) (D).

3. (1) $f_T(x)=\begin{cases}\frac{9x^8}{\theta^9}, & 0<x<\theta \\ 0, & \text{其他}\end{cases}$；(2) $a=\frac{10}{9}$.

4. $C_1=\frac{1}{2\sigma_0^2}$，$C_2=\frac{1}{3\sigma_0^2}$.

5. $a=\frac{\sqrt{6}}{3}$.

6. $T\sim t(2)$.

7. $\frac{1}{\sigma^2}\sum_{i=1}^{n}(X_i-\mu)^2\sim\chi^2(n)$；　$\frac{1}{\sigma^2}\sum_{i=1}^{n}(X_i-\overline{X})^2\sim\chi^2(n-1)$.

8. 35.

9. 0.993 8.

10. 0.205 2.

11. 0.025.

第7章　习题参考答案

习题 7.1

1. ①、③.

2. $\frac{A_1}{1-A_1}=\frac{\overline{X}}{1-\overline{X}}$.

3. $\frac{1}{9}$.

4. $-\frac{n}{\sum_{i=1}^{n}\ln X_i}$.

5. $\frac{1}{6}$.

6. $\frac{1}{n}\sum_{i=1}^{n}X_i^2$.

7. (1) θ 的矩估计量为 $\hat{\theta}=2A_1=2\overline{X}$；$\theta$ 的最大似然估计量为 $\hat{\theta}=\max\limits_{1\leqslant i\leqslant n}X_i$；

(2) Y 的矩估计量为 $\hat{Y}=4\overline{X}+1$；最大似然估计量为 $\hat{Y}=2\max\limits_{1\leqslant i\leqslant n}X_i+1$.

(3) Z 的最大似然估计量为 $\hat{Z}=e^{\max\limits_{1\leqslant i\leqslant n}X_i}$.

习题 7.2

1. (D).

2. (1) $a=\frac{2\,016}{2\,017}$；(2) $\frac{1}{n}\sum_{i=1}^{n}a_i=1$.

3. θ 的矩估计量是 θ 的无偏估计量；θ 的最大似然估计量不是 θ 的无偏估计量.

4. σ 的最大似然估计量为 $\hat{\sigma}=\overline{X}-\mu$；$\hat{\sigma}$ 是 σ 的无偏估计量.

5. $\hat{\mu}_2$ 最有效.

6. (1) 略；(2) $t_0=\frac{m}{m+n}$.

习题 7.3

1. (99.27，100.75).　　2. $n\geqslant\frac{3.841\,6}{L^2}$.

习题 7.4

1. (1) (4.01，4.99)；(2) (3.967 1，5.032 9)；(0.545 7，2.395 4).

2. (1) (149.199，158.801)；(2) (145.584 8，162.415 2)；(3) (5.005，19.669).

3. (1) (252.57，253.55)；(2) (252.138，253.982).

4. (1) 79；(2) (76.023，81.977).

习题 7.5

1. (1) (−0.760 1，0.220 1)；(2) (0.184 1，2.714 0).

2. (1) (−1.002，1.602)；(2) (0.296，5.802).

总复习题 7

1. (1) $\frac{1}{2}$；(2) $\frac{5}{12}$.

2. (1) θ 的矩估计量为 $\hat{\theta}=\frac{\overline{X}}{m}$，$\theta$ 的最大似然估计量为 $\frac{\overline{X}}{m}$；

(2) $P\{X=1\}$ 的最大似然估计量为 $\overline{X}\cdot\left(1-\frac{\overline{X}}{m}\right)^{m-1}$.

3. (1) $2\overline{X}-1$；(2) $\min\limits_{1\leqslant i\leqslant n}X_i$.

4. (1) β 的矩估计量为 $\hat{\beta}=\frac{\overline{X}}{\overline{X}-1}$；$\beta$ 的最大似然估计量为 $\hat{\beta}=\frac{n}{\sum\limits_{i=1}^{n}\ln X_i}$；

(2) α 的最大似然估计量为 $\hat{\alpha}=\min\limits_{1\leqslant i\leqslant n}X_i$.

5. (1) $\hat{\sigma}^2=\frac{\sqrt{2}}{\sqrt{\pi}}$; (2) $\hat{\sigma}^2=\frac{1}{n}\sum\limits_{i=1}^{n}(X_i-\mu)^2$.

6. 略.

7. $c=\frac{1}{2n(n-1)}$.

8. (1) $f(z;\sigma^2)=\frac{1}{\sqrt{6\pi}\sigma}\mathrm{e}^{-\frac{z^2}{6\sigma^2}}$; (2) $\hat{\sigma}^2=\frac{1}{3n}\sum\limits_{i=1}^{n}Z_i^2$; 证略.

9. (1.068, 2.532).

10. 略.

第8章　习题参考答案

习题 8.1

1. (1) 第一类，第二类，第一类;

(2) 概率很小的事件在一次试验中几乎是不可能发生的.

2. (1) (B);　(2) (B).

3. 略.

4. 略.

习题 8.2

1. $Z=\frac{\overline{X}-1}{\sigma/\sqrt{n}}$; $t=\frac{\overline{X}-1}{S/\sqrt{n}}$.

2. (D).

3. $k=0.413$.

4. 当天生产的电子器件的质量有显著变化.

5. 脉搏次数有明显增加.

6. (1) 总体方差 σ^2 没有显著变化; (2) 总体方差 σ^2 没有显著变大.

习题 8.3

1. $\sigma_1^2=\sigma_2^2$;

2. 男女生的高考数学成绩存在显著差异.

3. (1) σ_1^2 与 σ_2^2 之间不存在显著差异; (2) 采用新工艺能够显著提高产品产量.

4. 该药物对高血压有显著疗效.

习题 8.4

1. 略.

2. 略.

3. 当天生产的电子器件的质量有显著变化.

4. 脉搏次数有明显增加。

习题 8.5

1. 数字 1, 2, 3, 4, 5, 6 的出现不是等可能的.

2. 这些数据与孟德尔遗传定律是一致的.

总复习题 8

1. (1) B; (2) C; (3) B.

2. 略.

3. 68.

4. 认为锰的熔点显著高于 1 250℃.

5. (1) 货币基金的年收益率显著大于 4.4%;

(2) 货币基金的年收益率的方差不大于 0.04.

6. 不存在显著差异.

7. 首先对两总体的方差进行检验，然后对两总体的均值进行检验，认为这两条流水生产线生产的产品的质量没有显著差异.

8. 该批次的电子元件的寿命服从指数分布.

参考文献

[1] 杨振海，张忠占. 应用数理统计. 北京：北京工业大学出版社，2005

[2] 何书元. 概率论. 北京：北京大学出版社，2006

[3] R. Peck，C. Olsen，J. Devore. Introduction to Statistics and Data Analysis (3rd)，Belmont：Thomson Brooks/Cole，2008

[4] 魏宗舒. 概率论与数理统计教程（第 2 版）. 北京：高等教育出版社，2008

[5] 盛骤，谢式千，潘承毅. 概率论与数理统计（第 4 版）. 北京：高等教育出版社，2008

[6] W. Mendenhall，R. J. Beaver，B. M. Beaver. Introduction to Probability and Statistics (13th). Belmont：Brooks/Cole，2009

[7] 茆诗松，程依明，濮晓龙. 概率论与数理统计教程习题与解答（第 2 版）. 北京：高等教育出版社，2012

[8] 杨荣，郑文瑞. 概率论与数理统计（第 2 版）. 北京：清华大学出版社，2014

[9] 沈恒范. 概率论与数理统计. 北京：高等教育出版社，2014

[10] 刘强，郭文英，孙阳. 概率论与数理统计同步练习与模拟试题. 北京：清华大学出版社，2016

[11] 刘强，郭文英，孙阳. 概率论与数理统计复习指导与深化练习. 北京：电子工业出版社，2016

[12] 刘强，裴艳波，张贝贝. R 语言与现代统计方法. 北京：清华大学出版社，2016

图书在版编目（CIP）数据

概率论与数理统计/郭文英等编著．—北京：中国人民大学出版社，2018.7
“十三五”普通高等教育应用型规划教材
ISBN 978-7-300-25970-3

Ⅰ．①概…　Ⅱ．①郭…　Ⅲ．①概率论-高等学校-教材②数理统计-高等学校-教材　Ⅳ．①O21

中国版本图书馆 CIP 数据核字（2018）第 147477 号

“十三五”普通高等教育应用型规划教材
概率论与数理统计
郭文英　刘　强　孙　阳　陈江荣　编著
Gailülun yu Shuli Tongji

出版发行	中国人民大学出版社		
社　　址	北京中关村大街 31 号	**邮政编码**	100080
电　　话	010－62511242（总编室）		010－62511770（质管部）
	010－82501766（邮购部）		010－62514148（门市部）
	010－62515195（发行公司）		010－62515275（盗版举报）
网　　址	http://www.crup.com.cn		
经　　销	新华书店		
印　　刷	北京密兴印刷有限公司		
规　　格	185 mm×260 mm　16 开本	**版　　次**	2018 年 7 月第 1 版
印　　张	15.75	**印　　次**	2023 年 1 月第 7 次印刷
字　　数	363 000	**定　　价**	36.00 元